普通高等教育经管类专业“十三五”规划教材

用友ERP供应链管理系统实验教程（第2版）

（U8 V10.1）新税制 微课版

王新玲 主编

胡竟男 张灏 副主编

清华大学出版社

北京

内 容 简 介

本书以突出实战为主导思想，以一个企业单位的经济业务为原型，重点介绍了信息化环境下企业各项供应链业务的处理流程。本实验教程为读者贴身定做了十几个实验并提供了实验准备账套和结果账套，每个实验既环环相扣，又可独立运作，适应了不同层次教学的需要。

本书共分为8章，分别介绍了企业建账、供应链基础设置、供应链系统初始化、采购管理、销售管理、库存管理、存货核算和期末处理等基本功能，并以实验的方式介绍了以上模块的使用方法。

本书是用友ERP认证系列实验用书，也可作为高等院校会计及经济管理等相关专业的教学实验用书。

图书在版编目(CIP)数据

用友ERP供应链管理系统实验教程：U8 V10.1：新税制 微课版 / 王新玲 主编. —2版. —北京：清华大学出版社，2020.5（2022.8重印）

普通高等教育经管类专业“十三五”规划教材

ISBN 978-7-302-55288-8

I. ①用… II. ①王… III. ①企业管理－供应链管理－计算机管理系统－高等学校－教材 IV. ①F274-39

中国版本图书馆CIP数据核字(2020)第056235号

责任编辑：刘金喜
封面设计：常雪影
版式设计：孔祥峰
责任校对：成凤进
责任印制：宋 林

出版发行：清华大学出版社
网 址：http://www.tup.com.cn，http://www.wqbook.com
地 址：北京清华大学学研大厦A座 邮 编：100084
社 总 机：010-83470000 邮 购：010-62786544
投稿与读者服务：010-62776969，c-service@tup.tsinghua.edu.cn
质 量 反 馈：010-62772015，zhiliang@tup.tsinghua.edu.cn
印 装 者：大厂回族自治县彩虹印刷有限公司
经 销：全国新华书店
开 本：185mm×260mm **印 张：**16.75 **字 数：**387千字
版 次：2018年1月第1版 2020年5月第2版 **印 次：**2022年8月第8次印刷
定 价：58.00元

产品编号：087420-01

前　言

企业信息化的全面推进，引发了新一轮对企业信息化人才的强烈需求。为应对这种需求，高校面对不同的经管类专业开设了会计信息系统、供应链管理、ERP 原理与应用等相关课程。目的是让学生理解管理软件中的管理思想、掌握管理软件的应用技术，能够利用信息化管理系统管理企业各项业务。

本书从企业应用的实际出发，遵循由浅入深、循序渐进的原则，力求通俗易懂，便于操作。读者可以通过一个个实验亲自体验 ERP 供应链管理系统的功能，掌握其功能特点及应用方式，提高信息化环境下的业务处理能力。

本书共分为 8 章，以用友 U8 V10.1 为实验平台，以一个单位的经济业务贯穿始终，分别介绍了 U8 管理软件中的系统管理、基础设置、供应链系统初始化、采购管理、销售管理、库存管理、存货核算几个子系统的应用方法。每章的内容中都包括了功能概述、实验目的与要求及教学建议，每个实验都包括实验准备、实验内容、实验资料和实验指导。功能概述主要介绍各个系统的基本功能；实验目的与要求部分明确了通过该实验应该掌握的知识点；教学建议中提示了在教学过程中应该注意的问题和建议的教学时间；实验准备部分指出为了完成本实验应该准备的数据环境；实验内容部分对实验内容提出了具体要求；实验资料部分提供了企业业务数据作为实验的背景资料；实验指导部分具体描述了完成实验的操作步骤，并且给出了操作中应该注意的重点问题。

本教程既可以作为与用友 ERP 认证培训教程配套的实验用书，也可以作为高等院校内开设的会计信息系统的实验用书。使用对象是希望了解信息化的广大会计工作者、高等院校经济管理方向的学生和教师。

本书由王新玲任主编，胡竟男、张灏任副主编。参加编写的老师还有吕志明、董霞、苏秀花、王腾、王晨、王贺雯、张冰冰等。

本书编写过程中得到了新道科技股份有限公司的大力支持和帮助，在此表示衷心的感谢。由于时间和编写水平有限，错误之处在所难免，敬请广大读者批评指正。

服务邮箱：476371891@qq.com

会计信息化教师俱乐部 QQ 群：228595923

编　者

2020 年 1 月

再版说明

自 2018 年 1 月《用友 ERP 供应链管理系统实验教程(U8 V10.1)(微课版)》出版至今，得到了广大师生的厚爱，本人深感荣幸，在此向一直信任并支持我们的广大师生表示诚挚的谢意。本书创作团队也再接再厉，力创精品，以回馈大家的厚爱。

为了方便广大教师了解本次再版较前一版本的变化，特总结本次再版主要修订的三个方面内容。

1. 与会计准则有关的业务案例调整

近两年，企业会计准则不断优化调整。特别是，自 2019 年 4 月 1 日起，增值税又有变更，制造业等行业的增值税税率由 16%降为 13%，交通运输、建筑、房地产等行业现行 10%税率降为 9%。因此对书中所涉案例相关内容做出相应调整，以反映这一重大变化。

2. 全方位立体化教学支持

书后每章新增了“探究与挑战”，提出了针对本章内容需要思考和探索的问题，引导学员学会独立思考、定义问题、寻求解决方案并加以验证。

为了更好地服务广大师生，本版教材还增加了对本书所涉实验内容的视频录像。每段视频录像针对一项业务操作，短小精悍。学员在学习过程中遇到问题可以直接打开对应视频，一目了然。

总而言之，一部经典作品是读者、作者、出版方三方面合力的结果。希望在未来的日子里，能继续与广大师生互动、教学相长，为会计信息化普及贡献一己之力。

作　者

2019 年 11 月

教学资源使用说明

为便于教学和自学，本教程提供了以下资源：

- 用友 U8 V10.1 软件(教学版)；
- 实验账套备份；
- 微课操作视频；
- PPT 教学课件。

上述资源存放在百度网盘上，具体链接地址如下。

链接：https://pan.baidu.com/s/1v4_qeHQsz4Rl8jZS9OqaYg
提取码：se50

为避免输入错误，读者可通过扫描下方二维码，把链接地址推送到自己的邮箱。

本书微课视频也以二维码的形式呈现在了纸质教材上，读者可通过移动终端扫码播放。

若因链接问题出现资源无法下载等情况，请致电 010-62784096，也可发邮件至服务邮箱 476371891@qq.com。

目　　录

第1章

企业建账

功能概述

企业选购了用友 U8 并安装完成之后，只是在计算机中安装了一套可以用来管理企业业务的应用程序，其中并没有任何数据。无论企业之前是采用手工核算，还是使用其他软件管理业务，都需要把既有的业务数据建立或转移到用友 U8 系统中，即在用友 U8 中建立企业的基本信息、核算规则、初始数据，并按照企业内部控制的要求设置可以登录系统的操作员及为这些人员分配操作权限。以上内容在用友 U8 中涉及三项工作。第一，在用友 U8 系统管理中进行企业建账；第二，在用友 U8 企业应用平台中建立企业公共基础档案；第三，在用友 U8 各个子系统中进行选项设置和期初数据录入。这三项内容在本书前三章中将分别进行介绍。本章先介绍企业建账，企业建账工作在 U8 系统管理中完成。

用友 U8 由财务管理、供应链管理、生产管理、人力资源管理等多个功能组构成，每个功能组中又包括若干个子系统，如财务管理包括总账、UFO 报表、应收款管理、应付款管理等；供应链管理包括采购管理、销售管理、库存管理等，各个子系统服务于企业的不同层面，为不同的管理需要服务。子系统本身既具有相对独立的功能，彼此之间又具有紧密的联系，它们共用一个企业数据库，拥有公共的基础信息。

用友 U8 为各个子系统提供了一个公共管理平台——系统管理，用于对整个 U8 系统的公共任务进行统一管理，如企业账套及账套库的建立、修改、输出和引入，角色和用户的建立及权限的分配、系统安全运行的管理及控制等。U8 中任何一个子系统的运行都必须以此为基础。系统管理具体包括以下几个方面的管理功能。

1. 账套管理

账套是一组相互关联的数据。每一个独立核算的企业都有一套完整的账簿体系，把这样一套完整的账簿体系建立在计算机系统中就称为一个账套。在用友 U8 中，可以为多个企业(或企业内多个独立核算的部门)分别立账，且各账套数据之间相互独立，互不影响，使资源得以最大程度的利用。账套管理功能包括建立账套、修改账套、引入账套和输出账套(含删除账套)。

2. 账套库管理

账套库和账套是两个不同的概念。账套是账套库的上一级，账套是由一个或多个账套库组成的。一个账套对应一个经营实体或核算单位，账套中的某个账套库对应这个经营实体的某年度区间内的业务数据。账套库管理包括：账套库的建立、引入、输出，账套库初始化和清空账套库数据。

设置账套和账套库的两层结构的好处是：第一，便于企业的管理，如进行账套的上报、跨年度区间的数据管理结构调整等；第二，方便数据备份、输出和引入；第三，减少数据的负担，提高应用效率。

3. 用户及权限的集中管理

为了保证系统及数据的安全与保密，系统管理提供了用户及权限的集中管理功能。通过对系统操作分工和权限的管理，一方面可以避免与业务无关的人员进入系统，另一方面可以对U8系统所包含的各个子系统的操作进行协调，以保证各负其责，流程顺畅。用户及权限的集中管理包括设置角色、用户及为用户分配功能权限。

4. 设立统一的安全机制

对企业来说，系统运行安全、数据存储安全是必需的，为此，每个应用系统都无一例外地提供了强有力的安全保障机制，如设置对整个系统运行过程的监控机制、清除系统运行过程中的异常任务、设置系统自动备份计划等。

实验目的与要求

系统地学习U8系统管理的主要功能与操作方法。要求掌握在系统管理中设置用户、建立账套和设置用户权限的方法，熟悉账套输出和引入的方法。

教学建议

系统管理是企业信息化应用的起点，是学习和使用用友U8供应链管理系统的基础。建议本章讲授1课时，上机操作练习1课时。

实验一　系统管理

实验准备

已经正确安装用友U8 V10.1管理软件。

实验内容

- 增加用户
- 建立企业账套(启用采购管理、销售管理、库存管理和存货核算)
- 对用户进行授权
- 账套输出

实验资料

1. 用户及其权限

根据企业目前的岗位分工，整理与用友 U8 供应链管理相关的用户及其权限，如表 1-1 所示。

表 1-1 用户及其权限

操作员编号	操作员姓名	口令	所属角色	需要给用户设置的权限
111	周健	1	账套主管	账套主管自动拥有所有操作权限
222	张涛	2	无	采购管理、库存管理、存货核算、应付款管理
333	管虎	3	无	销售管理、库存管理、存货核算、应收款管理

2. 账套信息

(1) 建账信息
账套号：888；
账套名称：供应链账套；
启用会计期：2020 年 1 月 1 日。
(2) 单位信息
单位名称：北京星宇商贸有限公司；
单位简称：星宇商贸；
单位地址：北京市东城区望京路 151 号；
法人代表：张军；
税号：911000110102668881。
(3) 核算类型
记账本位币：人民币(RMB)；
企业类型：商业；
行业性质：2007 年新会计制度科目；
账套主管：111 周健；

按行业性质预置会计科目。

(4) 基础信息

该企业有外币核算，进行经济业务处理时，需要对存货、客户、供应商进行分类。

(5) 分类编码方案

科目编码级次：4-2-2-2

部门编码级次：2-2

客户分类编码级次：2-2

供应商分类编码级次：2-2

存货分类编码级次：2-2

收发类别编码级次：1-2

结算方式编码级次：1-2

(6) 设置数据精度

该企业对存货数量、存货单价、开票单价、件数、换算率等小数位数约定为 2 位。

(7) 系统启用

启用 888 账套的“采购管理”“销售管理”“库存管理”“存货核算”子系统，启用日期 2020 年 1 月 1 日。

3. 输出账套

在 D 盘建立“供应链账套备份”文件夹，在该文件夹中新建“1-1 系统管理”子文件夹，将所建 888 账套输出至该子文件夹中。

实验指导

1. 以系统管理员身份注册系统管理

登录用友 U8 系统管理时，要进行用户身份的合法性检查，只有系统管理员和账套主管才能登录系统管理。如果是初次使用 U8 系统，必须以系统管理员的身份登录系统管理，完成增加用户、建立企业账套和指定账套主管之后，才能以账套主管的身份登录系统管理。

操作步骤　(微课视频：sy010101)

① 执行“开始”|“所有程序”|“用友 U8 V10.1”|“系统服务”|“系统管理”命令，进入“用友 U8[系统管理]”窗口。

② 执行“系统”|“注册”命令，打开“登录”对话框，如图1-1所示。

③ U8 系统中预先设定了一个系统管理员，第一次运行时在“操作员”文本框中输入系统操作员名称 admin，系统管理员的初始密码为空，单击“登录”按钮，以系统管理员身份进入系统管理。系统管理界面最下行的状态栏中显示当前操作员[admin]，如图 1-2 所示，窗口顶部显示为黑色的菜单项目即为系统管理员在系统管理中可以执行的功能。

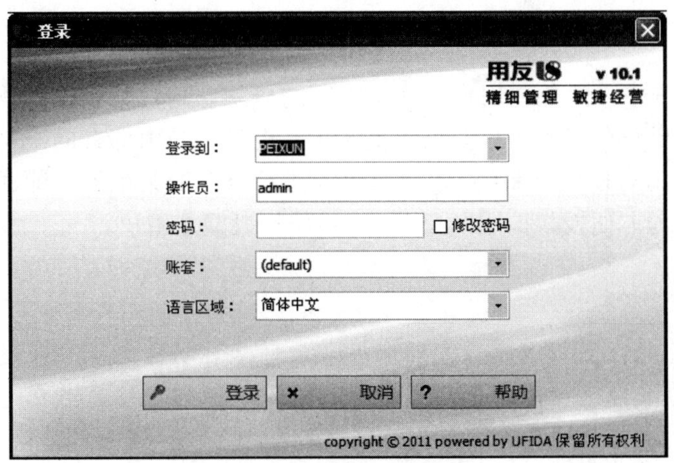

图 1-1 “登录”对话框

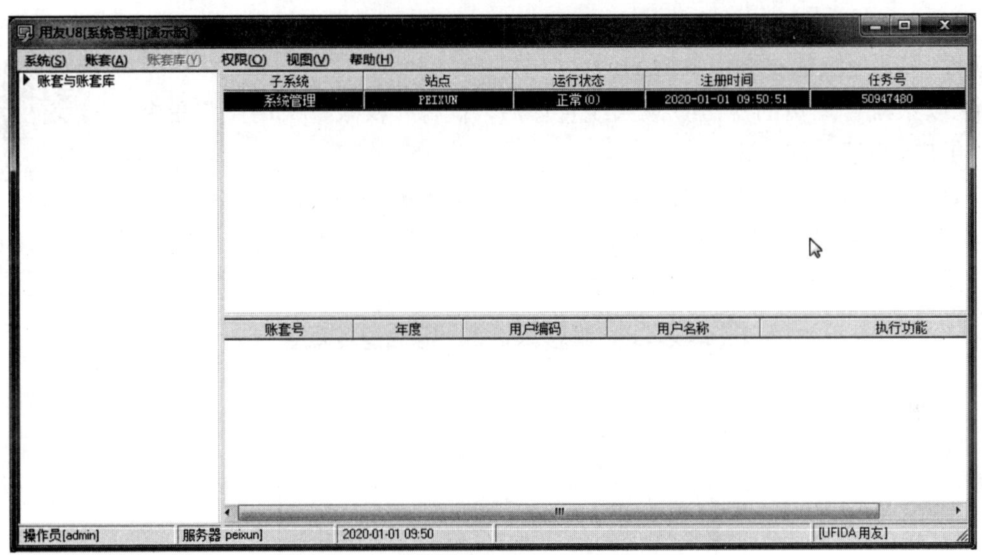

图 1-2 系统管理员已登录系统管理

提示：

- 系统管理员的职责是对 U8 系统数据安全和运行安全负责。因此，企业安装用友 U8 管理系统后，应该及时更改系统管理员的密码，以保障系统的安全性。用友 U8 系统管理员名称为 admin(不区分大小写)，密码默认为空。
- 设置或更改系统管理员密码的方法是：在系统管理“登录”对话框中输入当前操作员密码后，选中“修改密码”复选框；单击“确定”按钮，打开“设置操作员密码”对话框；在“新密码”文本框中输入系统管理员的新密码，在“确认新密码”文本框中再次输入相同的新密码；单击“确定”按钮进入“用友 U8[系统管理]”窗口。

2. 增加用户

在用友 U8 系统中，角色与用户是两个不同的概念。角色是指在企业管理中拥有某一类职能的组织，这个角色组织可以是实际的部门，也可以是由拥有同一类职能的人构成的虚拟组织。用户是指有权登录系统，对 U8 系统进行操作的某个人，即通常所说的“操作员”。而角色仅是为方便授权而用，登录 U8 系统的只能是用户。

提示：

- 用户和角色的设置可以不分先后顺序，但对于自动传递权限来说，应该先设置角色，然后分配角色权限，最后进行用户设置。这样在设置用户时，选择其归属哪一种角色，则其自动具有该角色的权限，包括功能权限和数据权限。
- 一个角色可以拥有多个用户，一个用户也可以分属于不同的角色。

操作步骤　(微课视频：sy010102)

① 以系统管理员的身份登录系统管理后，执行“权限”|“用户”命令，进入“用户管理”窗口。

② 单击工具栏上的“增加”按钮，打开“操作员详细情况”对话框。

③ 输入编号“111”；姓名“周健”；口令和确认口令均为“1”；并在所属角色列表中选择“账套主管”，如图 1-3 所示。

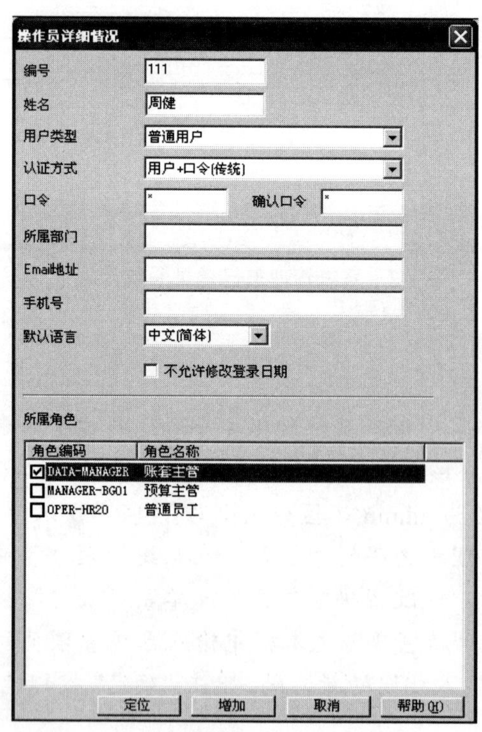

图 1-3　“操作员详细情况”对话框

④ 单击“增加”按钮，保存设置。

⑤ 同理，增加操作员“张涛”，设置口令“2”，增加操作员“管虎”，设置口令“3”，保存设置后，单击“取消”按钮，返回“用户管理”窗口。

提示：

- 只有系统管理员才有权限设置角色和用户。
- 用户编号在系统中必须是唯一的，即使是不同的账套，用户编号也不能重复。
- 设置操作员口令时，为保密起见，输入的口令字以“*”号在屏幕上显示。
- 所设置的操作员一旦在U8中处理过业务，便不能被删除。
- 如果操作员调离企业，可以通过“修改”操作员功能“注销当前用户”。
- 在“操作员详细情况”对话框中，蓝色字体标注的项目为必输项，其余项目为可选项。这一规则适用于所有界面。
- 可以先建立相应角色，并给角色设置权限，再建立用户，只需要给用户指定角色，角色权限就自动传递给用户。

3. 建立账套

建立账套是在U8系统中建立企业的基本信息、核算方法、编码规则等。其本质就是在数据库管理系统中为企业创建一个用于存储企业各项业务数据的数据库。

操作步骤 (微课视频：sy010103)

① 以系统管理员的身份执行“账套”|“建立”命令，打开“创建账套—建账方式”对话框。选择“新建空白账套”选项，单击“下一步”按钮，打开“账套信息”对话框。

② 按实验资料录入新建账套的账套信息，如图1-4所示。

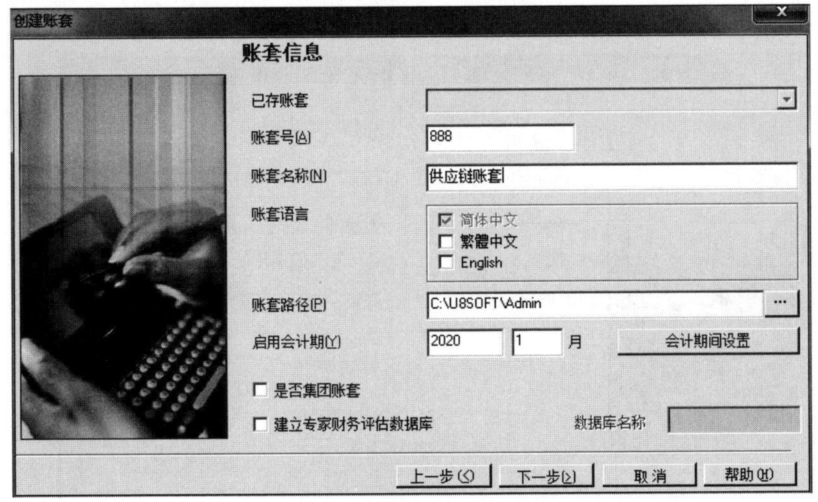

图1-4 创建账套—账套信息

提示：

- 已存账套：系统将 U8 系统中已经存在的账套以下拉列表的形式显示，用户只能查看，不能输入或修改，目的是避免重复建账。
- 账套号是账套的标识，由三位数字构成，必须唯一，不允许与已存账套的账套号重复，账套号设置后将不允许修改。如果所设置的账套号与已存账套的账套号重复，则无法进入下一步的操作。
- 账套名称可以自行设置，并可以由账套主管在修改账套功能中进行修改。账套名与账套号一起显示在系统运行的屏幕上。
- 系统默认的账套路径是 C: \U8SOFT\Admin，可以进行修改。
- 启用会计期：指开始使用 U8 系统进行业务处理的初始日期，必须输入。系统启用会计期自动默认为系统日期，应注意根据实验资料进行修改，否则将会影响企业的系统初始化和日常业务处理等内容的操作。
- 如果选择“是否集团账套”复选框，则此账套为启用“集团财务”模块后的汇总分子公司数据的账套，不做企业之应用。

③ 单击“下一步”按钮，打开“单位信息”对话框。按实验资料输入单位信息。

提示：

- 单位信息中只有“单位名称”是必须输入的。
- 单位名称应录入企业的全称，以便打印发票时使用。

④ 单击“下一步”按钮，打开“核算类型”对话框。企业类型选择“商业”，行业性质默认为“2007 年新会计制度科目”，从“账套主管”下拉列表中选择“[111]周健”，如图 1-5 所示。

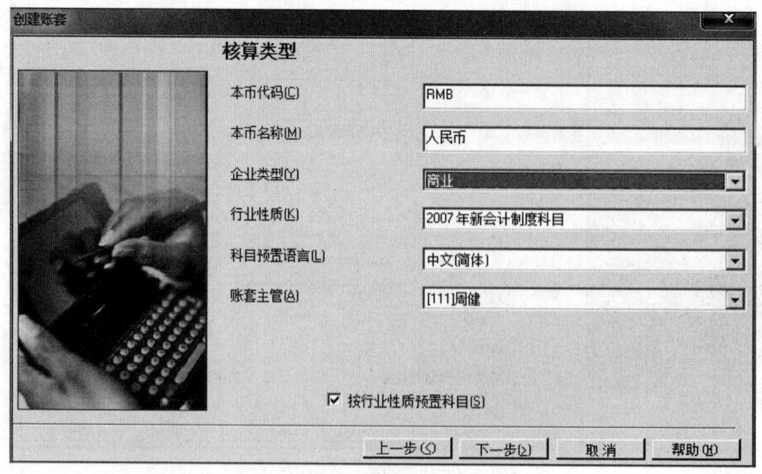

图 1-5　创建账套—核算类型

提示:

- 系统默认企业类型为“工业”，可以修改。只有选择“工业”企业类型，供应链管理系统才能处理产成品入库、材料出库等业务。只有选择“商业”企业类型，供应链管理系统才能处理受托代销业务。
- 行业性质将决定系统预置科目的内容，必须选择正确。
- 系统默认按行业性质预置科目。

⑤ 单击“下一步”按钮，打开“基础信息”对话框。分别选中“存货是否分类”“客户是否分类”“供应商是否分类”和“有无外币核算”复选框。

提示:

- 是否对存货、客户及供应商进行分类将会影响其档案的设置。有无外币核算将会影响基础信息的设置和日常能否处理外币业务。一般来说，即使暂时没有外币核算，也最好先设置为有外币核算，以便满足将来业务扩展的需要。
- 如果基础信息设置错误，可以由账套主管在修改账套功能中进行修改。

⑥ 单击“完成”按钮，系统提示“可以创建账套了吗？”，单击“是”按钮，系统依次进行初始化环境、创建新账套库、更新账套库、配置账套信息等工作，所以需要一段时间才能完成，要耐心等待。建账完成后，自动打开“编码方案”对话框。

⑦ 按所给资料修改分类编码方案，如图 1-6 所示。

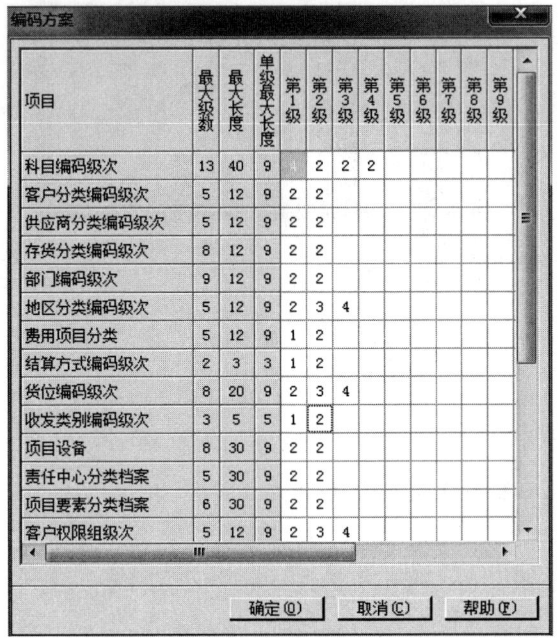

项目	最大级数	最大长度	单级最大长度	第1级	第2级	第3级	第4级	第5级	第6级	第7级	第8级	第9级
科目编码级次	13	40	9	4	2	2	2					
客户分类编码级次	5	12	9	2	2							
供应商分类编码级次	5	12	9	2	2							
存货分类编码级次	8	12	9	2	2							
部门编码级次	9	12	9	2	2							
地区分类编码级次	5	12	9	2	3	4						
费用项目分类	5	12	9	1	2							
结算方式编码级次	2	3	3	1	2							
货位编码级次	8	20	9	2	3	4						
收发类别编码级次	3	5	5	1	2							
项目设备	8	30	9	2	2							
责任中心分类档案	5	30	9	2	2							
项目要素分类档案	6	30	9	2	2							
客户权限组级次	5	12	9	2	3	4						

图 1-6 编码方案

提示：

- 编码方案的设置，将会直接影响基础信息设置中其相应内容的编码级次和每级编码的位长。
- 科目编码级次中第 1 级科目编码长度根据建账时所选行业性质自动确定，此处显示为灰色，不能修改，只能设定第 1 级之后的科目编码长度。

⑧ 单击“确定”按钮后，再单击“取消”按钮，打开“数据精度”对话框，默认系统预置的数据精度。

⑨ 在“数据精度”对话框中单击“确定”按钮后，系统弹出“供应链账套：[888]建账成功！您可以现在进行系统启用的设置，或以后从[企业应用平台-基础信息]进入[系统启用]功能。现在进行系统启用的设置？”信息提示框，单击“是”按钮，打开“系统启用”对话框。

⑩ 选中“SA 销售管理”前的复选框，打开“日历”对话框，选择“2020-01-01”，如图 1-7 所示。单击“确定”按钮，系统弹出“确实要启用当前系统吗？”信息提示框，单击“是”按钮返回。同理，启用采购管理、库存管理和存货核算。

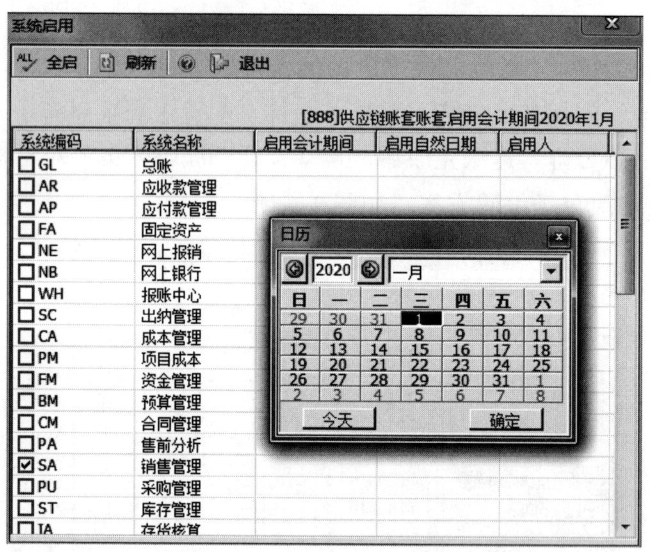

图 1-7　系统启用

提示：

U8 子系统启用日期不能早于企业账套的启用会计期。

⑪ 单击“退出”按钮，系统弹出“请进入企业应用平台进行业务操作”信息提示框。单击“确定”按钮返回。

提示：

- 出现“创建账套”对话框时，可以直接进行“系统启用”的设置，也可以单击“否”按钮先结束建账过程，之后由账套主管在企业应用平台的基础信息中再进行系统启用。
- 如果企业已使用用友U8财务系统，则已经完成了企业的建账过程，此处无须再次建账，只要在企业应用平台中启用供应链管理相关子系统即可。

4. 设置用户权限

设置用户权限就是按照企业的岗位分工和内部控制要求，设定用户在用友U8中具体能做哪些工作，如能使用哪些功能、能看到哪些数据、能处理多大金额等。按照权限控制的内容不同，U8 中的权限分为功能权限、数据权限和金额权限。功能权限就是设定操作员在U8系统中能使用哪些功能，U8系统中的功能具体表现形式就是系统菜单，因此通俗地理解，设定操作员的功能权限就是限制该操作员能操作哪些菜单。功能权限在系统管理中设定，本章主要介绍如何设置功能权限。

设置操作员权限的工作应由系统管理员(admin)或该账套的账套主管在系统管理中通过执行“权限”|“权限”命令完成。系统管理员可以为U8系统中所有的账套、操作员赋任何的权限；但账套主管只能针对其所管辖的账套为操作员赋权，而且不能指定操作员为账套主管。

在权限功能中既可以对角色赋权，也可以对用户赋权。如果在建立账套时已经正确地选择了该账套的账套主管，则此时可以查看；否则，可以在权限功能中重新选择账套主管。如果在设置用户时已经指定该用户的所属角色，并且该角色已经被赋权，则该用户已经拥有了与该角色相同的权限；如果经查看后发现该用户的权限并不与该角色完全相同，则可以在权限功能中进行修改；如果在设置用户时并未指定该用户所属的角色，或虽已指定该用户所属的角色，但该角色并未进行权限设置，则该用户的权限应直接在权限功能中进行设置，或者应先设置角色的权限后再设置用户，并指定该用户所属的角色，这样该用户的权限就可以事先确定了。

(1) 查看“周健”是否为888账套的账套主管

操作步骤 (微课视频：sy01010401)

① 在“系统管理”窗口中，执行“权限”|“权限”命令，打开“操作员权限”对话框。

② 在“操作员权限”对话框中选择“[888]供应链账套”，从窗口左侧操作员列表中选择“111 周健”，可以看到“账套主管”复选框为选中状态。

提示：

- 只有系统管理员(admin)才有权设置或取消账套主管，而账套主管只能分配所辖账套操作员的权限。一个账套可以拥有多个账套主管。
- 设置权限时应注意分别选中“用户”和相应的“账套”。
- 如果此时查看到当前操作员账套主管前的复选框为未选中状态，则可以将其选中，即设置该用户为选中账套的账套主管。
- 账套主管拥有该账套的所有权限，因此无须为账套主管另外赋权。
- 如果在“角色管理”或“用户管理”中已将“用户”归属于“账套主管”角色，则该操作员即已定义为系统内所有账套的账套主管。如果在“权限管理”中指定某个“用户”为某账套的账套主管，则该用户只是该账套的账套主管。

(2) 为操作员张涛赋权

操作步骤　(微课视频：sy01010402)

① 在“操作员权限”对话框中选择“[888]供应链账套”，在窗口左侧的操作员列表中选择“222 张涛”。

② 单击“修改”按钮，选中财务会计下的“应付款管理”复选框和供应链下的“采购管理”“库存管理”“存货核算”复选框，如图 1-8 所示，单击“保存”按钮。

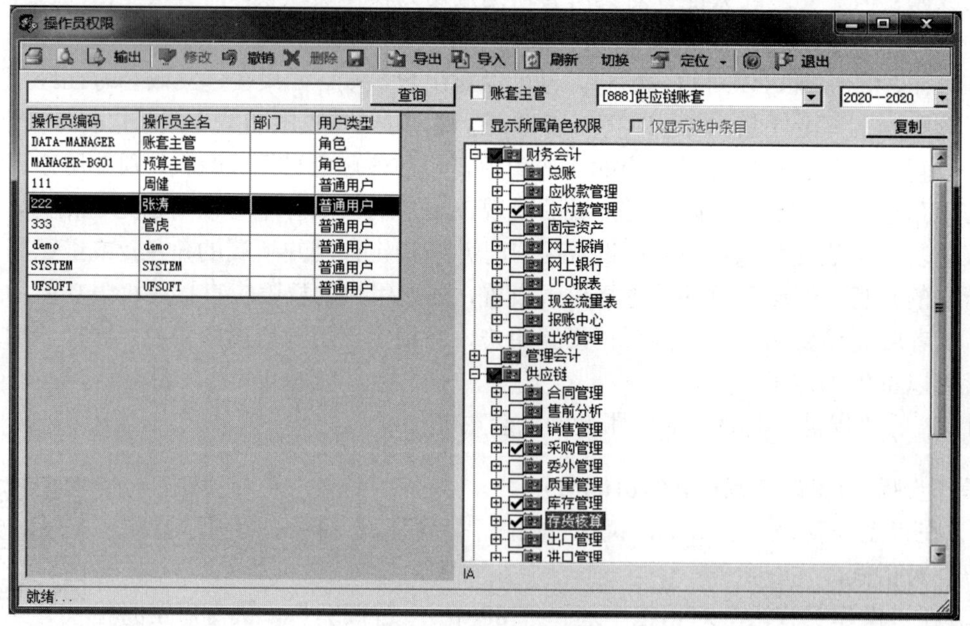

图 1-8　为用户赋权

(3) 为操作员管虎赋权

自行练习为操作员管虎赋予“应收款管理”“销售管理”“库存管理”“存货核算”权限。

5. 账套输出

为保护机内数据安全，企业应定期进行数据备份。U8 系统中提供了自动备份和人工备份两种方式。此处介绍人工备份的方法。

操作步骤　(微课视频：sy010105)

① 由系统管理员在系统管理中执行“账套”|“输出”命令，打开“账套输出”对话框。

② 从“账套号”下拉列表中选择要输出的账套，在“输出文件位置”输入框中选择“D:\供应链账套备份\1-1 系统管理”，单击“确认”按钮。

③ 输出完成后，系统弹出“输出成功”对话框，单击“确认”按钮，备份完成。

提示：

- 只有系统管理员有权限进行账套的输出和引入。输出账套之前，最好关闭所有系统模块。
- 如果将“删除当前输出账套”复选框选中，系统会先输出账套，然后进行删除确认提示，最后删除当前账套。
- 账套输出之后在指定路径下形成两个文件：UFDATA.BAK 和 UfErpAct.Lst。这两个文件不能直接打开，只有通过系统管理中的账套引入功能引入 U8 系统中，才能正常查询。
- U8 自动备份功能通过“系统”|“设置备份计划”进行设置。

探究与挑战

1. U8 系统提供了人工备份和自动备份两种备份方式，请探究如何实现 U8 系统自动备份？

2. 每个登录 U8 系统的用户操作能够被 U8 系统捕捉并记录，存在了哪里？记载了哪些内容？从哪里能查看？

3. 如果 U8 系统中已存在 007 的账套，还能引入 007 账套吗？

第2章

供应链基础设置

功能概述

企业账套建立之后开始日常购销存业务处理之前，还需要在U8系统中做好一系列准备工作，包括启用业务处理要使用的U8相关子系统、建立业务处理要用到的基础档案、设计企业业务处理要使用的单据等，这些工作在用友U8企业应用平台中完成。

顾名思义，企业应用平台是用友U8管理软件的集成应用平台，可以实现U8系统基础数据的集中维护。企业应用平台为企业员工、合作伙伴提供了访问U8系统的唯一通道。企业应用平台划分了三个功能组：基础设置、业务工作和系统服务。

供应链基础设置工作在基础设置中完成。基础设置又包括基本信息设置、基础档案设置和单据设置。

1. 基本信息设置

在基本信息中可以进行U8子系统启用设置，还可以对建账时设定的编码方案和数据精度进行修改。

2. 基础档案设置

一个企业账套是由若干个子系统构成的，这些子系统共享公用的基础档案信息，如部门、客户、存货等。企业在启用新账套之始，应根据本单位的实际情况及业务需求，进行基础档案的整理和录入工作，为后续业务处理奠定基础。

3. 单据设置

单据设置包括单据格式设置和单据编号设置。

不同企业各项业务处理中使用的单据可能存在细微的差别，用友U8中预置了常用单据模板，而且允许用户对各单据类型的多个显示模板和多个打印模板进行设置，以满足企业个性化的单据格式需求。

单据编号设置是根据企业业务中使用的各种单据、档案的不同需求，由用户自己设置各种单据、档案类型的编码生成原则。

实验目的与要求

系统地学习U8基础设置的主要内容与操作方法。要求掌握在企业应用平台中设置系统启用、基础档案和进行单据设置的方法。

教学建议

建议本章讲授2课时，上机操作练习4课时。

实验一　基础档案设置

实验准备

已经完成第1章实验一的操作，或者从教学资源中引入“1-1系统管理”账套备份数据。将系统时间调整为2020年1月1日，如果不调整系统时间，则需要在每次登录账套时将操作日期修改为业务日期。如果操作日期与账套建账时间跨度超过3个月，则该账套在演示版状态下不能再执行任何操作。

实验内容

- 在企业应用平台中启用U8子系统
- 设置机构人员
- 设置客商信息
- 设置存货
- 设置财务
- 设置收付结算
- 设置业务
- 账套输出

实验资料

1. 启用U8子系统

由账套主管在企业应用平台中启用总账、应收款管理和应付款管理，启用日期为2020年1月1日。

2. 基础档案—机构人员

(1) 部门档案(如表2-1所示)

表2-1 部门档案

部门编码	部门名称
01	公司总部
0101	经理办公室
0102	行政办公室
02	财务部
03	销售部
0301	销售一部
0302	销售二部
04	采购部
05	仓储部
06	运输部

(2) 人员档案(如表2-2所示)

表2-2 人员档案

人员编码	人员姓名	性别	雇佣状态	人员类别	行政部门	是否业务员	是否操作员
001	周健	男	在职	正式工	经理办公室	是	否
002	张军	男	在职	正式工	行政办公室	是	否
003	张涛	男	在职	正式工	财务部	是	否
004	宋杰	男	在职	正式工	销售一部	是	否
005	孙建华	男	在职	正式工	销售二部	是	否
006	吴小蕾	女	在职	正式工	采购部	是	否
007	李莉	女	在职	正式工	仓储部	是	否
008	王兴亮	男	在职	正式工	运输部	是	否

3. 基础档案—收付结算

(1) 结算方式

1 现金结算；2 支票结算；201 现金支票；202 转账支票；3 商业汇票；301 商业承兑汇票；302 银行承兑汇票；4 电汇。

(2) 付款条件(如表 2-3 所示)

表 2-3 付款条件

付款条件编码	信用天数	优惠天数 1	优惠率 1	优惠天数 2	优惠率 2	优惠天数 3	优惠率 3
01	30	10	4	20	2	30	0
02	60	20	2	40	1	60	0
03	60	30	2	45	1	60	0

(3) 本单位开户银行

编码：01；银行账号：110001015678；开户银行：中国工商银行北京分行。

4. 基础档案—客商信息

(1) 客户分类(如表 2-4 所示)

表 2-4 客户分类

一级分类编码和名称	二级分类编码和名称
01 批发商	0101 北京批发商
	0102 上海批发商
02 零售商	0201 山东零售商
	0202 河南零售商
03 零散客户	

(2) 供应商分类(如表 2-5 所示)

表 2-5 供应商分类

一级分类编码和名称	二级分类编码和名称
01 鞋商	0101 批发商
02 箱包商	0201 批发商
03 手机商	0301 批发商
	0302 代销商

(3) 客户档案(如表 2-6 所示)

表2-6　客户档案

客户编码	客户名称	客户简称	所属分类码	税号	信用额度(万元)	付款条件	开户银行	银行账号	默认	分管部门	专管业务员
001	北京燕莎百货公司	北京燕莎	0101	91010111177788191A	300	01	中国建设银行北京分行	11007788	是	销售一部	宋杰
002	郑州丹尼斯百货公司	郑州丹尼斯	0202	910202226668883435	600	02	中国工商银行郑州分行	21338899	是	销售二部	孙建华
003	青岛市华光百货公司	青岛华光	0201	91099988833883212A	500	03	中国银行青岛分行	12345678	是	销售二部	孙建华
004	上海明兴贸易公司	上海明兴	0102	91021555599996768B	100		中国建设银行上海分行	22117788	是	销售一部	宋杰
005	零散客户	零散客户	03							销售一部	宋杰

(4) 供应商档案(如表 2-7 所示)

表 2-7　供应商档案

供应商编码	供应商名称	供应商简称	所属分类	税号	税率	开户银行	银行账号	分管部门	专管业务员
001	上海明辉鞋业有限公司	上海明辉	0101	910213322118800322	13%	中国工商银行上海分行	21118899	采购部	吴小蕾
002	北京兰宇箱包有限公司	北京兰宇	0201	02155889966834589D	13%	中国建设银行北京分行	02106688	采购部	吴小蕾
003	上海伊梦电子科技公司	上海伊梦	0301	010559988773578789	13%	中国建设银行浦东支行	11055899	采购部	吴小蕾
004	北京宏丰电子科技公司	北京宏丰	0302	01022331199788723F	13%	中国银行中关村支行	01008899	采购部	吴小蕾

5. 基础档案—存货

(1) 存货分类(如表 2-8 所示)

表 2-8　存货分类

存货分类编码	存货分类名称
01	商品
0101	鞋
0102	箱包
0103	手机
02	劳务
0201	劳务费用

(2) 计量单位组及计量单位(如表 2-9 所示)

表 2-9 计量单位组及计量单位

计量单位组	计量单位	换算率
01 自然单位 无换算率	01 双 02 个 03 部 04 箱 05 千米	无
02 换算 1 组 固定换算率	8 双 801 盒 802 箱	1 盒=1 双 1 箱=20 盒
03 换算 2 组 固定换算率	9 个 901 包 902 大包	1 包=10 个 1 大包=10 包

(3) 存货档案(如表 2-10 所示)

表 2-10 存货档案

存货分类 一级	存货分类 二级	存货编码及名称	计量单位组	主计量单位	采购默认单位	库存默认单位	税率	属性	参考成本(元)	参考售价(元)	计划价/售价(元)
01 商品	0101 鞋	001 明辉女正装鞋	换算 1 组	双	箱	箱	13%	内销、外购	350	500	
		002 明辉女休闲鞋	换算 1 组	双	箱	箱	13%	内销、外购	400	650	
		003 明辉女凉鞋	换算 1 组	双	箱	箱	13%	内销、外购	200	400	
		004 明辉男正装鞋	换算 1 组	双	箱	箱	13%	内销、外购	500	800	
		005 明辉男休闲鞋	换算 1 组	双	箱	箱	13%	内销、外购	450	650	
		006 明辉男凉鞋	换算 1 组	双	箱	箱	13%	内销、外购	300	450	
	0102 箱包	007 兰宇女士钱包	换算 2 组	个	大包	大包	13%	内销、外购	120	200	
		008 兰宇女士单肩包	换算 2 组	个	大包	大包	13%	内销、外购	550	850	
		009 兰宇男士钱包	换算 2 组	个	大包	大包	13%	内销、外购	150	200	

(续表)

存货分类		存货编码及名称	计量单位组	主计量单位	采购默认单位	库存默认单位	税率	属性	参考成本(元)	参考售价(元)	计划价/售价(元)
一级	二级										
01 商品	01002 箱包	010 兰宇男士手提包	换算2组	个	大包	大包	13%	内销、外购	850	1 300	
	0103 手机	011 伊梦普通机	自然单位	部			13%	内销、外购、委托代销	2 000	2 500	
		012 伊梦商务机	自然单位	部			13%	内销、外购、委托代销	3 500	4 000	
		013 宏丰学生机	自然单位	部			13%	内销、外购	1 800	2 200	2 200
		014 宏丰商务机	自然单位	部			13%	内销、外购	3 700	4 200	4 200
02 劳务	0201 劳务费用	015 运输费9	自然单位	千米			9%	内销、外购、应税劳务			
		016 运输费0	自然单位	千米			0	内销、外购、应税劳务			

注：参考成本、参考售价和售价均为不含税价。

6. 基础档案—财务

(1) 设置凭证类别(如表2-11所示)

表2-11 凭证类别

类别字	类别名称	限制类型	限制科目
收	收款凭证	借方必有	1001,1002
付	付款凭证	贷方必有	1001,1002
转	转账凭证	凭证必无	1001,1002

(2) 设置会计科目(如表2-12所示)

表2-12 会计科目

会计科目编码	会计科目名称	辅助核算	备注
190101	待处理流动资产损溢		增加
190102	待处理固定资产损溢		增加
220201	应付货款	供应商往来	增加
220202	暂估应付款		增加
222101	应交增值税		增加
22210101	进项税额		增加
22210103	进项税额转出		增加
22210105	销项税额		增加

(续表)

会计科目编码	会计科目名称	辅助核算	备注
410415	未分配利润		增加
1121	应收票据	客户往来	修改
1122	应收账款	客户往来	修改
1123	预付账款	供应商往来	修改
1321	受托代销商品		修改科目名称
2201	应付票据	供应商往来	修改
2202	应付账款	供应商往来	修改
2203	预收账款	客户往来	修改
2314	受托代销商品款		修改科目名称

7. 基础档案—业务

(1) 仓库档案(如表 2-13 所示)

表 2-13　仓库档案

仓库编码	仓库名称	计价方式
01	明辉鞋仓	先进先出法
02	兰宇箱包仓	全月平均法
03	手机仓	售价法
04	代销仓	先进先出法

(2) 收发类别(如表 2-14 所示)

表 2-14　收发类别

一级编码和名称	二级编码和名称	收发标志
1 入库	101 采购入库	收
	102 采购退货	
	103 盘盈入库	
	104 受托代销入库	
	105 其他入库	
2 出库	201 销售出库	发
	202 销售退货	
	203 盘亏出库	
	204 委托代销出库	
	205 其他出库	

(3) 采购类型和销售类型(如表 2-15 所示)

表 2-15　采购类型和销售类型

采购类型			销售类型		
名称	入库类别	是否默认值	名称	出库类别	是否默认值
01 厂商采购	采购入库	是	01 批发销售	销售出库	是
02 代销采购	受托代销入库		02 门市零售	销售出库	
03 采购退回	采购退货		03 销售退回	销售退货	

(4) 费用项目(如表 2-16 所示)

表2-16　费用项目

费用项目编码	费用项目名称
01	运输费
02	装卸费
03	包装费
04	业务招待费

(5) 发运方式(如表 2-17 所示)

表 2-17　发运方式

发运方式编码	发运方式名称
01	公路运输
02	铁路运输
03	水运
04	航空运输

(6) 非合理损耗类型

非合理损耗类型编码：01

非合理损耗类型名称：运输部门责任

实验指导

1. 启用 U8 子系统

用友 U8 中各个子系统必须先启用才能进行登录操作。系统启用的方法有两种，一是系统管理员在系统管理中创建账套时启用；二是建立账套后，由账套主管在企业应用平台中启用。

在系统管理中建立 888 账套时已经由系统管理员启用了采购管理、销售管理、库存管理、存货核算四个子系统，在此由账套主管在企业应用平台中启用总账、应收款管理和应付款管理三个与供应链管理相关的子系统。

操作步骤　(微课视频：sy020101)

① 执行“开始”|“所有程序”|“用友 U8　V10.1”|“企业应用平台”命令，打开“登录”对话框。输入操作员“111”或“周健”，密码为“1”，在“账套”下拉列表框中选择“[888](default)供应链账套”，更改“操作日期”为“2020-01-01”，如图 2-1 所示。单击“登录”按钮，进入“UFIDA U8”企业应用平台窗口，如图 2-2 所示。

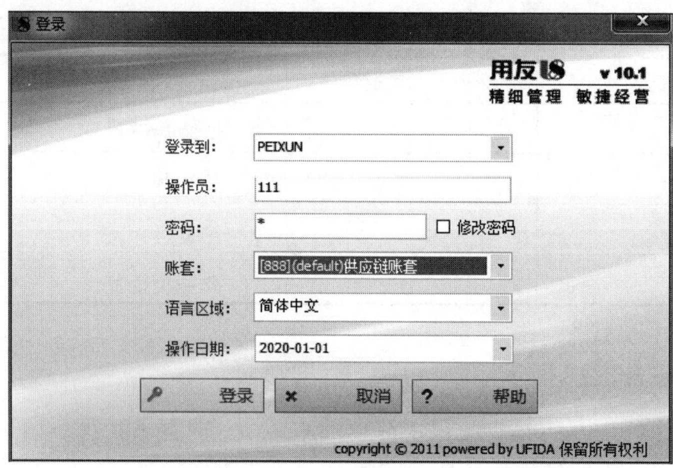

图 2-1　以账套主管身份登录企业应用平台

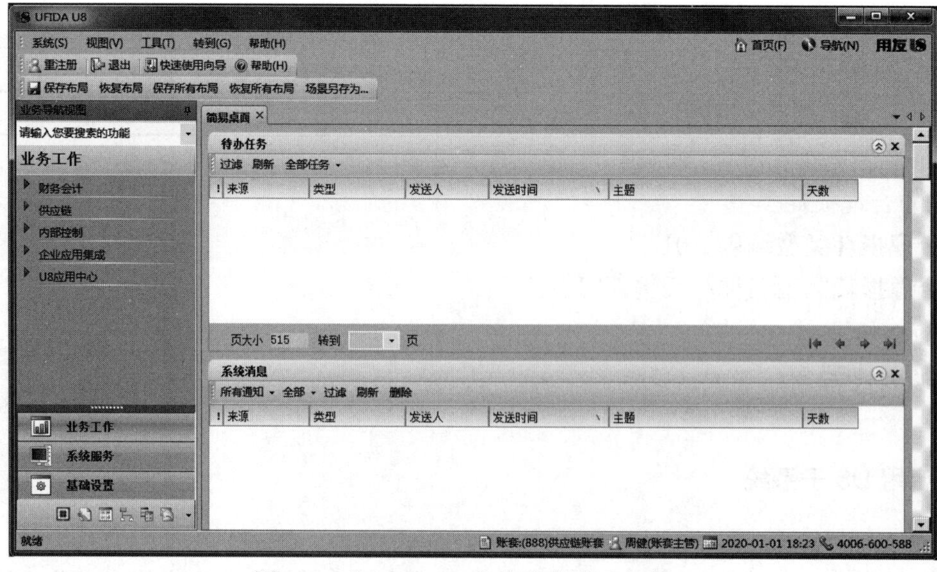

图 2-2　“UFIDA U8”企业应用平台窗口

提示：

- 用户密码是在系统管理中由系统管理员设定的，因此，每个用户在第一次登录企业应用平台时，需要选中“修改密码”复选框，重新设置自己的登录密码，以确保只有自己掌握登录密码，明确工作责任。
- 如果是学校教学环境，为简便起见，可不设置密码。

企业应用平台窗口左侧的业务导航中，分为三个功能组：业务工作、系统服务和基础设置。

② 在基础设置中，执行“基本信息”|“系统启用”命令，打开“系统启用”对话框。

③ 单击“GL 总账”前的复选框，打开“日历”对话框，选择“2020-01-01”。单击“确定”按钮，系统弹出“确实要启用当前系统吗？”信息提示框，单击“是”按钮返回。

④ 同理，启用应收款管理和应付款管理，启用日期 2020-01-01。完成后如图 2-3 所示。

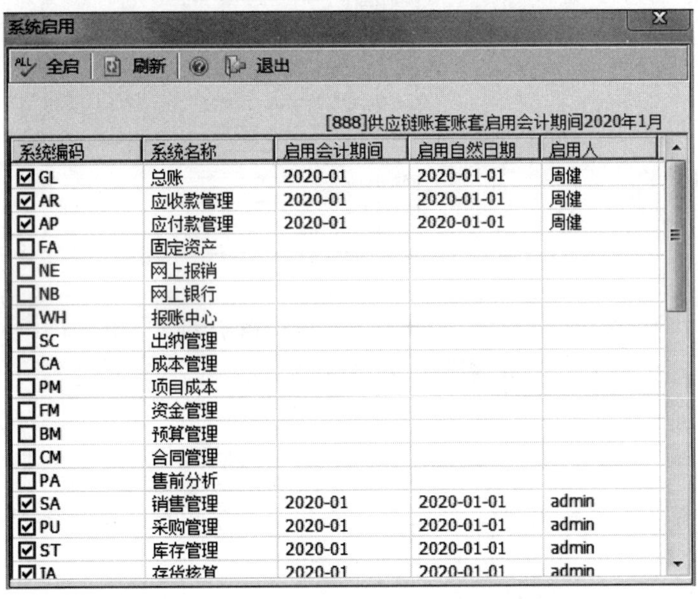

系统编码	系统名称	启用会计期间	启用自然日期	启用人
☑GL	总账	2020-01	2020-01-01	周健
☑AR	应收款管理	2020-01	2020-01-01	周健
☑AP	应付款管理	2020-01	2020-01-01	周健
☐FA	固定资产			
☐NE	网上报销			
☐NB	网上银行			
☐WH	报账中心			
☐SC	出纳管理			
☐CA	成本管理			
☐PM	项目成本			
☐FM	资金管理			
☐BM	预算管理			
☐CM	合同管理			
☐PA	售前分析			
☑SA	销售管理	2020-01	2020-01-01	admin
☑PU	采购管理	2020-01	2020-01-01	admin
☑ST	库存管理	2020-01	2020-01-01	admin
☑IA	存货核算	2020-01	2020-01-01	admin

图 2-3 以账套主管身份进行系统启用设置

提示：

- 只有账套主管有权在企业应用平台中进行系统启用。在“启用人”栏中可以看出该系统由谁启用。
- 各子系统的启用日期必须大于等于账套的启用会计期间。

2. 设置机构人员

(1) 建立部门档案

部门档案用于设置部门相关信息，包括部门编码、名称、负责人、部门属性等。

操作步骤　(微课视频：sy02010201)

在企业应用平台基础设置中，执行"基础档案"|"机构人员"|"部门档案"命令，进入"部门档案"窗口。按实验资料输入部门信息，结果如图2-4所示。

简易桌面　部门档案
☑ 打印序号(N)
☐ 显示撤消部门
部门档案
部门
(01) 公司总部
(02) 财务部
(03) 销售部
(04) 采购部
(05) 仓储部
(06) 运输部
部门编码 06
部门名称 运输部
负责人
部门属性
部门类型
电话
传真
邮政编码
地址
电子邮件
信用额度
信用等级
信用天数
成立日期 2020-01-01
撤销日期
批准文号
批准单位
备注
编码规则： ** **
账套：[888]供应链账套　操作员：周健(账套主　当前记录数：10　【UFIDA】

图2-4　建立部门档案

提示：

- 部门档案窗口下方显示"** **"表示在编码方案中设定部门编码为2级，第1级2位，第2级2位。输入部门编码时需要遵守该规定。
- 界面中标注了蓝色字体的项目必须录入，其他信息可以为空。"成立日期"一般默认登录时的系统时间，可修改。
- 在部门档案设置中，如果存在多级部门，必须先建立上级部门，才能增加其下级部门。下级部门编码应包含上级部门编码。
- 在未建立职员档案前，不能选择输入负责人信息。待职员档案建立完成后，再返回部门档案界面通过"修改"功能补充输入负责人信息。
- 修改部门档案时，部门编码不能修改。
- 已经使用的部门不允许删除。

(2) 建立人员档案

人员档案主要用于设置企业各职能部门中需要进行核算和业务管理的职员信息，如采购人员、销售人员、仓储管理人员等。在填制业务单据时需要明确业务经手人或责任人。如果企业启用了薪资管理系统进行职工薪资管理，那么人员档案中需要包括企业所有人员。

操作步骤 (微课视频：sy02010202)

在企业应用平台基础设置中，执行“基础档案”|“机构人员”|“人员档案”命令，进入“人员档案”窗口，按实验资料录入人员信息，结果如图2-5所示。

简易桌面 | 人员档案 ×

雇佣状态 ☑在职 ☐离退 ☐离职　　　◉人员列表　○业务员列表

人员类别 全部　　　记录总数：8　　　**人员列表**　　　搜索

部门分类
- (01)公司总部
- (02)财务部
- (03)销售部
- (04)采购部
- (05)仓储部
- (06)运输部

选择	人员编码	姓名	行政部门名称	雇佣状态	人员类别	性别	出生日期	业务或费用部门名称
	001	周健	经理办公室	在职	正式工	男		经理办公室
	002	张军	行政办公室	在职	正式工	男		行政办公室
	003	张涛	财务部	在职	正式工	男		财务部
	004	宋杰	销售一部	在职	正式工	男		销售一部
	005	孙建华	销售二部	在职	正式工	男		销售二部
	006	吴小蕾	采购部	在职	正式工	女		采购部
	007	李莉	仓储部	在职	正式工	女		仓储部
	008	王兴亮	运输部	在职	正式工	男		运输部

共 1 页　当前记录为：0　页大小 1000　当前页 1　提交

图2-5 建立人员档案

提示：

- 人员编码可以由用户自行定义编码规则，但必须是唯一的，不能重复。
- 行政部门只能是末级部门。
- 如果该员工需要在其他档案或其他单据的“业务员”项目中被参照，需要选中“是否业务员”选项。
- “行政部门编码”“人员类别”和“性别”一般应选择录入。如果要修改，需要先将原显示的部门档案删除，才可以重新选择。

3. 设置收付结算

(1) 结算方式

为了便于提高银行对账的效率，系统提供了设置银行结算方式的功能。该功能主要用来建立和管理用户在经营活动中所涉及的结算方式，其设置应该与财务结算方式一致。

操作步骤　(微课视频：sy02010301)

在企业应用平台基础设置中，执行“基础档案”|“收付结算”|“结算方式”命令，进入“结算方式”窗口。按实验资料输入结算方式信息。

提示：

- 结算方式编码和名称必须输入。编码要符合编码规则。
- 票据管理标志是为出纳对银行结算票据的管理而设置的功能，需要进行票据登记的结算方式要选择此项功能。

(2) 付款条件

付款条件即现金折扣，用来设置企业在经营过程中与往来单位协议规定的收、付款折扣优惠方法。这种折扣条件一般可以表示为 2/10、1/20、*n*/30 等，其含义是客户在 10 天内付款，可以得到 2%的现金折扣；在 20 天内付款，可得到 1%的现金折扣；超过 20 天付款，则按照全额支付货款，而且客户必须在 30 天内付款，否则会加收滞纳金。

操作步骤　(微课视频：sy02010302)

在企业应用平台基础设置中，执行“基础档案”|“收付结算”|“付款条件”命令，进入“付款条件”窗口。按实验资料输入全部付款条件，结果如图 2-6 所示。

付款条件

序号	付款条件编码	付款条件名称	信用天数	优惠天数1	优惠率1	优惠天数2	优惠率2	优惠天数3	优惠率3
1	01	4/10,2/20,n/30	30	10	4.0000	20	2.0000	30	0.0000
2	02	2/20,1/40,n/60	60	20	2.0000	40	1.0000	60	0.0000
3	03	2/30,1/45,n/60	60	30	2.0000	45	1.0000	60	0.0000

账套：[888]供应链账套　操作员：周健(账套主管)　当前记录数：3 条

图 2-6　付款条件

提示：

- 付款条件编码必须唯一，最大长度为 3 个字符。
- 每一种付款条件可以同时设置 4 个时间段的优惠天数与相应的折扣率。
- 付款条件一旦被引用，便不能进行修改和删除。

(3) 开户银行

“开户银行”用于设置本企业在收付结算中对应的各个开户银行信息。系统支持多个开户银行和账号。在供应链管理系统中，如果需要开具增值税专用发票，则需要设置开户银行信息。同时，在客户档案中还必须输入客户的开户银行信息和税号信息。

操作步骤 (微课视频：sy02010303)

在企业应用平台基础设置中，执行“基础档案”|“收付结算”|“本单位开户银行”命令，进入“本单位开户银行”窗口。按实验资料输入开户银行信息。

提示：

- 开户银行编码必须唯一，最大长度为3个字符。
- 银行账号必须唯一，最大长度为20个字符。
- “暂封标识”用于标识银行的使用状态。如果某个账号临时不用，可以设置暂封标识。

4. 设置客商信息

(1) 客户/供应商分类

客户或供应商分类是指按照客户或供应商的某种属性或某种特征，对客户或供应商进行分类管理。如果建账时选择了客户/供应商分类，则必须先进行分类，才能增加客户/供应商档案。如果建账时没有选择客户/供应商分类，则可以直接建立客户/供应商档案。

操作步骤 (微课视频：sy02010401)

① 在企业应用平台基础设置中，执行“基础档案”|“客商信息”|“客户分类”命令，进入“客户分类”窗口。按实验资料输入客户分类信息，结果如图2-7所示。

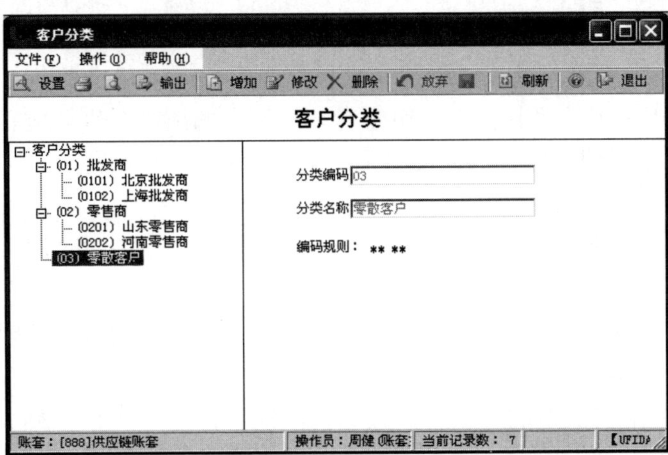

图2-7 客户分类

② 执行“客商信息”|“供应商分类”命令，进入“供应商分类”窗口。按实验资料输入供应商分类信息，结果如图 2-8 所示。

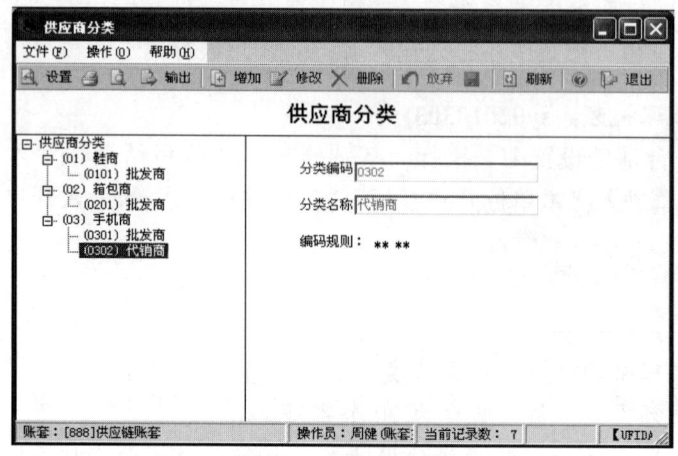

图 2-8　供应商分类

 **提示：**

- 分类编码必须符合编码方案中定义的编码规则。
- 客户分类下如果已经设置了客户档案，则该客户分类资料不能删除。
- 建立下级分类时，其上级分类必须存在，而且下级分类编码中要包含其上级分类编码。

(2) 客户档案

客户档案主要用于设置往来客户的基本信息，便于对客户及其业务数据进行统计和分析。

操作步骤　(微课视频：sy02010402)

① 在企业应用平台基础设置中，执行“基础档案”|“客商信息”|“客户档案”命令，进入“客户档案”窗口。窗口分为左右两部分，左窗口显示已经设置的客户分类，选中某一客户分类，在右窗口中显示该分类下所有的客户列表。

② 单击“增加”按钮，进入“增加客户档案”窗口。窗口中共包括 4 个选项卡，即“基本”“联系”“信用”“其他”，用于对客户不同的属性分别归类记录。

③ 在“基本”选项卡中录入客户编码、客户名称、客户简称、所属分类码、税号信息，如图 2-9 所示。

④ 在“联系”选项卡中选择该客户的分管部门为“销售一部”，专管业务员为“宋杰”。

⑤ 在“信用”选项卡中选中“控制信用额度”复选框，录入信用额度和付款条件，如图 2-10 所示。

⑥ 单击图 2-9 中左上角的“银行”按钮，系统弹出“客户银行档案”窗口。将实验资料中的“所属银行”“开户银行”“银行账号”输入上述窗口中，其中“所属银行”和

“默认值”是参照录入的，如图 2-11 所示。

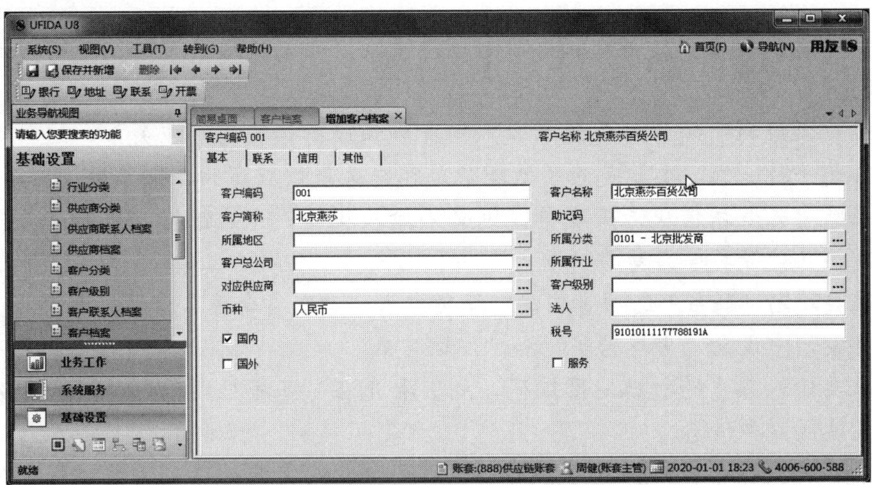

图 2-9 增加客户档案—“基本”选项卡

简易桌面 客户档案 增加客户档案

客户编码 001 客户名称 北京燕莎百货公司

基本 联系 信用 其他

应收余额		信用单位	
扣率		价格级别	
信用等级			
☑ 控制信用额度		信用额度	3000000.0000
☐ 控制信用期限		信用期限	
☐ 允限销控制		付款条件	01 - 4/10,2/20,n/30
销售默认收付款协议			
出口默认收付款协议			
合同默认收付款协议			
其他应收单收付款协议			
最后交易日期		最后交易金额	
最后收款日期		最后收款金额	

图 2-10 增加客户档案—“信用”选项卡

客户银行档案

设置 输出 增加 删除 退出

序号	所属银行	开户银行	银行账号	账户名称	默认值
1	中国建设银行	中国建设银行北京分行	11007788		是

图 2-11 客户银行档案

提示:

- 客户编码必须唯一，一旦保存，则不能修改。尚未使用的客户编码可以删除后重新增加。
- “对应供应商”的作用是设置客户档案和供应商档案的对应关系，这种对应关系必须是一对一的，主要是为了处理既是客户又是供应商的往来单位。
- 如果需要开具增值税专用发票，则必须输入税号、开户银行、银行账号等信息，否则，只能开具普通发票。
- 如果要填写“联系”选项卡中的“发货方式”“发货仓库”信息，则需要先在“基础档案”中设置“仓库档案”和“发运方式”。
- 如果要输入客户的所属地区编码，则需要先在“基础档案”中的“地区分类”中设置地区分类信息。
- 如果系统提供的客户档案内容仍不能满足企业的需要，可利用系统提供的“自定义项”功能增加自定义栏目，并设置自定义栏目档案内容。

(3) 供应商档案

供应商档案主要用于设置往来供应商的档案信息，以便对供应商及其业务数据进行统计和分析。供应商档案设置方法与客户档案基本相同，不同之处有以下两项。

- “信用”选项卡中“单价是否含税”选项，指该供应商的供货价格中是否包含增值税。
- “其他”选项卡中“对应条形码”选项，对该供应商所供货物进行条形码管理时，在存货条形码中需要输入对应的供应商信息。

操作步骤　(微课视频：sy02010403)

① 在企业应用平台基础设置中，执行“基础档案”|“客商信息”|“供应商档案”命令，进入“供应商档案”窗口。窗口分为左右两部分，左窗口显示已经设置的供应商分类，选中某一供应商分类，在右窗口中显示该分类下所有的供应商列表。

② 单击“增加”按钮，进入“增加供应商档案”窗口。

③ 按实验资料输入供应商信息，完成后如图2-12所示。

简易桌面　供应商档案

☑ 打印序号(N)

供应商档案

供应商分类
(01) 鞋商
(0101) 批发商
(02) 箱包商
(0201) 批发商
(03) 手机商

序号	选择	供应商编码	供应商名称	供应商简称	地区名称	发展日期	电话	联系人	专营业务员名称
1		001	上海明辉鞋业有限公司	上海明辉		2020-01-01			吴小蕾
2		002	北京兰宇箱包有限公司	北京兰宇		2020-01-01			吴小蕾
3		003	上海伊梦电子科技公司	上海伊梦		2020-01-01			吴小蕾
4		004	北京宏丰电子科技公司	北京宏丰		2020-01-01			吴小蕾

图2-12　供应商档案

5. 设置存货

存货是企业的一项重要的经济资源，涉及企业供应链管理的整个流程，是企业物流管理和财务核算的主要对象。

(1) 存货分类

如果企业存货较多，可以按一定方式对存货进行分类管理。存货分类是指按照存货固有的特征或属性，将存货划分为不同的类别，以便于分类核算和统计。

操作步骤 (微课视频：sy02010501)

在企业应用平台基础设置中，执行“基础档案”|“存货”|“存货分类”命令，进入“存货分类”窗口。按实验资料输入存货分类信息，如图 2-13 所示。

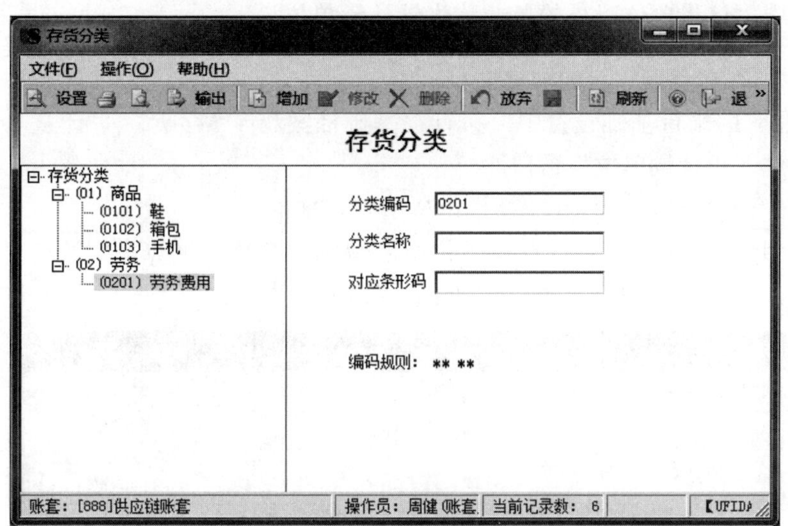

图 2-13 存货分类

提示：

- 存货分类编码必须符合编码规则。
- 存货分类编码和存货分类名称必须输入。
- 在企业购销业务中，经常会发生一些劳务费用，如“运输费”“装卸费”“包装费”等，这些费用也将构成企业存货成本的组成部分，并且它们一般具有与其他存货不同的税率。为了正确反映和核算这些劳务费用，应该在存货分类中单独设置一类“劳务费用”或“应税劳务”存货。

(2) 计量单位

企业的存货种类繁多，不同的存货具有不同的计量单位；同一种存货用于不同业务，其计量单位也可能不同。例如，对于某种药品，采购、批发销售可能用“箱”作为计量单位，而库存和零售则可能是“盒”，财务上可能按“板”计价。因此，在基础设置中，需要定义好存货的计量单位。

存货计量单位可以分为“无换算”“固定换算”和“浮动换算”3类。“无换算”计量单位一般是指自然单位、度量衡单位等。“固定换算”计量单位是指各个计量单位之间存在着不变的换算比率，这种计量单位之间的换算关系即为固定换算率，这些单位即为固定换算单位，如1盒＝4板，1箱＝20盒等。“浮动换算”计量单位则指计量单位之间无固定换算率，这种不固定换算率称为浮动换算率，这些单位也称为浮动换算单位。例如，透明胶带可以以“卷”“米”为计量单位，1卷大约等于10米。则“卷”与“米”之间存在浮动换算率关系。无论是“固定换算”还是“浮动换算”关系的计量单位之间，都应该设置其中一个单位为“主计量单位”，其他单位以此为基础，按照一定的换算率进行折算。一般来说，将最小的计量单位设置为主计量单位。上述固定换算单位“板”“盒”“箱”，可以将“板”设置为主计量单位；浮动换算单位“卷”“米”，则应将“米”设置为主计量单位，每组中主计量单位以外的单位称为辅计量单位。

操作步骤　(微课视频：sy02010502)

① 在企业应用平台基础设置中，执行“基础档案”|“存货”|“计量单位”命令，进入“计量单位”窗口。

② 单击“分组”按钮，打开“计量单位组”对话框。

③ 单击“增加”按钮，输入计量单位组的编码、名称、换算类别等信息。输入全部计量单位组后，如图2-14所示。单击“退出”按钮。

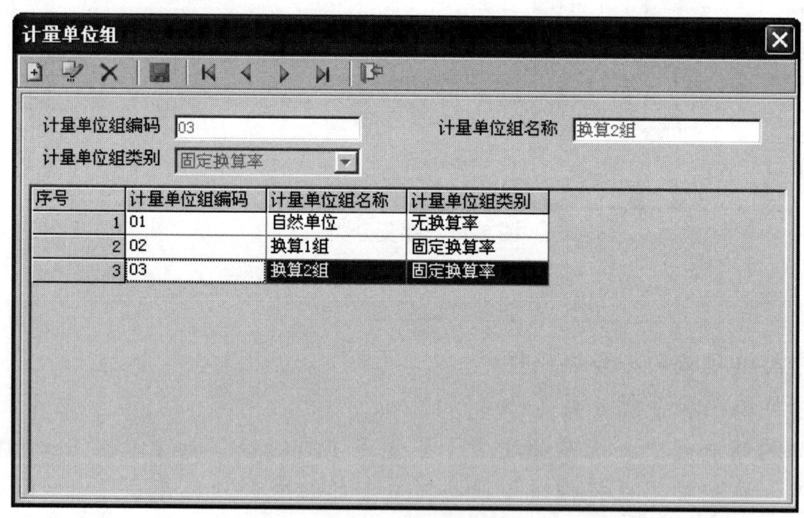

图2-14　计量单位组

④ 选中“(01)自然单位<无换算率>”计量单位组，单击“单位”按钮，打开“计量单位”对话框。

⑤ 单击“增加”按钮，输入计量单位编码、名称、所属计量单位组、换算率等信息。单击“保存”按钮，保存计量单位信息，如图2-15所示。退出自然单位组计量单位的设置。

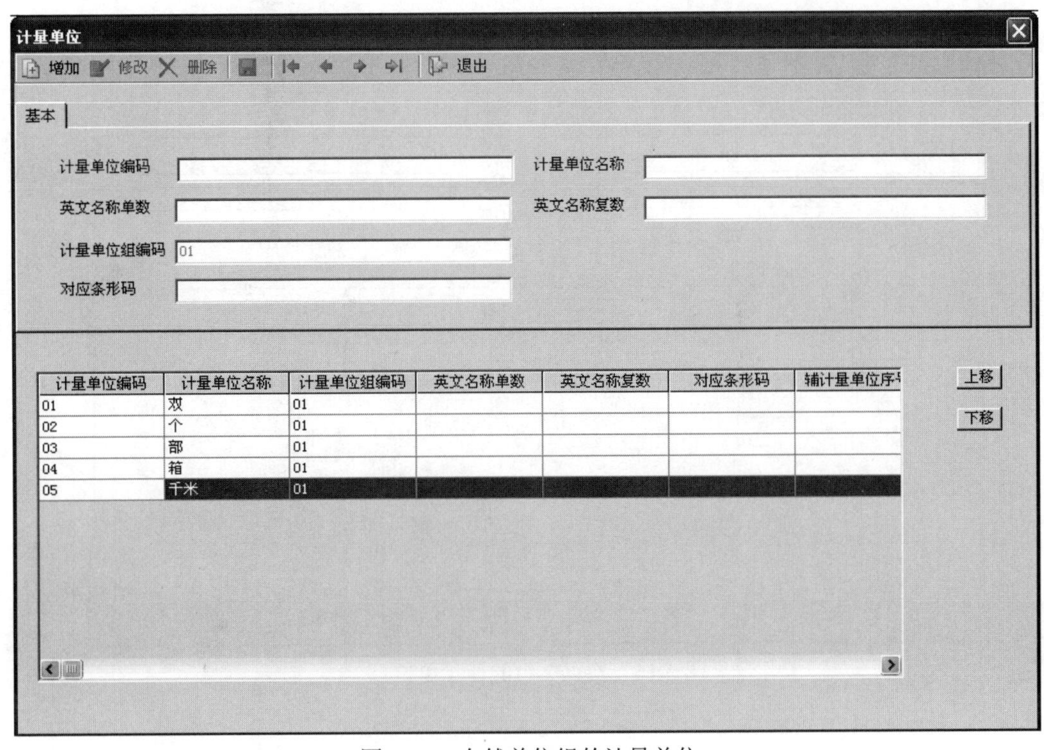

图 2-15　自然单位组的计量单位

⑥ 选中“(02)换算 1 组<固定换算率>”计量单位组，单击“单位”按钮，打开“计量单位”对话框。单击“增加”按钮，输入计量单位编码“8”，计量单位名称“双”，单击“保存”按钮。

提示：

- *在每组中设置的第一个计量单位默认为主计量单位。*
- *通常将最小的计量单位作为主计量单位。*

⑦ 再输入计量单位编码 801，计量单位名称“盒”，在“换算率”文本框中输入 1，单击“保存”按钮。再输入计量单位编码 802，计量单位名称“箱”，在“换算率”文本框中输入“20”，单击“保存”按钮。退出换算 1 组计量单位的设置。

⑧ 选中“(03)换算 2 组<固定换算率>”计量单位组，单击“单位”按钮，打开“计量单位”对话框。单击“增加”按钮，输入计量单位编码“9”，计量单位名称“个”，单击“保存”按钮。

⑨ 再输入计量单位编码“901”，计量单位名称“包”，在“换算率”文本框中输入“10”，单击“保存”按钮。再输入计量单位编码“902”，计量单位名称“大包”，在“换算率”文本框中输入“100”，单击“保存”按钮，如图 2-16 所示。

⑩ 单击“退出”按钮，退出换算 2 组计量单位的设置。

计量单位

增加 修改 删除 退出

基本

计量单位编码 9　　计量单位名称 个

英文名称单数　　英文名称复数

计量单位组编码 03　　换算率 1.00

对应条形码　　☑ 主计量单位标志

计量单位编码	计量单位名称	计量单位组编码	英文名称单数	英文名称复数	对应条形码	主计量单位标志
9	个	03				是
901	包	03				否
902	大包	03				否

上移　下移

图 2-16　换算 2 组的计量单位

提示：

- 先建立计量单位组，再建立计量单位。
- 主计量单位的换算率为 1，每个辅计量单位都是和主计量单位进行换算。
- 固定换算组的每一个辅计量单位对主计量单位的换算率不能为空。
- 被存货引用后的主、辅计量单位均不允许删除，但可以修改辅计量单位的使用顺序及其换算率。如果在单据中使用了某一计量单位，则该计量单位的换算率就不允许再修改。
- 浮动换算组可以修改为固定换算组。浮动换算的计量单位只能包括两个计量单位。同时，其辅计量单位换算率可以为空，在单据中使用该浮动换算率时需要手工输入换算率，或通过输入数量、件数，由系统自动计算出换算率。

(3) 存货档案

存货档案是供应链所有子系统核算的依据和基础，必须科学、合理地对其分类，准确、完整地提供存货档案数据。

存货档案主要是对企业全部存货目录的设立和管理，包括随同发货单或发票一起开具的应税劳务，也应设置在存货档案中。存货档案可以进行多计量单位设置。

操作步骤　(微课视频：sy02010503)

① 在企业应用平台基础设置中，执行“基础档案”|“存货”|“存货档案”命令，进入“存货档案”窗口。

② 选中“(01)商品—(01001)鞋”存货分类，单击“增加”按钮，进入“增加存货档案”窗口。

③ 根据所给资料填制“001 明辉女正装鞋”的存货档案的“基本”选项卡，如图2-17所示。

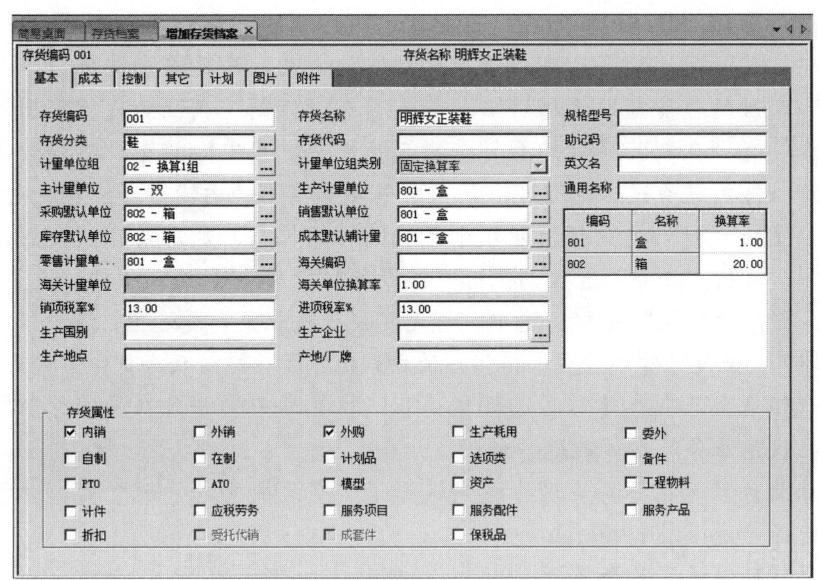

图2-17 存货档案“基本”选项卡

提示：

- “增加存货档案”窗口中有7个选项卡，即“基本”“成本”“控制”“其他”“计划”“图片”和“附件”，用于对存货不同的属性分别归类。
- “基本”选项卡中主要记录企业存货的基本信息，其中蓝色字体项为必填项。
- 存货编码：存货编码必须唯一且必须输入。最大长度30个字符，可以用数字0～9或字符A～Z表示。
- 存货代码：必须唯一，最大长度30个字符，非必填项。可以用“存货分类码＋存货编码”构成存货代码。
- 存货名称：存货名称必须输入。
- 计量单位组和主计量单位：可以参照输入。根据已选的计量单位组，带出主计量单位。如果要修改，则需要先删除该主计量单位，再输入其他计量单位。
- 采购、销售、库存默认单位和成本默认辅计量单位：设置各子系统默认时使用的计量单位。
- 税率：指该存货的增值税税率。销售该存货时，此税率为专用发票或普通发票上该存货默认的销项税税率；采购该存货时，此税率为专用发票、运费发票等可以抵扣的进项发票上默认的进项税税率。税率不能小于零。
- 是否折扣：折让属性。若选择是，则在采购发票和销售发票中输入折扣额。

- 是否受托代销：选择是，则该存货可以进行受托代销业务(同时应设置为外购属性)处理。
- 是否成套件：选择是，则该存货可以进行成套件管理业务。
- 存货属性：系统为存货设置了 29 种属性，其目的是在输入单据参照存货时缩小参照范围。具有“内销”“外销”属性的存货可用于销售订单、发货单等销售单据；具有“外购”属性的存货可用于采购订单、采购入库单等采购单据；具有“生产耗用”属性的存货可用于材料出库单；具有“自制”属性的存货可用于产成品入库单；具有“在制”属性的存货是指正在制造过程中；具有“应税劳务”属性的存货可以抵扣进项税，是指可以开具在采购发票上的运输费等应税劳务。
- 如果“受托代销”是灰颜色即处于无法选择的状态，则需要在“企业应用平台”窗口中，单击“业务”选项，执行“供应链”|“库存管理”|“初始设置”|“选项”命令，进入“选项”窗口。选中“有无受托代销业务”复选框，单击“确定”按钮退出即可。此处可暂不设置，待供应链初始化完成后再修改存货档案补充设置。
- 受托代销业务只有在建账时选择“商业”核算类型，并且在采购管理中确定“是否受托代销业务”后才能选择使用。
- 成套件业务只有在库存管理系统中选择了“有无成套件管理”后，才能在存货档案中选择“是否成套件”业务。
- 同一存货可以设置多个属性。
- “成本”选项卡中主要记录与存货计价相关的信息，如图 2-18 所示。

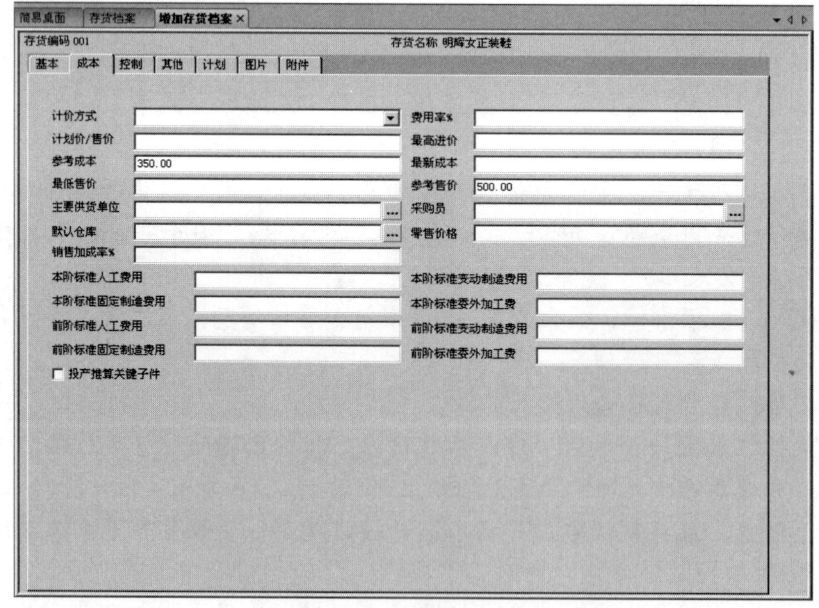

图 2-18 “成本”选项卡

- 计划价/售价是指工业企业使用计划价核算存货，商业企业使用售价核算存货，通过仓库、部门、存货设置计划价/售价核算。在单据录入时显示存货的计划价或售价。

- 如果在存货系统中选择“按存货”核算，则此处必须对每一个存货记录设置计价方式。计价方式一经使用，不能修改。
- 如果需要选择“主要供货单位”和“默认仓库”，则应该先建立“供应商档案”和“仓库档案”。
- “控制”选项卡中主要记录与生产、库存相关的信息。
- “是否批次管理”选项和“是否保质期管理”选项需要在“库存系统”中设置了“是否有批次管理”和“是否有保质期管理”后才可以选择。
- 如果企业有零出库业务，则不能选择“出库跟踪入库”。
- “其他”选项卡中主要记录与业务环节无关的一些辅助信息。

---

④ 单击“保存”按钮，保存存货档案信息。

⑤ 重复上述步骤，输入全部存货档案。存货档案列表如图 2-19 所示。

序号	选择	存货编码	存货名称	规格型号	存货代码	ABC分类	启用日期	计量单位组名称	主计量单位名称
1		001	明辉女正装鞋				2020-01-01	换算1组	双
2		002	明辉女休闲鞋				2020-01-01	换算1组	双
3		003	明辉女凉鞋				2020-01-01	换算1组	双
4		004	明辉男正装鞋				2020-01-01	换算1组	双
5		005	明辉男休闲鞋				2020-01-01	换算1组	双
6		006	明辉男凉鞋				2020-01-01	换算1组	双
7		007	兰宇女士钱包				2020-01-01	换算2组	个
8		008	兰宇女士单肩包				2020-01-01	换算2组	个
9		009	兰宇男士钱包				2020-01-01	换算2组	个
10		010	兰宇男士手提包				2020-01-01	换算2组	个
11		011	伊梦普通机				2020-01-01	自然单位	部
12		012	伊梦商务机				2020-01-01	自然单位	部
13		013	宏丰学生机				2020-01-01	自然单位	部
14		014	宏丰商务机				2020-01-01	自然单位	部
15		015	运输费9				2020-01-01	自然单位	千米
16		016	运输费0				2020-01-01	自然单位	千米

图 2-19 存货档案列表

6. 设置财务

(1) 设置凭证类别

操作步骤 (微课视频：sy02010601)

① 在企业应用平台基础设置中，执行“基础档案”|“财务”|“凭证类别”命令，打开“凭证类别预置”对话框。

② 选中“收款凭证”“付款凭证”“转账凭证”单选按钮。

③ 单击“确定”按钮，进入“凭证类别”窗口。

④ 单击“修改”按钮，根据所给资料设置各种凭证类别的限制内容，如图 2-20 所示。

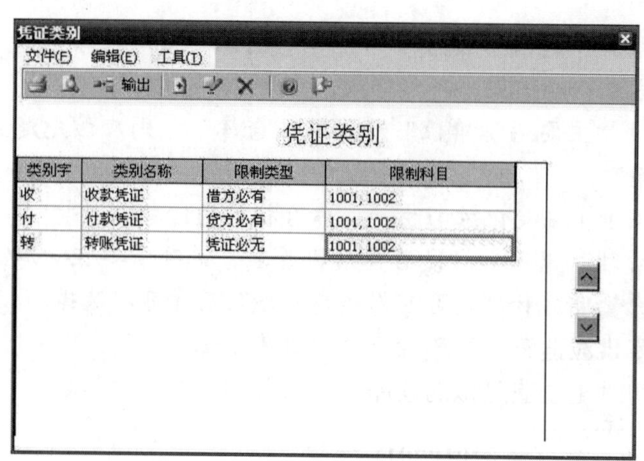

图 2-20 “凭证类别”窗口

(2) 设置会计科目

操作步骤 (微课视频：sy02010602)

① 在企业应用平台基础设置中，执行“基础档案”|“财务”|“会计科目”命令，进入“会计科目”窗口。

② 在“会计科目”窗口中，单击“增加”按钮，增加“190101 待处理流动资产损溢”科目，如图 2-21 所示。同理，增加“190202 待处理固定资产损溢”科目；增加“220201 应付货款”科目；增加“220202 暂估应付款”科目；增加“222101 应交增值税”“22210101 进项税额”“22210103 进项税额转出”“22210105 销项税额”科目；增加“410415 未分配利润”科目。

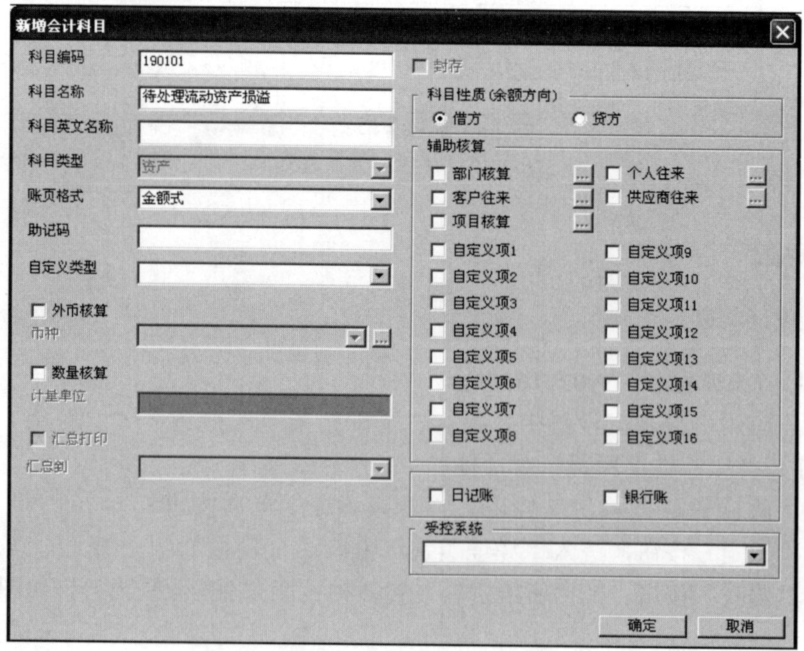

图 2-21 增加会计科目

③ 在“会计科目”窗口中，双击“1121 应收票据”，打开“会计科目_修改”对话框。单击“修改”按钮，选择“客户往来”复选框，单击“确定”按钮。同理，修改其他科目的辅助核算属性。

7. 设置业务

(1) 仓库档案

仓库是用于存放存货的场所，要对存货进行核算和管理，首先应对仓库进行管理。因此，设置仓库档案是供应链管理系统的重要基础工作之一。此处设置的仓库可以是企业实际拥有的仓库，也可以是企业虚拟的仓库。

操作步骤　(微课视频：sy02010701)

在企业应用平台基础设置中，执行“基础档案”|“业务”|“仓库档案”命令，进入“仓库档案”窗口。按实验资料设置企业仓库。全部仓库档案的设置结果如图2-22所示。

简易桌面　仓库档案 ×

☑ 打印序号(N)

仓库档案

序号	仓库编码	仓库名称	部门名称	仓库地址	电话	负责人	计价方式
1	01	明辉鞋仓					先进先出法
2	02	兰宇箱包仓					全月平均法
3	03	手机仓					售价法
4	04	代销仓					先进先出法

图2-22　仓库档案

提示：

- 仓库编码、仓库名称必须输入。
- 仓库编码必须唯一，最大长度为10个字符。
- 每个仓库必须选择一种计价方式。系统提供6种计价方式，工业企业为计划价法、全月平均法、移动平均法、先进先出法、后进先出法和个别计价法；商业企业为售价法、全月平均法、移动平均法、先进先出法、后进先出法和个别计价法。

(2) 收发类别

收发类别是为了使用户对企业的出入库情况进行分类汇总、统计而设置的，用以标识材料的出入库类型。用户可以根据企业的实际情况进行灵活的设置。

操作步骤 **(微课视频：sy02010702)**

在企业应用平台基础设置中，执行“基础档案”|“业务”|“收发类别”命令，进入“收发类别”窗口，按实验资料输入收发类别信息。全部收发类别的设置结果如图2-23所示。

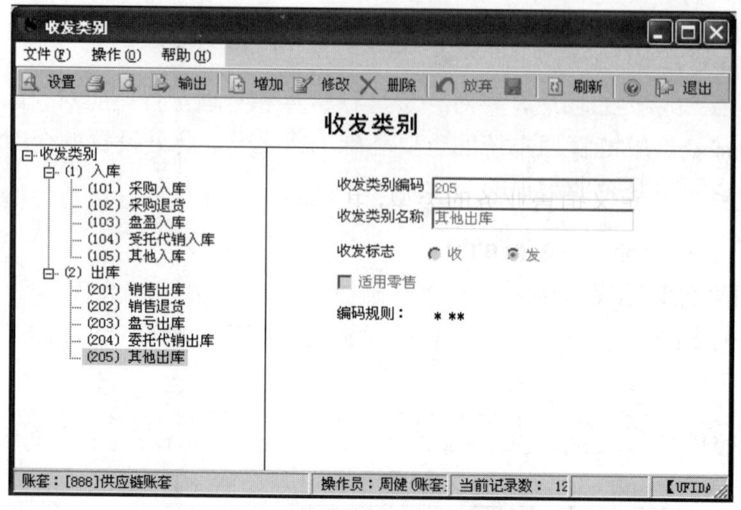

图2-23　全部收发类别的设置结果

(3) 采购类型

采购类型是用户对采购业务所做的一种分类，是采购单据上的必填项。如果企业需要按照采购类别进行采购统计，则必须设置采购类型。

操作步骤 **(微课视频：sy02010703)**

在企业应用平台基础设置中，执行“基础档案”|“业务”|“采购类型”命令，进入“采购类型”窗口，按实验资料输入采购类型信息。全部采购类型的设置结果如图2-24所示。

采购类型

序号	采购类型编码	采购类型名称	入库类别	是否默认值	是否委外默认值
1	01	厂商采购	采购入库	是	否
2	02	代销采购	受托代销入库	否	否
3	03	采购退回	采购退货	否	否

账套：[888]供应链账套　操作员：周健(账套主管)　当前记录数：3条

图2-24　全部采购类型的设置结果

提示：

- 入库类别是指设定在采购系统中填制采购入库单时，输入采购类型后，系统默认的入库类别。
- 是否默认值是指设定某个采购类型作为填制单据时默认的采购类型，只能设定一种类型为默认值。

(4) 销售类型

销售类型是用户自定义销售业务的类型，其目的在于可以根据销售类型对销售业务数据进行统计和分析。

操作步骤

在企业应用平台基础设置中，执行“基础档案”|“业务”|“销售类型”命令，进入“销售类型”窗口，按实验资料输入销售类型信息。全部销售类型的设置结果如图 2-25 所示。

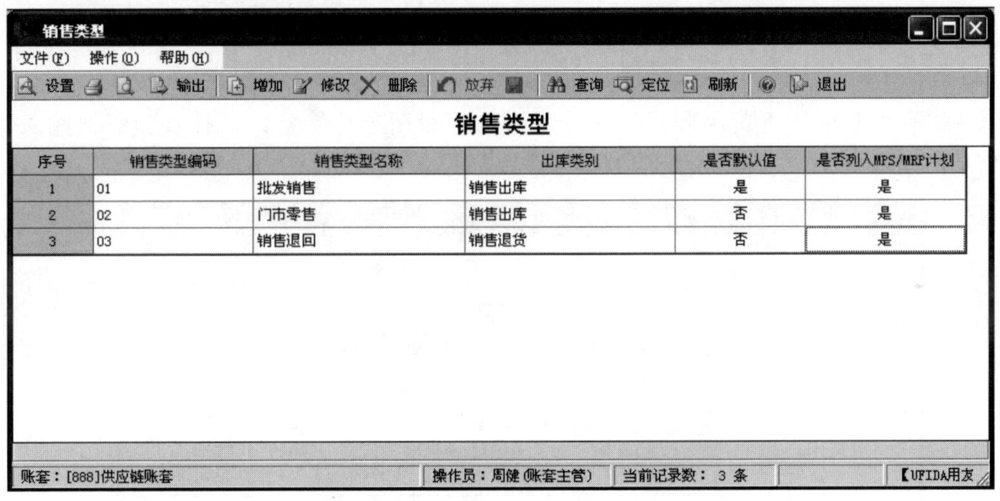

序号	销售类型编码	销售类型名称	出库类别	是否默认值	是否列入MPS/MRP计划
1	01	批发销售	销售出库	是	是
2	02	门市零售	销售出库	否	是
3	03	销售退回	销售退货	否	是

图 2-25　全部销售类型的设置结果

提示：

- 出库类别是设定在销售系统中填制销售出库单时，输入销售类型后，系统默认的出库类别，以便销售业务数据传递到库存管理系统和存货核算系统时进行出库统计和财务制单处理。
- 是否默认值是指设定某个销售类型作为填制单据时默认的销售类型，只能设定一种类型为默认值。

(5) 费用项目

费用项目主要用于处理在销售活动中支付的代垫费用、各种销售费用等业务。

操作步骤　(微课视频：sy02010705)

① 在企业应用平台基础设置中，执行“基础档案”|“业务”|“费用项目分类”命令，进入“费用项目分类”窗口。设置一个“无分类”，结果如图 2-26 所示。

图 2-26　费用项目分类

② 执行“业务”|“费用项目”命令，进入“费用项目”窗口，按实验资料输入费用项目信息。全部费用项目的设置结果如图 2-27 所示。

图 2-27　全部费用项目的设置结果

(6) 发运方式

发运方式是指设定采购业务、销售业务中存货的运输方式。

操作步骤　(微课视频：sy02010706)

在企业应用平台基础设置中，执行“基础档案”|“业务”|“发运方式”命令，进入“发运方式”窗口，按实验资料输入发运方式信息。

(7) 非合理损耗类型

在企业的采购业务中，由于运输、装卸等原因采购的货物会发生短缺毁损，应根据不同情况做出相应的账务处理。属于定额内合理损耗的，应视同提高入库货物的单位成本，不另做账务处理；运输部门或供货单位造成的短缺毁损，属于定额外非合理损耗的，应根据不同情况分别进行账务处理。因此企业应在此事先设置好本企业可能发生的非合理损耗类型及对应的入账科目，以便采购结算时根据具体的业务选择相应的非合理损耗类型，并由存货核算系统根据结算时记录的非合理损耗类型自动生成凭证。

操作步骤 (微课视频：sy02010707)

在企业应用平台基础设置中，执行“基础档案”|“业务”|“非合理损耗类型”命令，进入“非合理损耗类型”窗口，按实验资料输入非合理损耗类型信息。

8. 账套输出

全部完成后，将账套输出至“2-1 基础档案设置”文件夹中。

实验二 单据设置

实验准备

已经完成实验一的操作，或者引入“2-1 基础档案设置”账套备份数据。由111操作员(密码为1)登录U8企业应用平台进行单据设置。

实验内容

- 单据格式设计
- 单据编号设置
- 账套输出

实验资料

(1) 设计采购单据格式

为单据“采购订单”“到货单”“采购专用发票”增加表体栏目“换算率”“采购单位”和“件数”。

(2) 设计库存单据格式

为单据“采购入库单”增加表体栏目“换算率”“库存单位”和“件数”。

(3) 设置发票编号方式

设置销售专用发票和采购专用发票编号方式为“完全手工编号”。

实验指导

1. 单据格式设计

由于企业的部分存货采用多计量单位制，因此需要在有关的单据中增加可以分别进行主、辅计量核算的项目内容。

操作步骤 **(微课视频：sy020201)**

① 在企业应用平台基础设置中，执行“单据设置”|“单据格式设置”命令，进入“单据格式设置”窗口。

② 执行“U8 单据目录分类”|“采购管理”|“专用发票”|“显示”|“专用发票显示模板”命令，窗口右侧显示系统内置的“专用发票”格式。

③ 单击“表体项目”按钮(或右击，选择快捷菜单中的“表体项目”)，打开“表体”项目对话框。

④ 选中“换算率”“采购单位”和“件数”复选框，如图 2-28 所示。

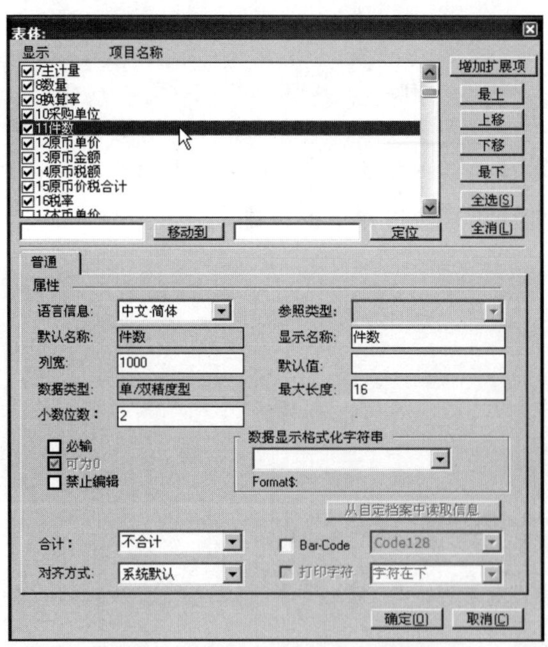

图 2-28 为专用发票增加表体项目

⑤ 单击“确定”按钮，再单击“保存”按钮。

⑥ 同理，为“采购订单”和“到货单”增加表体项目“换算率”“采购单位”和“件数”。

按照上述方法，设置库存管理模块中的“采购入库单”格式。在采购入库单显示模板的表体项目中增加“库存单位”“件数”和“换算率”，如图 2-29 所示。

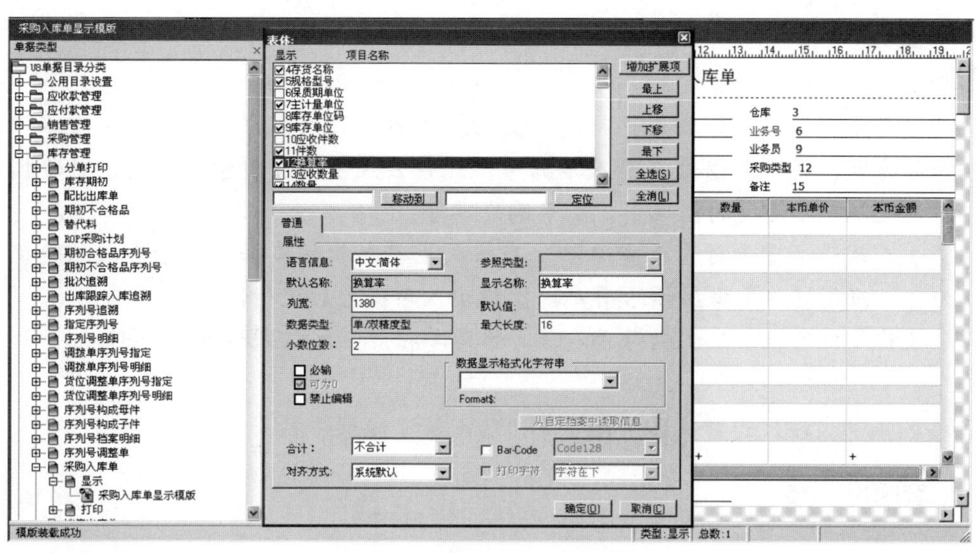

图 2-29　设置采购入库单格式

2. 单据编号设置

发票编号既可以由U8系统统一编号，也可以由用户自行编号。用户进行手工编号或修改编号前，需要先进行单据设置，否则，只能由系统编号，用户不能修改。

操作步骤　(微课视频：sy020202)

① 在企业应用平台的基础设置中，执行“单据设置”|“单据编号设置”命令，打开“单据编号设置”对话框。

② 在“编号设置”选项卡中选择“销售管理”|“销售专用发票”，单击“修改”按钮，选中“完全手工编号”复选框，如图2-30所示。

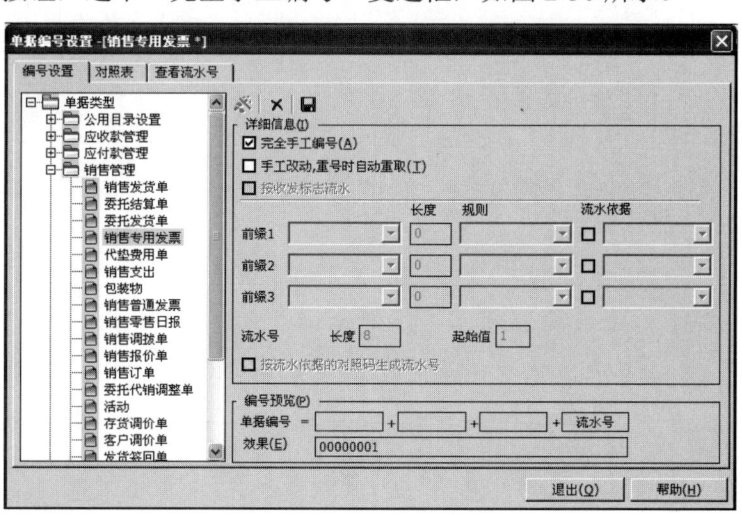

图 2-30　“销售专用发票”单据编号设置

③ 单击“保存”按钮，保存设置，再单击“退出”按钮。

提示：

- "完全手工编号"是指用户新增单据时，不自动带入用户设置的单据流水号，单据号为空，用户可以直接输入单据号，此种方式主要应用于企业的某种单据号之间无关联或不连续的情况下，如采购发票等。
- "手工改动，重号时自动重取"：有推式生单功能的单据，由于生成的单据号都为空，应将这些单据显示给用户，以便输入单据号后进行保存。
- "按收发标志流水"：指对于入库、出库单按照流水方式编号。

④ 按照上述方法，设置采购专用发票"完全手工编号"。

3. 账套输出 (略)

探究与挑战

1. 建账时设置的编码方案还能修改吗？

2. 如果账套主管周健希望修改自己的登录密码，是由系统管理员来修改吗？

3. 可口可乐有 220ml 听装、330ml 瓶装、500ml 大瓶装、箱装(包括 1 箱=24 听、1 箱=12 瓶、1 箱=6 大瓶)，如何设置计量单位才能满足业务需要？

第3章

供应链系统初始化

功能概述

用友 U8 供应链管理主要包括合同管理、采购管理、委外管理、销售管理、库存管理、存货核算、售前分析、质量管理等。考虑到教学学时限制及企业实际应用的普及度，本版教材重点介绍采购管理、销售管理、库存管理和存货核算四个子系统。由于应付与付款是采购完整流程的构成部分，应收与收款是销售完整流程的构成部分，同时业务处理的结果是通过存货核算系统、应收款系统和应付款系统传递给总账子系统，因此我们把 U8 财务会计中的应收款管理、应付款管理和总账也作为财务业务一体化应用的必要组成部分。

前面两章已经完成了企业建账和基础信息设置工作，那么，在开始日常的购销存业务处理之前，还需要做好哪几个方面的准备工作呢？这就是本章供应链系统初始化要介绍的主要内容，包括选项设置、业务科目设置和期初余额录入。

1. 选项设置

用友 U8 是一个通用管理软件，适用于各行各业企业内部购销存业务管理。而不同企业所属行业不同、管理模式不同，具体业务也有一定差异，那么如何将通用软件与企业个性化管理相结合，构建适用于企业的供应链管理系统呢？一般来说，为了满足不同行业企业的应用，通用软件中预置了大量选项供企业选择，企业应该经过充分的调研，对本行业本企业的生产经营特点进行具体深入的分析，在用友 U8 中正确设定系统选项，从而确定企业个性化应用方案。

2. 业务科目设置

在财务业务一体化集成应用模式下，购销业务在采购管理、销售管理、库存管理处理后，最终要通过存货核算系统、应收款系统和应付款系统生成业务相关凭证传递给总账，以确保业务发生的同时财务上就得到反映。这就需要在存货核算、应收款管理和应付款管理中根据业务类型预先设置好凭证模板，即设置不同业务形成的财务上的对应入账科目，例如，开出销售专用发票需要确认应收，形成的凭证即为

借：应收账款

　　贷：主营业务收入

　　　　应交税费——应交增值税——销项税额

以上科目需要在应收款系统中预先设置。设置业务科目的作用是业务发生的同时能够快速、准确地生成财务凭证。

3. 期初余额录入

目前，企业各业务部门都存在手工已经办理完成的业务，还有一些正在办理过程中的业务，用友 U8 系统需要哪些数据作为系统初始数据呢？为了保持业务的连续性和完整性，以启用日期 2020-01-01 为界，截止到该日期已经全部办理完成的业务无须再录入 U8 系统，正在办理过程中未完成的业务(如已经给客户发货但未收款的业务、已经办理采购入库但未收到发票因而未付款的业务等)需要按照业务单据逐笔录入 U8 系统中以便后续处理。该日期之后发生的新业务全部在 U8 系统中处理。

供应链管理系统期初数据的内容及操作要点如表 3-1 所示。

表 3-1　供应链系统期初数据的内容及操作要点

系统名称	操作	内容	说明
采购管理	录入	期初暂估入库 期初在途存货	暂估入库是指货到票未到 在途存货是指票到货未到
	期初记账	采购期初数据	没有期初数据也要执行期初记账，否则不能开始日常业务
销售管理	录入并审核	期初发货单 期初委托代销发货单 期初分期收款发货单	已发货、出库，但未开票 已发货未结算的数量 已发货未结算的数量
库存管理	录入(取数) 审核	库存期初余额 不合格品期初	库存和存货共用期初数据 未处理的不合格品结存量
存货核算	录入(取数) 记账	存货期初余额 期初分期收款发出商品余额	
应收款管理	录入	期初销售发票 期初应收单 期初预收款	已开票未收款的销售业务 其他应收未收的业务 预收客户货款业务
应付款管理	录入	期初采购发票 期初应付单 期初预付款	已收到发票尚未付款的业务 其他应付未付业务 预付供应商货款业务
总账	录入	基本科目及辅助账科目余额	

实验目的与要求

系统地学习U8供应链管理系统选项设置、自动凭证科目设置、期初余额录入的主要内容与操作方法。理解设置系统选项、自动科目的意义。

教学建议

建议本章讲授2课时，上机操作练习2课时。

实验一 供应链初始设置

实验准备

已经完成第2章实验二的操作，或者引入“2-2单据设置”账套备份数据。以111操作员(密码为1)登录U8系统进行供应链系统初始化设置。

实验内容

- 设置系统选项
- 设置自动凭证科目
- 录入供应链系统期初余额并进行期初记账
- 账套输出

实验资料

1. 设置系统选项(没有特别指明的保持系统默认)

(1) 设置采购管理系统选项

- 启用受托代销
- 允许超订单到货及入库
- 单据默认税率：13%

(2) 设置销售管理系统选项

销售管理选项如表3-2所示。

表 3-2 销售管理选项

选项卡	选项设置
业务控制	有零售日报业务 有委托代销业务 有分期收款业务 有直运销售业务 销售生成出库单 报价不含税
其他控制	新增发货单参照订单生成 新增退货单参照发货单生成 新增发票参照发货单生成

(3) 设置库存管理系统选项

库存管理选项如表 3-3 所示。

表 3-3 库存管理选项

选项卡	选项设置
通用设置	采购入库审核时改现存量 销售出库审核时改现存量 其他出入库审核时改现存量
专用设置	自动带出单价的单据包括销售出库单、其他出库单和调拨单
预计可用量控制	不允许超预计可用量出库
预计可用量设置	出入库检查预计可用量

(4) 设置存货核算系统选项

存货核算选项设置如表 3-4 所示。

表 3-4 存货核算选项

选项卡	选项设置
核算方式	核算方式：按仓库核算 销售成本核算方式：销售发票 委托代销成本核算方式：按普通销售核算 暂估方式：单到回冲 零成本出库选择：参考成本 红字出库单成本：参考成本
控制方式	结算单价与暂估单价不一致需要调整出库成本

(5) 设置应付款管理系统选项

应付款管理系统选项如表 3-5 所示。

表 3-5　应付款管理系统选项

选项卡	选项设置
常规	单据审核日期依据：单据日期 自动计算现金折扣：是
凭证	受控科目制单方式：明细到单据 采购科目依据：按采购类型

(6) 设置应收款管理系统选项

应收款管理系统选项如表 3-6 所示。

表 3-6　应收款管理系统选项

选项卡	选项设置
常规	单据审核日期依据：单据日期 坏账处理方式：应收余额百分比法
凭证	受控科目制单方式：明细到单据 销售科目依据：按销售类型

2. 设置自动凭证科目

(1) 应付款管理系统初始设置

基本科目设置：应付科目 220201，预付科目 1123，采购科目 1402，税金科目 22210101，商业承兑科目 2201，银行承兑科目 2201。

结算方式科目设置：现金支票、转账支票、电汇结算方式科目为 1002。

(2) 应收款管理系统初始设置

基本科目设置：应收科目 1122，预收科目 2203，销售收入科目 6001，税金科目 22210105，销售退回科目 6001，银行承兑科目 1121，商业承兑科目 1121。

结算方式科目设置：现金支票、转账支票、电汇结算方式科目为 1002。

坏账准备设置：提取比率为1%，坏账准备期初余额为0，坏账准备科目1231，对方科目6701。

(3) 存货核算系统科目设置

● 存货科目

存货科目设置如表 3-7 所示。

表 3-7　存货科目

仓库编码及名称	存货科目编码及名称	差异科目编码及名称	分期收款发出商品科目编码及名称	委托代销发出商品科目编码及名称	直运科目编码及名称
01 明辉鞋仓	1405 库存商品		1406 发出商品	1406 发出商品	1405 库存商品

(续表)

仓库编码及名称	存货科目编码及名称	差异科目编码及名称	分期收款发出商品科目编码及名称	委托代销发出商品科目编码及名称	直运科目编码及名称
02 兰宇箱包仓	1405 库存商品		1406 发出商品	1406 发出商品	1405 库存商品
03 手机仓	1405 库存商品	1407 商品进销差价	1406 发出商品	1406 发出商品	1405 库存商品
04 代销仓	1321 受托代销商品				

- 对方科目

对方科目如表 3-8 所示。

表 3-8 对方科目

收发类别编码及名称	对方科目编码及名称	暂估科目编码及名称
101 采购入库	1402 在途物资	220202 暂估应付款
102 采购退货	1402 在途物资	
103 盘盈入库	190101 待处理流动资产损溢	
104 受托代销入库	2314 受托代销商品款	2314 受托代销商品款
201 销售出库	6401 主营业务成本	
202 销售退货	6401 主营业务成本	
203 盘亏出库	190101 待处理流动资产损溢	
204 委托代销出库	6401 主营业务成本	

3. 供应链期初数据

(1) 采购管理系统(采购系统价格均为不含税价)

- 期初采购入库单

① 2019 年 12 月 8 日，明辉男正装鞋 240 双，单价 500 元，入明辉鞋仓，购自上海明辉鞋业有限公司。

② 2019 年 12 月 18 日，明辉女正装鞋 100 双，单价 350 元，入明辉鞋仓，购自上海明辉鞋业有限公司。

- 受托代销期初数

① 2019 年 12 月 10 日，伊梦普通机 10 部，单价 2 000 元，入代销仓，上海伊梦电子科技公司委托代销。

② 2019 年 12 月 28 日，伊梦商务机 8 部，单价 3 500 元，入代销仓，上海伊梦电子科技公司委托代销。

(2) 销售管理系统期初数(销售系统价格均为不含税价)

- 期初发货单

① 2019 年 12 月 8 日，明辉男凉鞋 150 双，单价 450 元，从明辉鞋仓发货；批发销

售给北京燕莎百货公司。

② 2019年12月10日，兰宇男士钱包300个，单价200元，从兰宇箱包仓发货；批发销售给郑州丹尼斯百货公司。

- 期初分期收款发出商品

2019年12月15日，明辉男休闲鞋200双，单价650元，从明辉鞋仓发货，批发销售给上海明兴贸易公司。

(3) 库存管理系统和存货核算系统期初数(如表3-9所示)

表3-9 库存管理系统和存货核算系统期初数

仓库名称	存货编码和名称	数量	单价(元)	金额(元)	期初差异	差价科目
明辉鞋仓	001 明辉女正装鞋	150	350	52 500	—	
	002 明辉女休闲鞋	600	400	240 000	—	
	003 明辉女凉鞋	100	200	20 000	—	
	004 明辉男正装鞋	280	500	140 000	—	
	005 明辉男休闲鞋	200	450	90 000	—	
	006 明辉男凉鞋	200	300	60 000	—	
兰宇箱包仓	007 兰宇女士钱包	300	120	36 000	—	
	009 兰宇男士钱包	500	150	75 000	—	
代销仓	011 伊梦普通机	10	2 000	20 000	—	
	012 伊梦商务机	10	3 500	35 000	—	
手机仓	013 宏丰学生机	10	1 800	18 000	4 000	1407 商品进销差价
	014 宏丰商务机	6	3 700	22 200	3 000	

注：存货期初差异计入“商品进销差异”账户。

(4) 总账系统科目余额

总账系统期初余额如表3-10所示。

表3-10 总账系统期初余额　　单位：元

资产			负债和所有者权益		
科目	方向	金额	科目	方向	金额
1001 库存现金	借	8 000	2201 短期借款	贷	200 000
1002 银行存款	借	385 200	220202 暂估应付款	贷	155 000
1321 受托代销商品	借	48 000	2314 受托代销商品款	贷	48 000
1405 库存商品	借	753 700	2501 长期借款	贷	500 000
1406 发出商品	借	146 900	4001 实收资本	贷	1000 000
1407 商品进销差价	贷	7 000	4101 盈余公积	贷	150 800
1601 固定资产	借	880 000	410415 未分配利润	贷	40 000
1602 累计折旧	贷	121 000			
合计	借	2 093 800	合计	贷	2 093 800

实验指导

1. 设置系统选项

(1) 设置采购管理系统选项

采购管理系统选项设置，是指在处理日常采购业务之前，确定采购业务的范围、类型及对各种采购业务的核算要求，这是采购管理系统初始化的一项重要工作。因为一旦采购管理系统进行期初记账或开始处理日常业务，有的系统选项就不能修改，有的也不能重新设置。因此，在系统初始化时应该设置好相关的系统选项。

操作步骤 (微课视频：sy03010101)

① 在企业应用平台业务工作中，执行“供应链”|“采购管理”命令，进入采购管理系统。

② 在采购管理系统中，执行“设置”|“采购选项”命令，打开“采购系统选项设置”对话框。

③ 打开“业务及权限控制”选项卡，选中“启用受托代销”和“允许超订单到货及入库”复选框，其他选项保持系统默认设置，如图 3-1 所示。

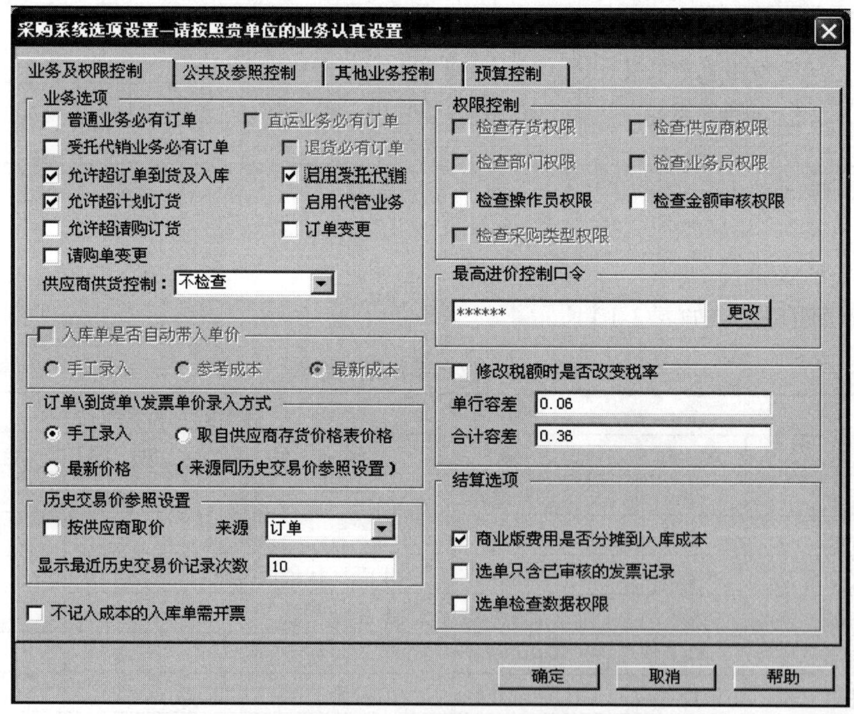

图 3-1　采购选项—“业务及权限控制”选项卡

④ 打开“公共及参照控制”选项卡，设置单据默认税率为“13%”。

⑤ 所有选项设置完成后，单击“确定”按钮，保存系统选项的设置。

提示：

- 只有在建账时选择企业类型为“商业”，才可选择是否“启用受托代销”。该选项可以在采购管理系统中设置，也可以在库存管理系统中设置，在其中一个系统的设置，同时改变在另一个系统的选项。
- 选择“允许超订单到货及入库”选项，表示参照订单生成到货单、入库单时，到货单和入库单上的数量可以超过订单上的订货数量。

(2) 设置销售管理系统选项

销售管理系统选项设置，是指在处理销售日常业务之前，确定销售业务的范围、类型及对各种销售业务的核算要求，这是销售管理系统初始化的一项重要工作。因为一旦销售管理开始处理日常业务，有的系统参数就不能修改，有的也不能重新设置。因此，在系统初始化时应该设置好相关的系统参数。

操作步骤 (微课视频：sy03010102)

① 在企业应用平台业务工作中，执行“供应链”|“销售管理”命令，进入销售管理系统。

② 在销售管理系统中，执行“设置”|“销售选项”命令，打开“销售选项”对话框。

③ 打开“业务控制”选项卡，选中“有零售日报业务”“有委托代销业务”“有分期收款业务”“有直运销售业务”和“销售生成出库单”复选框，取消“报价含税”选中标记，如图 3-2 所示。

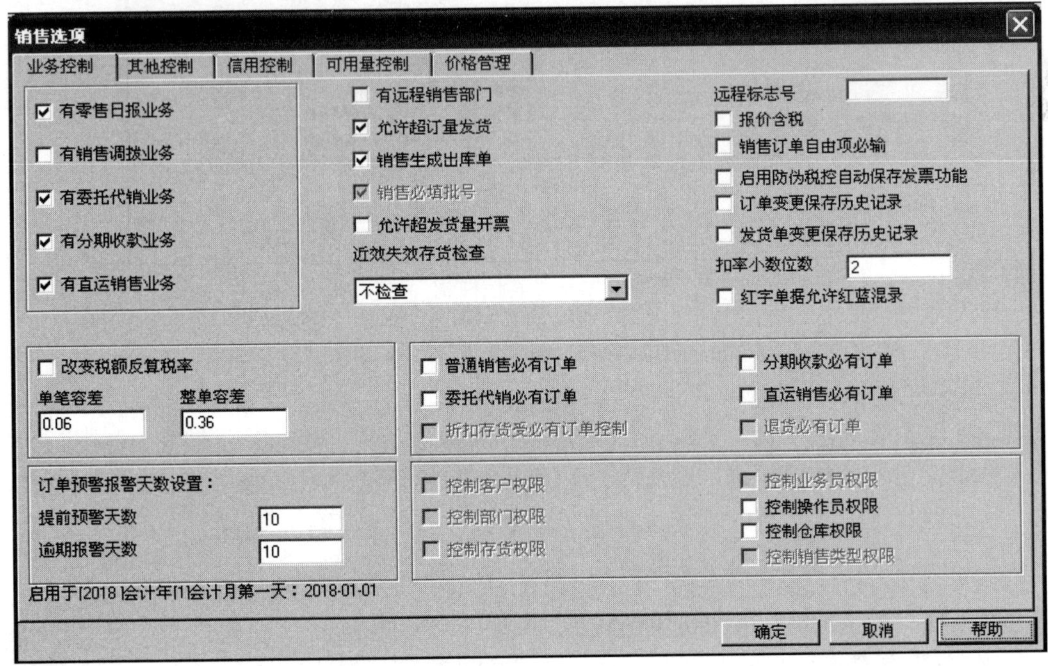

图 3-2 销售选项—“业务控制”选项卡

提示：

- 选中"有零售日报业务"选项，销售管理系统中才会出现"零售日报"功能菜单，才能进行零售日报业务处理，同时相关报表中才包括零售日报数据。"有委托代销业务""有分期收款业务""有直运销售业务"几个选项同理。
- 销售生成出库单：选中该项，则销售管理系统中的发货单、销售发票、零售日报、销售调拨单在审核/复核时，自动在销售管理系统中生成销售出库单，并传到库存管理系统和存货核算系统，在库存管理中不可能修改出库数量，即一次发货一次全部出库。不选该项，销售出库单在库存管理系统中参照销售发货单生成；在参照时，可以修改本次出库数量，即一次发货多次出库。

④ 打开"其他控制"选项卡，"新增发货单默认"选择"参照订单"；"新增退货单默认"选择"参照发货"；"新增发票默认"选择"参照发货"；其他选项按系统默认设置，如图3-3所示。

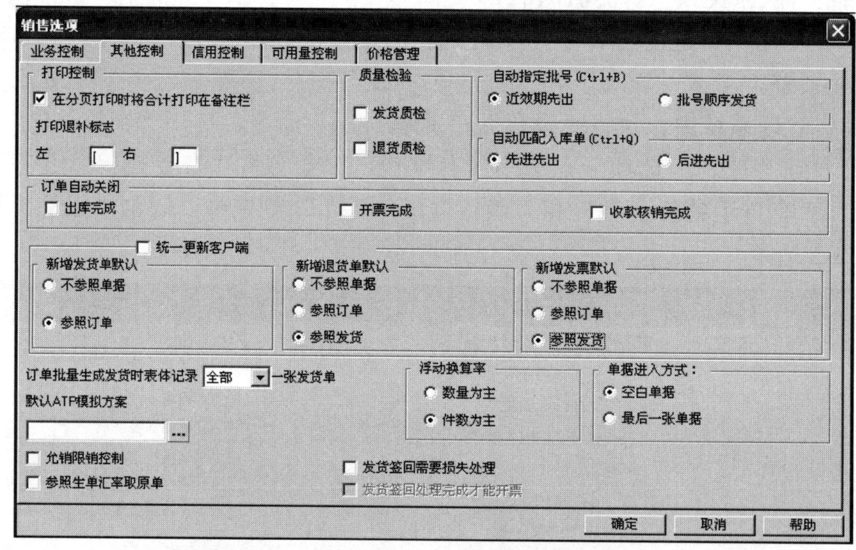

图3-3　销售选项—"其他控制"选项卡

⑤ 单击"确定"按钮，保存销售系统选项设置。

(3) 设置库存管理系统选项

库存管理系统选项设置，是指在处理库存日常业务之前，确定库存业务的范围、类型及对各种库存业务的核算要求，这是库存管理系统初始化的一项重要工作。因为一旦库存管理开始处理日常业务，有的系统参数就不能修改，有的也不能重新设置。因此，在系统初始化时应该设置好相关的系统参数。

操作步骤　(微课视频：sy03010103)

① 在企业应用平台业务工作中，执行"供应链"|"库存管理"命令，进入库存管理系统。

② 在库存管理系统中，执行“初始设置”|“选项”命令，打开“库存选项设置”对话框。

③ 打开“通用设置”选项卡，选中“采购入库审核时改现存量”“销售出库审核时改现存量”和“其他出入库审核时改现存量”复选框，如图 3-4 所示。

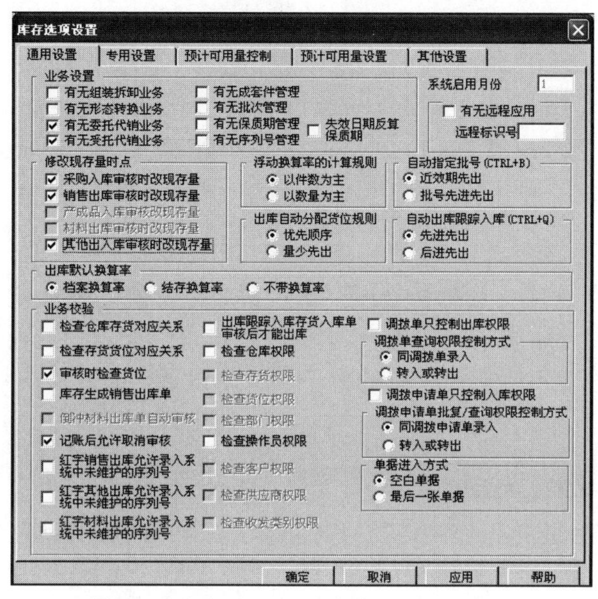

图 3-4 库存选项—“通用设置”选项卡

④ 打开“专用设置”选项卡，在“自动带出单价的单据”选项区域中选中“销售出库单”“其他出库单”和“调拨单”复选框，如图 3-5 所示。

图 3-5 库存选项—“专用设置”选项卡

⑤ 打开“预计可用量控制”选项卡，默认不允许超可用量出库。

⑥ 打开“预计可用量设置”选项卡，选中“出入库检查预计可用量”复选框。

⑦ 单击“确定”按钮，保存库存系统的参数设置。

提示：

- 现存量是指企业现时的库存量，可用量是指企业实际可以使用的存量。可用量=现存量－冻结量+预计入库量－预计出库量。
- 现存量是在单据保存时更新还是审核时更新，会影响现存量、可用量、预计入库量、预计出库量的变化。

(4) 设置存货核算系统参数

存货核算系统选项设置，是指在处理存货日常业务之前，确定存货业务的核算方式、核算要求，这是存货核算系统初始化的一项重要工作。因为一旦存货核算系统开始处理日常业务，有的系统参数就不能修改，有的也不能重新设置。因此，在系统初始化时应该设置好相关的系统参数。

操作步骤 (微课视频：sy03010104)

① 在企业应用平台业务工作中，执行“供应链”|“存货核算”命令，进入存货核算系统。

② 在存货核算系统中，执行“初始设置”|“选项”|“选项录入”命令，打开“选项录入”对话框。

③ 在“核算方式”选项卡中设置核算参数。核算方式：按仓库核算；暂估方式：单到回冲；销售成本核算方式：销售发票；委托代销成本核算方式：按普通销售核算；零成本出库选择：参考成本；红字出库单成本：参考成本，如图 3-6 所示。

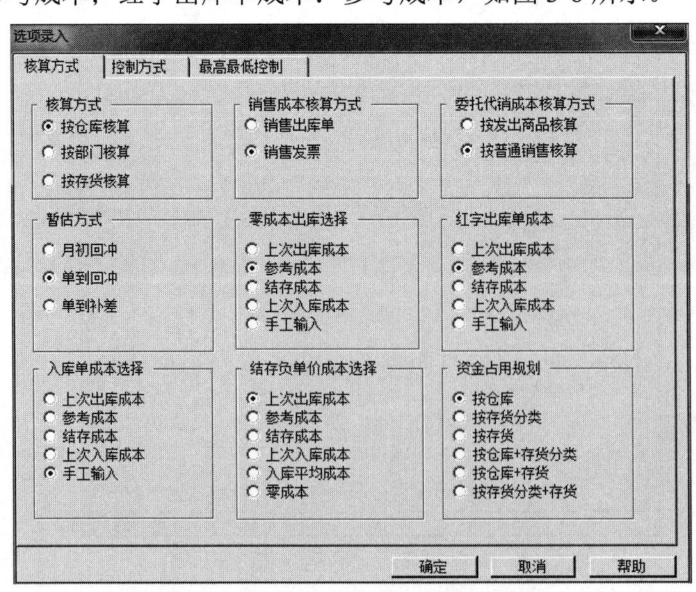

图 3-6 存货选项—“核算方式”选项卡

④ 打开“控制方式”选项卡，选中“结算单价与暂估单价不一致是否调整出库成本”复选框，如图 3-7 所示。其他选项为系统默认项。

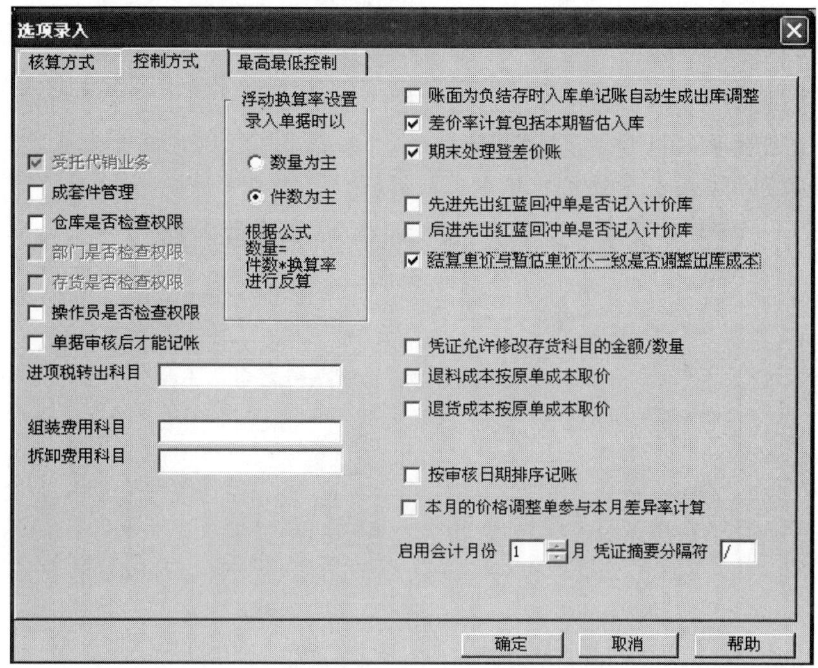

图 3-7 存货选项—“控制方式”选项卡

⑤ 单击“确定”按钮，保存存货核算选项设置。

 **提示：**

- 核算方式：可以选择按仓库核算、按部门核算、按存货核算。选择按仓库核算，在仓库档案中设置计价方式为每个仓库单独核算出库成本；选择按部门核算，则在仓库档案中按部门设置计价方式；选择按存货核算，则按用户在存货档案中设置的计价方式进行核算。
- 暂估方式：暂估入库存货成本的回冲方式，系统提供了月初回冲、单到回冲、单到补差三种。月初回冲是指月初时系统自动生成红字回冲单，单到报销时，系统自动根据报销金额生成采购报销入库单(蓝字回冲单)；单到回冲是指单到报销时，系统自动生成红字回冲单，并生成采购报销入库单；单到补差是指单到报销时，系统自动生成一张调整单，调整金额为实际金额与暂估金额的差额。

(5) 应付款管理系统选项设置

应付款管理系统与采购管理系统在联用情况下存在着数据传递关系。因此，启用采购管理系统的同时，应该启用应付款管理系统。应付款管理系统的参数设置和初始设置，都是系统的初始化工作，应该在处理日常业务之前完成。如果应付款管理系统已经进行了日常业务处理，则其系统参数和初始设置不能随便修改。

操作步骤 (微课视频：sy03010105)

① 在企业应用平台业务工作中，执行“财务会计”|“应付款管理”命令，进入应付款管理系统。

② 执行“设置”|“选项”命令，打开“账套参数设置”对话框。

③ 单击“编辑”按钮，系统弹出“选项修改需要重新登录才能生效”信息提示框。单击“确定”按钮返回。打开“常规”选项卡，“单据审核日期依据”选择“单据日期”，选中“自动计算现金折扣”复选框，如图 3-8 所示。

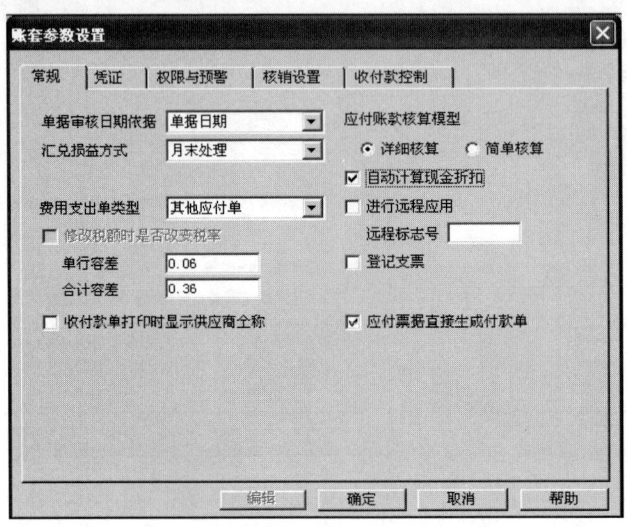

图 3-8 应付款账套参数—“常规”选项卡

④ 打开“凭证”选项卡，“受控科目制单方式”选择“明细到单据”，“采购科目依据”选择“按采购类型”，如图 3-9 所示。

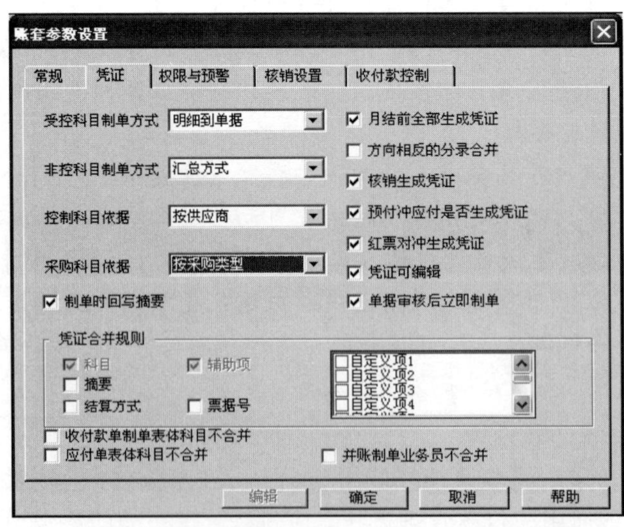

图 3-9 应付款账套参数—“凭证”选项卡

⑤ 单击“确定”按钮，保存应付款管理选项设置。

提示：

- 单据审核日期依据：若选择单据日期，则单据的审核日期(即入账日期)为该单据的单据日期。若选择业务日期，则单据的审核日期为登录U8系统的日期。
- 采购科目依据：当采购业务造成企业存货增加时，自动凭证入账科目确认依据。系统提供按存货分类、按存货、按供应商分类、按供应商、按采购类型五种选择。

(6) 应收款管理系统选项设置

应收款管理系统与销售管理系统在联用的情况下，两个系统存在着数据传递关系。因此，启用销售管理系统的同时，应该启用应收款管理系统。应收款管理系统的参数设置和初始设置，都是系统的初始化工作，应该在处理日常业务之前完成。如果应收款管理系统已经进行了日常业务处理，则其系统参数和初始设置就不能随便修改。

操作步骤　(微课视频：sy03010106)

① 在企业应用平台业务工作中，执行“财务会计”|“应收款管理”命令，进入应收款管理系统。

② 执行“设置”|“选项”命令，打开“账套参数设置”对话框。

③ 单击“编辑”按钮，使所有参数处于可修改状态，打开“常规”选项卡，“单据审核日期依据”选择“单据日期”，“坏账处理方式”选择“应收余额百分比法”，如图3-10所示。

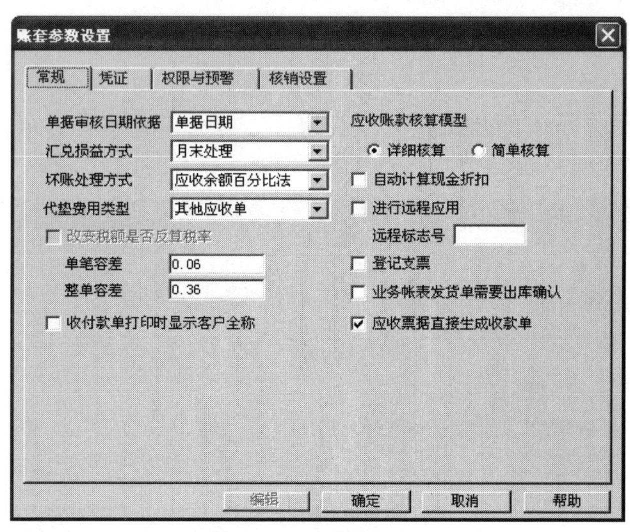

图3-10　应收款账套参数—“常规”选项卡

④ 打开“凭证”选项卡，“受控科目制单方式”选择“明细到单据”，“销售科目依据”选择“按销售类型”，如图3-11所示。

⑤ 单击“确定”按钮，保存应收款管理系统选项设置。

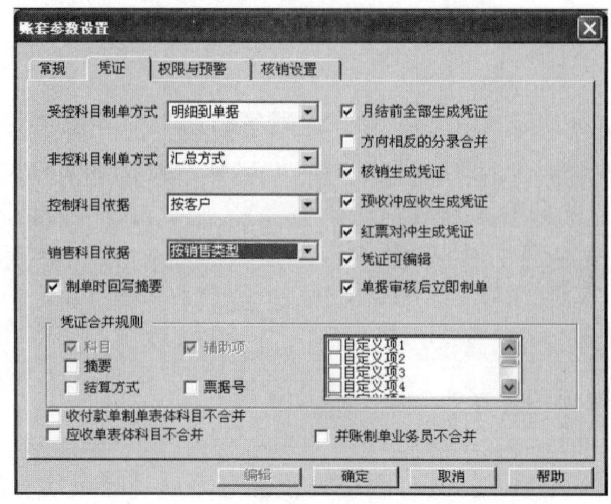

图 3-11　应收款账套参数—“凭证”选项卡

2. 设置自动凭证科目

设置自动凭证科目的目的是当企业业务发生时，按照预先设定的入账科目生成财务核算凭证。存货核算系统生成存货出入库形成的财务凭证；应付款管理系统生成与采购相关的应付与付款类凭证；应收款管理系统生成与销售相关的应收及收款凭证。因此，需要在这三个系统中进行自动凭证科目设置。

(1) 应付款管理系统初始设置

操作步骤　(微课视频：sy03010201)

① 在应付款管理系统中，执行“设置”|“初始设置”命令，进入“初始设置”窗口。

② 单击“设置科目”中的“基本科目设置”，单击“增加”按钮，根据实验内容对应付款管理系统的基本科目进行设置，如图 3-12 所示。

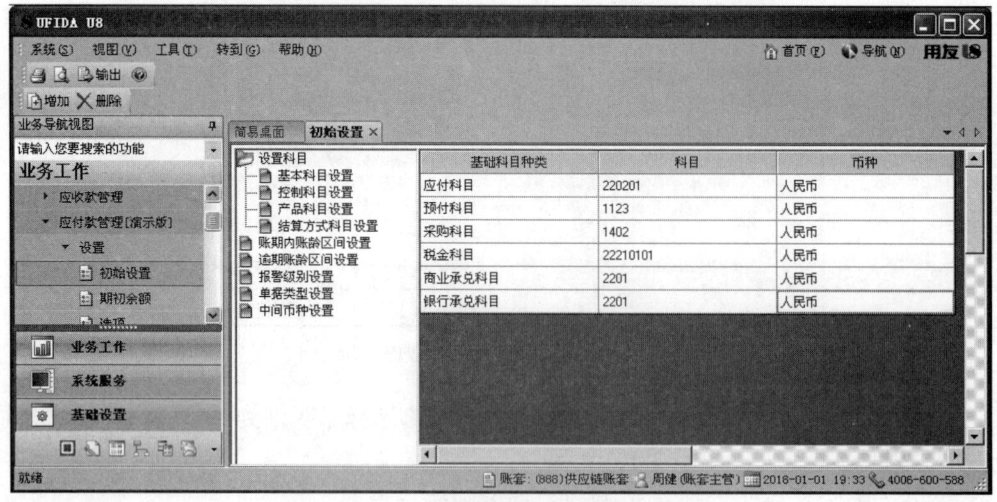

图 3-12　应付款管理系统基本科目设置

③ 执行“结算方式科目设置”命令，根据实验内容对应付款管理系统的结算方式科目进行设置。具体结算方式科目设置如图 3-13 所示。

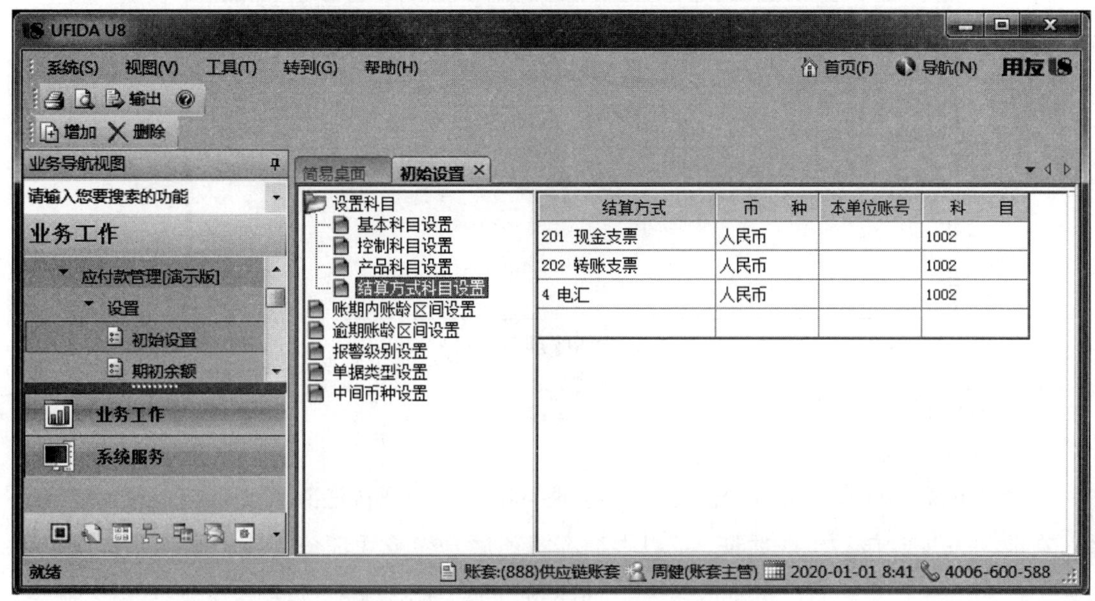

图 3-13 应付款管理系统结算科目设置

(2) 应收款管理系统初始设置

操作步骤 (微课视频：sy03010202)

① 在应收款管理系统中，执行“初始设置”|“基本科目设置”命令，进入“初始设置”窗口。

② 单击“设置科目”中的“基本科目设置”，单击“增加”按钮，根据实验内容对应收款管理系统的基本科目进行设置，如图 3-14 所示。

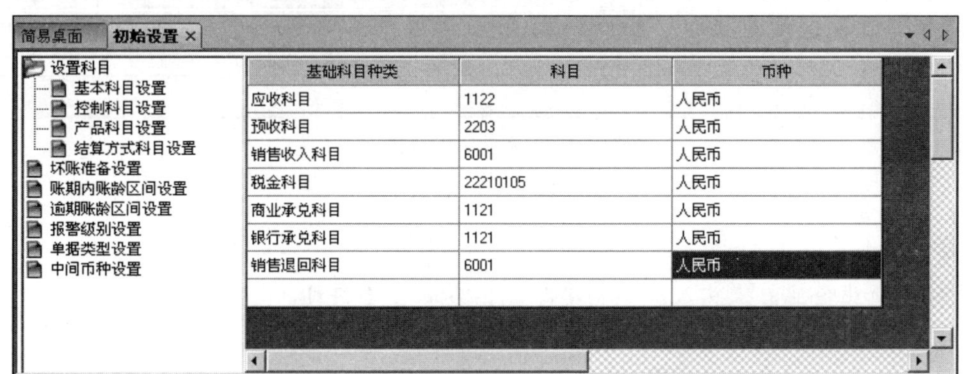

图 3-14 应收款管理系统基本科目设置

③ 执行“结算方式科目设置”命令，根据实验内容对应收款管理系统的结算方式科目进行设置。

④ 执行“坏账准备设置”命令，录入相关内容，单击“确定”按钮，系统弹出“储

存完毕”信息提示框，单击“确定”按钮，如图 3-15 所示。

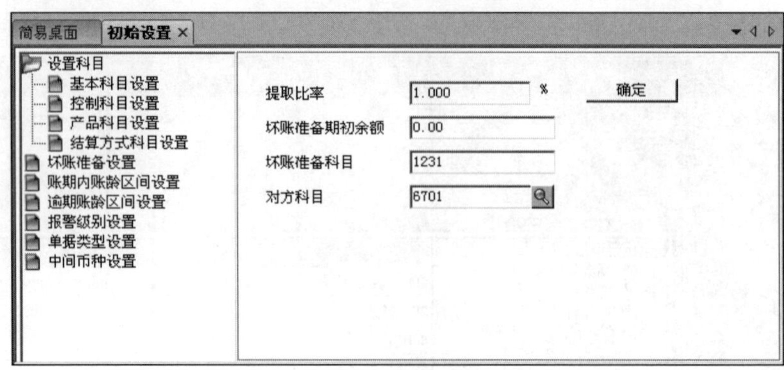

图 3-15　坏账准备设置

(3) 存货核算系统科目设置

- 存货科目设置

在存货核算系统中，可以生成与购销存业务相关的凭证传递到总账系统。为了能够让系统在业务发生时自动生成凭证，可以根据存货所属仓库或凭证分类或不同的存货设置生成凭证所用到的存货科目、分期收款发出商品科目和委托代销科目。

操作步骤　(微课视频：sy03010203)

① 在存货核算系统中，执行“初始设置”|“科目设置”|“存货科目”命令，进入“存货科目”窗口。

② 按表 3-7 中的资料进行存货科目设置，单击“保存”按钮，如图 3-16 所示。

存货科目

仓库名称	存货分类编码	存货分类名称	存货编码	存货名称	存货科目编码	存货科目名称	差异科目编码	差异科目名称	分期收款发...	分期收款发...	委托代销发...	委托代销发出...	直运科目编码	直运科目名称
明辉鞋仓					1405	库存商品			1406	发出商品	1406	发出商品	1405	库存商品
兰宇箱包仓					1405	库存商品			1406	发出商品	1406	发出商品	1405	库存商品
手机仓					1405	库存商品	1407	商品进销差价	1406	发出商品	1406	发出商品	1405	库存商品
代销仓					1321	受托代销商品								

图 3-16　设置存货科目

提示：

- 对于商业企业，采购入库单制单时，借方取存货科目，贷方取对方科目。
- 销售出库单制单时，借方取对方科目，贷方取存货科目。

- 存货对方科目设置

在存货核算系统中，可以按照不同的业务类型即收发类别设置生成凭证所需的对方科目。

操作步骤 (微课视频：sy03010204)

① 在存货核算系统中，执行“初始设置”|“科目设置”|“对方科目”命令，进入“对方科目”窗口。

② 按表3-8中的资料进行对方科目设置，单击“保存”按钮，如图3-17所示。

对方科目

输出 增加 插行 删除 栏目 定位 退出

对方科目

收发类别编码	收发类别名称	对方科目编码	对方科目名称	暂估科目编码	暂估科目名称
101	采购入库	1402	在途物资	220202	暂估应付款
102	采购退货	1402	在途物资		
103	盘盈入库	190101	待处理流动资...		
104	受托代销入库	2314	受托代销商品款	2314	受托代销商品款
201	销售出库	6401	主营业务成本		
202	销售退货	6401	主营业务成本		
203	盘亏出库	190101	待处理流动资...		
204	委托代销出库	6401	主营业务成本		

图3-17 对方科目

3. 供应链期初数据录入

供应链管理系统是一个有机联系的整体，各个模块之间存在着直接的数据传递关系，彼此影响，相互制约。因此，不仅对其系统参数、初始设置要考虑各个模块之间的数据传递关系，而且对初始数据的录入也要考虑它们之间的影响关系，注意数据录入的先后顺序。

(1) 采购管理系统期初数据录入

采购管理系统的期初数据是指在启用系统之前，已经收到采购货物，但尚未收到对方开具的发票。对于这类采购货物，可以按暂估价先办理入库手续，待以后收到发票，再进行采购结算。

- 期初暂估入库单录入

操作步骤 (微课视频：sy03010301)

① 在采购管理系统中，执行“采购入库”|“采购入库单”命令，进入“期初采购入库单”窗口。

② 单击“增加”按钮，按实验资料要求录入第1张期初采购暂估入库单信息，如图3-18所示。

③ 单击“保存”按钮，保存期初采购暂估入库单信息。

④ 单击“增加”按钮，录入第2张采购暂估入库单信息。单击“保存”按钮。

提示：

- 单击“修改”按钮，可以修改期初采购入库单。
- 单击“删除”按钮，可以删除期初采购入库单。

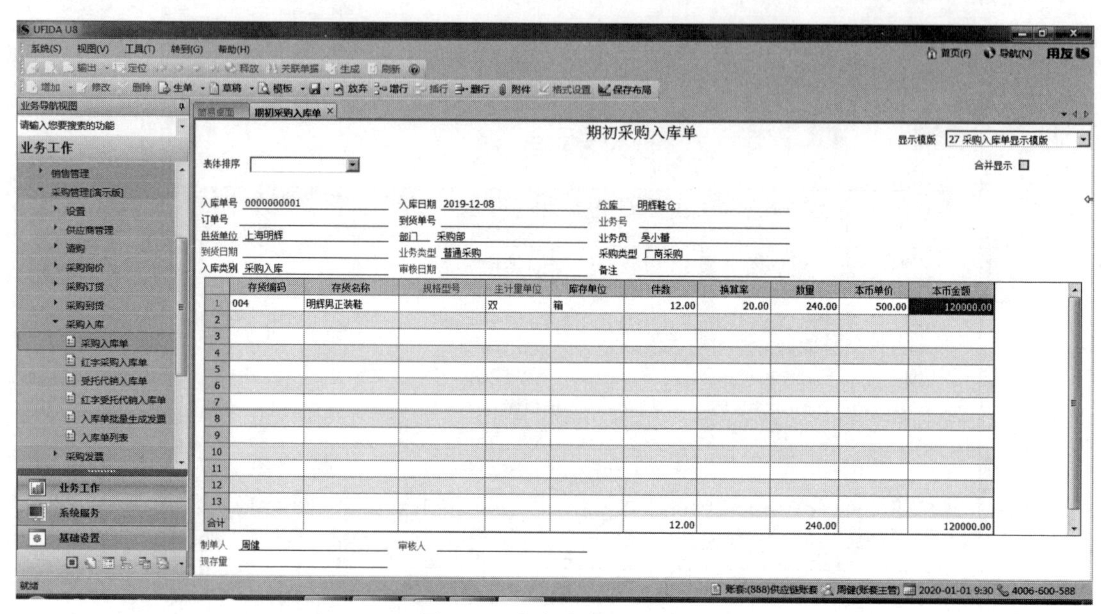

图 3-18　期初暂估入库单

- 修改存货档案

受托代销入库单中涉及的存货必须具有受托代销属性。由于伊梦普通机和伊梦商务机属于受托代销商品，需要将其属性设置为“受托代销”，但只有在采购管理系统中选中“启用受托代销”复选框，才能在存货档案中设置“受托代销”属性。因此，在录入受托代销入库单之前，需要为伊梦普通机和伊梦商务机设置受托代销属性。

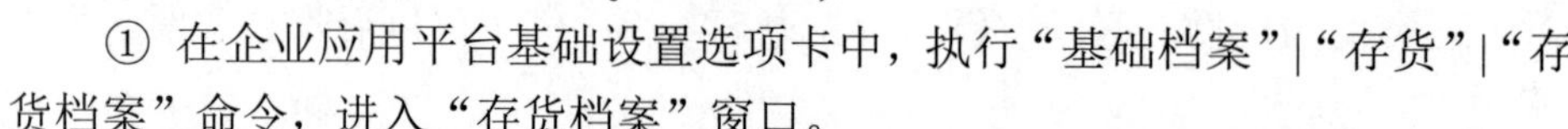

操作步骤　(微课视频：sy03010302)

① 在企业应用平台基础设置选项卡中，执行“基础档案”|“存货”|“存货档案”命令，进入“存货档案”窗口。

② 选中窗口左边的“手机”类存货，再选中右侧“存货档案”窗口中的“011 伊梦普通机”所在行，单击“修改”按钮，进入“修改存货档案”窗口。

③ 选中“受托代销”复选框，如图 3-19 所示。单击“保存”按钮，保存对存货档案的修改。

④ 单击“下一张”按钮，打开“修改存货档案”的“012 伊梦商务机”对话框。重复上述步骤，保存存货档案信息。

⑤ 关闭退出。

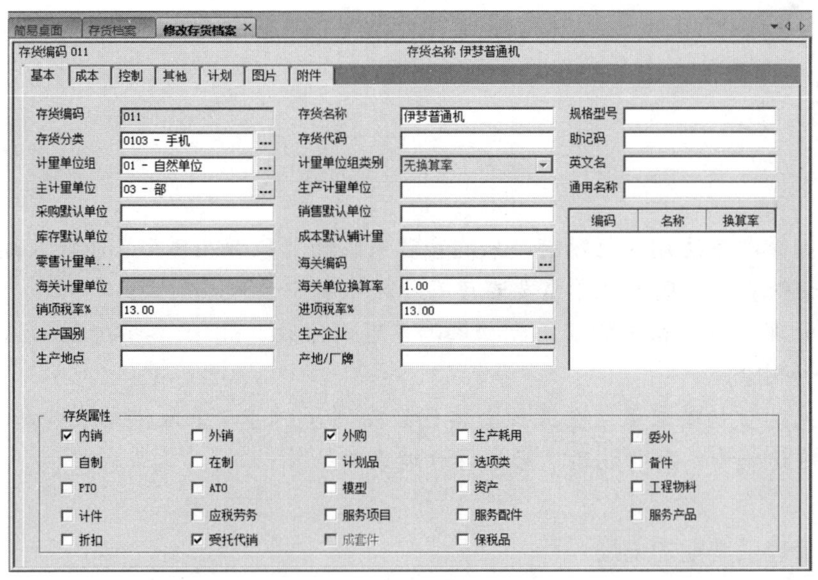

图 3-19 修改存货档案

- 期初受托代销入库单录入

操作步骤 **(微课视频：sy03010303)**

① 在采购管理系统中，执行“采购入库”|“受托代销入库单”命令，进入“期初采购入库单”窗口。

② 单击“增加”按钮，按实验资料要求录入期初受托代销入库单信息，如图 3-20 所示。

③ 单击“保存”按钮。

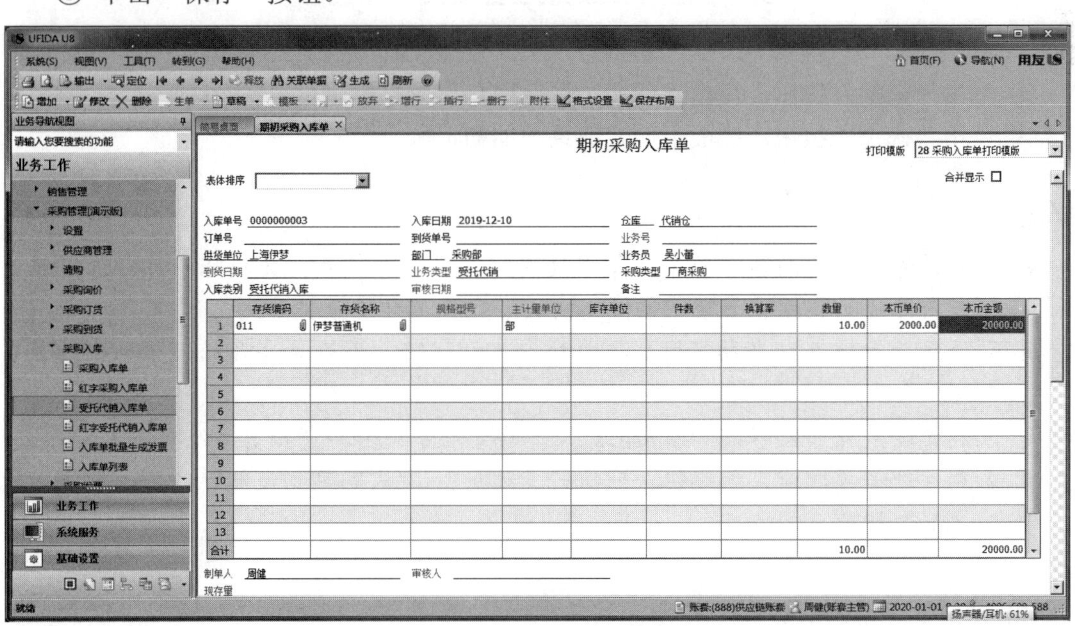

图 3-20 期初受托代销入库单

④ 单击“增加”按钮，录入第二张受托代销入库单信息，单击“保存”按钮。

⑤ 期初受托代销入库单全部录入之后，单击“退出”按钮，退出期初入库单录入界面。

提示：

- 在采购管理系统期初记账前，采购管理系统的“采购入库”只能录入期初入库单。期初记账后，采购入库单需要在库存管理系统中录入或生成。
- 采购管理系统期初记账前，期初入库单可以修改、删除；期初记账后，则不允许修改和删除。
- 如果采购货物尚未运达企业但发票已经收到，则可以录入期初采购发票，表示企业的在途物资；待货物运达后，再办理采购结算。

- 采购管理系统期初记账

操作步骤 (微课视频：sy03010304)

① 在采购管理系统中，执行“设置”|“采购期初记账”命令，打开“期初记账”对话框，如图 3-21 所示。

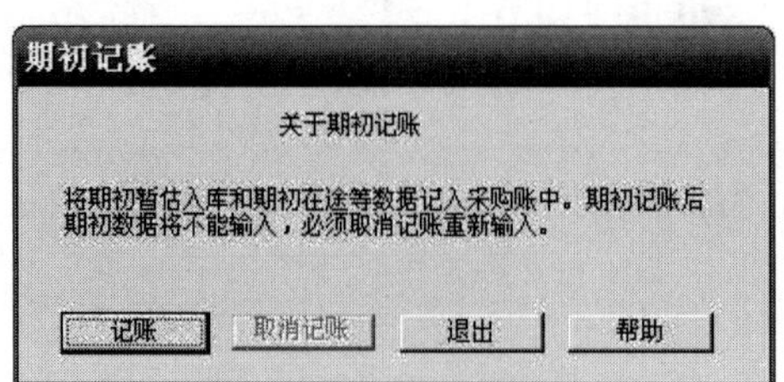

图 3-21　采购管理系统期初记账

② 单击“记账”按钮，弹出“期初记账完毕！”信息提示框。

③ 单击“确定”按钮，完成采购管理系统期初记账。

提示：

- 供应链管理系统的各个子系统集成使用时，采购管理系统先记账；库存管理系统所有仓库的所有存货必须“审核”确认；最后，存货核算系统记账。
- 即使采购管理没有期初数据，也要执行期初记账，否则无法开始日常的采购业务处理。
- 采购管理系统如果不执行期初记账，库存管理系统和存货核算系统也不能记账。
- 采购管理若要取消期初记账，可执行“设置”|“采购期初记账”命令，单击“取消记账”即可。

(2) 销售管理系统期初数据录入

U8 销售管理系统启用时，对于已经发货尚未开具发票的货物，应该作为期初发货单录入销售管理系统中，以便将来开具发票后，进行销售结算。

- 期初发货单录入

操作步骤 (微课视频：sy03010305)

① 在销售管理系统中，执行“设置”|“期初录入”|“期初发货单”命令，进入“期初发货单”窗口。

② 单击“增加”按钮，按照实验内容输入期初发货单的信息，如图 3-22 所示。

简易桌面 期初发货单

期初发货单

打印模版 发货单打印模版

表体排序

合并显示

发货单号 0000000001　发货日期 2019-12-08　业务类型 普通销售
销售类型 批发销售　订单号　发票号
客户简称 北京燕莎　销售部门 销售一部　业务员 宋杰
发货地址　发运方式　付款条件 4/10,2/20,n/30
税率 13.00　币种 人民币　汇率 1
备注

	仓库名称	存货编码	存货名称	规格型号	主计量	数量	报价	含税单价	无税单价	无税金
1	明辉鞋仓	006	明辉男凉鞋		双	150.00	0.00	508.50	450.00	
2										
3										
4										
5										
6										
7										
8										
9										
10										
11										
12										
合计						150.00				

制单人 周健　审核人　关闭人

图 3-22　期初发货单

③ 单击“保存”按钮，保存发货单信息。

④ 单击“审核”按钮，审核确认发货单信息。

⑤ 单击“增加”按钮，录入、保存并审核第 2 张期初发货单。只有审核后的发货单才可用于销售发票录入时参照。

- 期初分期收款发货单录入

操作步骤 (微课视频：sy03010306)

① 在销售管理系统中，执行“设置”|“期初录入”|“期初发货单”命令。

② 单击“增加”按钮，业务类型选择“分期收款”。按实验内容输入分期收款发货单的其他信息。

③ 单击“保存”按钮，保存输入的信息。

④ 单击“审核”按钮，如图 3-23 所示。

简易桌面 期初发货单 ×

期初发货单

打印模版 发货单打印模版

表体排序

合并显示 □

发货单号 0000000003　　发货日期 2019-12-31　　业务类型 分期收款

销售类型 批发销售　　订单号　　发票号

客户简称 上海明兴　　销售部门 销售一部　　业务员 宋杰

发货地址　　发运方式　　付款条件

税率 13.00　　币种 人民币　　汇率 1

备注

	仓库名称	存货编码	存货名称	规格型号	主计量	数量	报价	含税单价	无税单价	无税金
1	明辉鞋仓	005	明辉男休闲鞋		双	200.00	0.00	734.50	650.00	
2										
3										
4										
5										
6										
7										
8										
9										
10										
11										
12										
合计						200.00				

制单人 周健　　审核人 周健　　关闭人

图 3-23　分期收款期初发货单

提示：

- 当销售管理系统与存货核算系统集成使用时，存货核算系统中分期收款发出商品的期初余额从销售管理系统中取数，取数的依据就是已经审核的分期收款期初发货单。
- 存货核算系统从销售管理系统取数后，销售管理系统就不能再录入存货核算系统启用日期前的分期收款发出商品发货单。
- 在实际业务执行过程中，审核常常是对当前业务完成的确认。有的单据只有经过审核，才是有效单据，才能进入下一流程，才能被其他单据参照或被其他功能、系统使用。
- 审核后的发货单不能修改或删除。
- 如果要修改或删除期初发货单，则必须先取消审核，即单击“弃审”按钮。但如果期初发货单已经有下游单据生成，根据发货单生成了销售发票或存货系统已经记账等，那么，该期初发货单是不能弃审的，也不能修改或删除。
- 如果销售管理系统已经执行月末结账，则不能对发货单等单据执行“弃审”。

(3) 库存管理系统期初数据录入

库存管理系统期初数据录入方法有两种：一是在库存管理系统中直接录入；二是从存货核算系统取数。

- 从库存管理系统中直接录入

操作步骤 (微课视频：sy03010307)

① 在库存管理系统中，执行“初始设置”|“期初结存”命令，进入“库存期初数据录入”窗口。

② 选择仓库“明辉鞋仓”。单击“修改”按钮，再单击“存货编码”栏中的参照按钮，选择“001 明辉女正装鞋”，录入数量“150”，单价“350”。

③ 以此方法继续输入“明辉鞋仓”的其他期初结存数据。单击“保存”按钮，保存录入的存货信息，如图 3-24 所示。

图 3-24 库存期初数据录入

④ 单击“批审”按钮，系统弹出“批量审核完成”信息提示框，单击“确定”按钮。

⑤ 在“库存期初”窗口中将仓库选择为“兰宇箱包仓”。单击“修改”按钮，依次输入“兰宇箱包仓”的期初结存数据并保存，如图 3-25 所示。单击“批审”按钮，对录入的各行信息进行批量审核。

简易桌面 库存期初数据录入

库存期初

仓库 (02)兰宇箱包仓

表体排序

	仓库	仓库编码	存货编码	存货名称	规格型号	主计量单位	数量	单价	金额
1	兰宇箱包仓	02	007	兰宇女士钱包		个	300.00	120.00	36000.00
2	兰宇箱包仓	02	009	兰宇男士钱包		个	500.00	150.00	75000.00
3									
4									
5									
6									
7									
8									
9									
10									
11									

图 3-25 兰宇箱包仓期初结存

⑥ 在“库存期初”窗口中将仓库选择为“代销仓”。单击“修改”按钮，依次输入“代销仓”的期初结存数据并保存，如图3-26所示。

⑦ 单击“批审”按钮，对录入的各行信息进行批量审核。

简易桌面 | 库存期初数据录入

库存期初　　仓库 (04)代销仓

表体排序

	仓库	仓库编码	存货编码	存货名称	规格型号	主计量单位	数量	单价	金额
1	代销仓	04	011	伊梦普通机		部	10.00	2000.00	20000.00
2	代销仓	04	012	伊梦商务机		部	10.00	3500.00	35000.00
3									
4									
5									
6									
7									
8									
9									

图3-26　代销仓期初结存

⑧ 在“库存期初”窗口中将仓库选择为“手机仓”。单击“修改”按钮，依次输入“手机仓”的期初结存数据并保存，如图3-27所示。

简易桌面 | 库存期初数据录入

库存期初　　仓库 (03)手机仓

表体排序

	仓库	仓库编码	存货编码	存货名称	规格型号	主计量单位	数量	单价	金额
1	手机仓	03	013	宏丰学生机		部	10.00	1800.00	18000.00
2	手机仓	03	014	宏丰商务机		部	6.00	3700.00	22200.00
3									
4									
5									
6									
7									
8									
9									

图3-27　手机仓期初结存

⑨ 单击“批审”按钮，对录入的各行信息进行批量审核。

提示：

- 库存期初结存数据必须按照仓库分别录入。
- 库存期初数据录入完成后，必须进行审核工作。期初结存数据的审核实际是期初记账的过程，表明该仓库期初数据录入工作的完结。
- 库存期初数据审核是分仓库、分存货进行的，即针对一条存货记录进行审核。如果执行“批审”功能，则对选中仓库的所有存货执行审核，但并非审核所有仓库的存货。

- 审核后的库存期初数据不能修改、删除，但可以弃审后进行修改或删除。
- 如果有期初不合格品数据，也可以录入期初数据中。执行“初始设置”|“期初数据”|“期初不合格品”命令，单击“增加”按钮进行录入，并单击“审核”按钮后退出。

- 从存货核算系统取数

当库存管理系统与存货核算系统集成使用时，库存管理系统可以从存货核算系统中读取存货核算系统与库存管理系统启用月份相同的会计期间的期初数。如果两个系统启用月份相同，可直接取存货的期初数；如果两个系统启用月份不同，即存货先启，库存后启，则期初数据需要将存货的期初数据和存货在库存系统启用之前的发生数进行汇总求出结存，才能作为存货的期初数据被库存系统读取。

提示：

- 取数只能取出当前仓库的数据，即一次只能取出一个仓库的期初数据。
- 如果当前仓库已经存在期初数据，系统将提示“是否覆盖原有数据”。一般应选择覆盖，否则，期初数据会产生重复现象。
- 只有第一年启用时，才能使用取数功能；以后年度结转上年后，取数功能不能使用，系统自动结转期初数据。
- 取数成功后，也必须对所有仓库的所有存货进行审核，以完成期初记账工作。

---

(4) 存货核算系统期初数据录入

存货核算系统期初数据可以直接录入，也可以从库存管理系统中读取。“分期收款发出商品”的期初数据只能从销售管理系统中取数，而且必须是销售管理系统录入审核后才能取数；按计划价或售价核算出库成本的存货，都应有期初差异或差价。初次使用存货核算系统时，只能在存货核算系统中录入这些存货的期初差异余额或期初差价余额。

- 存货期初数据录入与审核

存货期初数据录入方法有两种，一是直接录入；二是从库存管理系统取数。其直接录入方法与库存管理系统类似，在此不再赘述。这里主要讲述用取数的方法录入存货核算期初数据。

操作步骤　(微课视频：sy03010308)

① 在存货核算系统中，执行“初始设置”|“期初数据”|“期初余额”命令，进入“期初余额”窗口。

② 选择仓库“明辉鞋仓”，单击“取数”按钮，系统自动从库存管理系统中取出该仓库的全部存货信息，如图3-28所示。

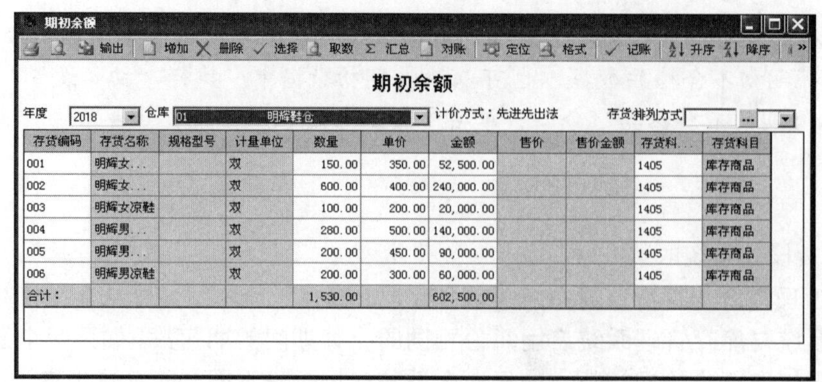

存货编码	存货名称	规格型号	计量单位	数量	单价	金额	售价	售价金额	存货科...	存货科目
001	明辉女...		双	150.00	350.00	52,500.00			1405	库存商品
002	明辉女...		双	600.00	400.00	240,000.00			1405	库存商品
003	明辉女凉鞋		双	100.00	200.00	20,000.00			1405	库存商品
004	明辉男...		双	280.00	500.00	140,000.00			1405	库存商品
005	明辉男...		双	200.00	450.00	90,000.00			1405	库存商品
006	明辉男凉鞋		双	200.00	300.00	60,000.00			1405	库存商品
合计：				1,530.00		602,500.00				

图 3-28　存货核算系统期初取数

③ 同理，对兰宇箱包仓、手机仓和代销仓进行取数操作。

- 与库存管理系统进行期初对账

操作步骤　(微课视频：sy03010309)

① 在期初余额界面，单击“对账”按钮，打开“库存与存货期初对账查询条件”对话框。

② 选择所有仓库，单击“确定”按钮。系统自动对存货核算与库存管理系统的存货数据进行核对，如果对账成功，弹出提示信息如图 3-29 所示。

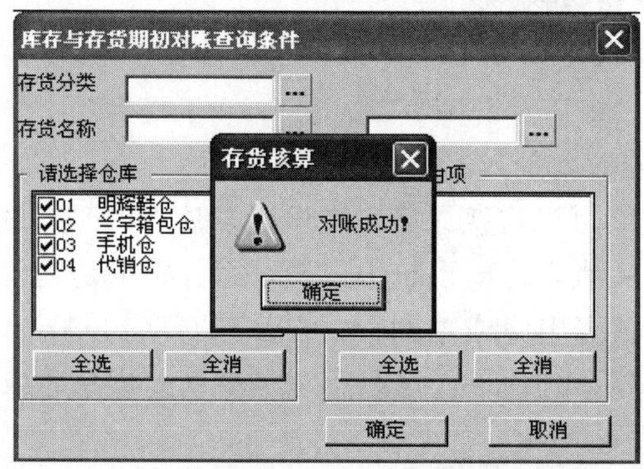

图 3-29　存货核算系统与库存管理系统期初对账

③ 单击“确定”按钮。

- 存货期初差异录入

按计划价或售价核算出库成本的存货，应该在存货核算系统中录入期初差异余额。

操作步骤　(微课视频：sy03010310)

① 在存货核算系统中，执行“初始设置”|“期初数据”|“期初差异”命令，进入“期初差价”窗口。

② 仓库选择“手机仓”。查看期初差价，如图 3-30 所示。

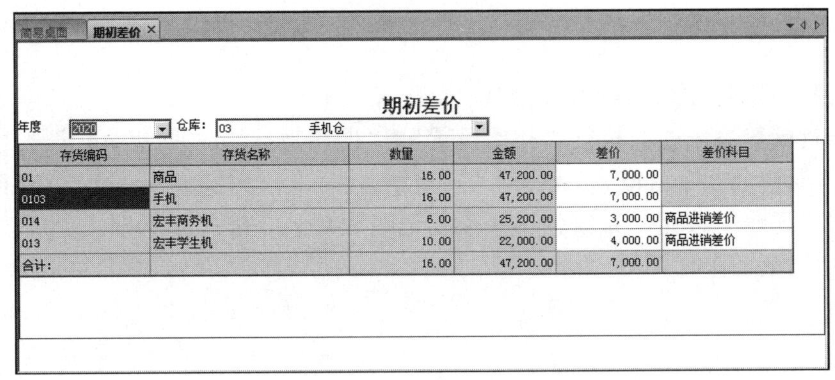
期初差价

年度 2020 仓库：03 手机仓

存货编码	存货名称	数量	金额	差价	差价科目
01	商品	16.00	47,200.00	7,000.00	
0103	手机	16.00	47,200.00	7,000.00	
014	宏丰商务机	6.00	25,200.00	3,000.00	商品进销差价
013	宏丰学生机	10.00	22,000.00	4,000.00	商品进销差价
合计:		16.00	47,200.00	7,000.00	

图 3-30　存货期初差价

提示：

- 如果存货核算系统核算方式为按部门核算，则“仓库”下拉列表中显示所有按计划价或售价核算部门下属的仓库；如果存货核算系统核算方式为按仓库核算，则“仓库”下拉列表中显示所有按计划价或售价核算的仓库，存货的差异或差价按核算仓库输入；如果存货核算系统核算方式为按存货核算，则“仓库”下拉列表中显示所有仓库，仓库中存货的差异或差价应按存货输入。
- 先录入存货期初余额，再录入存货期初差异或差价。
- 存货期初差价只能在存货核算系统中录入，不能从库存管理系统取数，也不能在库存管理系统中录入。

- 期初分期收款发出商品

操作步骤　(微课视频：sy03010311)

① 在存货核算系统中，执行“初始设置”|“期初数据”|“期初分期收款发出商品”命令，进入“期初分期收款发出商品”窗口。

② 单击“取数”按钮，系统弹出“取数完毕”信息提示框，单击“确定”按钮返回。

③ 单击“查询”按钮，打开“期初发出商品查询”对话框。选择“明辉鞋仓”，单击“确定”按钮，显示从销售管理系统录入的分期收款发货记录，如图 3-31 所示。

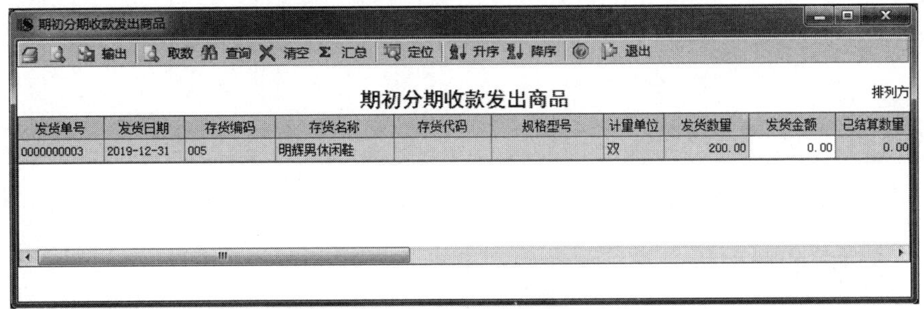
期初分期收款发出商品

发货单号	发货日期	存货编码	存货名称	存货代码	规格型号	计量单位	发货数量	发货金额	已结算数量
0000000003	2019-12-31	005	明辉男休闲鞋			双	200.00	0.00	0.00

图 3-31　存货核算期初分期收款发出商品

- 存货核算期初记账

操作步骤 (微课视频：sy03010312)

① 在存货核算系统中，执行“初始设置”|“期初数据”|“期初余额”命令，进入“期初余额”窗口。

② 单击“记账”按钮，系统弹出“期初记账成功！”信息提示框。单击“确定”按钮，完成期初记账工作。

提示：

- 记账是对所有仓库的存货进行记账。
- 如果已经进行业务核算，则不能恢复记账。

(5) 录入总账期初余额

操作步骤 (微课视频：sy03010313)

① 在企业应用平台业务工作中，执行“财务会计”|“总账”|“设置”|“期初余额”命令，打开“期初余额录入”对话框。

② 在“期初余额录入”对话框中，依次录入每一个会计科目的期初余额。

③ 单击“试算”按钮，打开“期初试算平衡表”对话框，如图 3-32 所示。

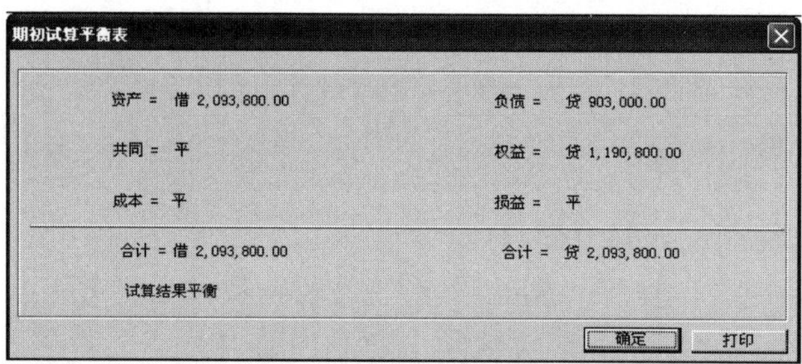

图 3-32　期初试算平衡表

④ 单击“确定”按钮返回。

4. 账套输出 (略)

全部完成后，将账套输出至“3-1 供应链初始化”文件夹中。

探究与挑战

1. 能否先录入存货核算期初再从库存管理中取数？
2. 各子系统间的期初数据存在哪些钩稽关系？
3. 以某业务为例说明设置自动科目的意义。

第 4 章

采 购 管 理

功能概述

用友 U8 采购管理系统，通过普通采购、直运采购、受托代销采购等采购流程对不同的采购业务进行有效的控制和管理，以便帮助企业降低采购成本，提升企业竞争力。

采购管理系统主要包括以下功能。

(1) 采购管理初始化设置

采购管理初始化设置包括采购选项设置和采购期初数据录入及记账。采购选项的设置将决定用户使用系统的业务流程、业务模式及数据流向。

采购管理的期初数据包括期初暂估入库、期初在途存货、期初受托代销商品等，期初数据录入后要执行采购期初记账。

(2) 供应商管理

加强对供应商的管理，有利于企业建立稳定的采购渠道，降低采购成本，确保供货质量。对供应商的管理包括供应商资格审批、供应商供货审批、供应商存货对照表、供应商供货信息管理及供应商分析等。供应商管理既包括对采购系统的供应商管理，还包括对委外系统的供应商管理。

(3) 采购业务管理

对采购业务的全流程进行管理，具体包括请购、采购订货、采购到货、采购入库、采购发票、采购结算的完整采购流程。用户还可以根据实际情况进行采购流程的定制。

采购管理根据企业应用可分为四种业务类型：普通采购业务、代管采购业务、受托代销业务和直运业务。

(4) 采购账簿及采购分析

采购管理系统可以提供各种采购明细表和统计表、多种采购账簿，并可以进行多维度的采购分析。

实验目的与要求

运用采购管理系统对普通采购业务、受托代销业务、直运采购业务、退货业务和暂估业务等进行处理，及时进行采购结算；能够与应付款管理系统、总账系统集成使用，以便及时处理采购款项，并对采购业务进行相应的账务处理。通过本章的学习，要求能够掌握采购业务的处理流程和处理方法，深入了解采购管理系统与供应链系统的其他子系统之间的数据传递关系。

教学建议

建议本章讲授 6 课时，上机操作练习 8 课时。

实验一　普通采购业务

实验准备

完成第 3 章实验一的操作，或者引入“3-1 供应链初始化”账套备份数据。以 111 操作员(密码为 1)的身份登录 888 账套进行采购业务处理。

实验内容

- 单货同行的普通采购业务处理
- 暂估入库结算采购业务处理
- 无订单到货的普通采购业务处理

实验资料

1. 单货同行的普通采购业务处理

2020 年 1 月 1 日，向上海明辉鞋业有限公司提出采购请求，请求采购女正装鞋 200 双(10 箱)，对方报价 350 元/双；明辉女休闲鞋 400 双(20 箱)，对方报价 400 元/双；女凉鞋 600 双(30 箱)，对方报价 200 元/双。需求日期为 2020 年 1 月 3 日。

2020 年 1 月 1 日，采购主管批准采购请求，与上海明辉鞋业正式签订订货合同，内容同上，商定本月 3 日到货。

2020 年 1 月 3 日，收到上海明辉鞋业有限公司发来的鞋和专用发票，发票号码 ZY184101，发票载明女正装鞋 200 双，单价 350 元；女休闲鞋 400 双，单价 400 元；女凉鞋600双，单价200元，增值税税率为13%。经检验质量全部合格，入明辉鞋仓，财务部门确认该笔采购业务入库成本和应付款项。

2020年1月3日，财务部门开出转账支票(票号1701)，金额400 000元，其中货款395 500元，余款转为预付款。

2. 暂估入库结算采购业务处理

2020年1月3日，收到上海明辉鞋业有限公司开具的2019年12月8日已入库业务的专用发票，发票号ZY184102，载明明辉男正装鞋240双，单价480元，增值税税率为13%。本公司当即支付货款和税款(现金支票XJ1801)。

3. 无订单到货入库的普通采购业务处理

2020年1月3日，收到北京宏丰电子科技公司的专用发票，发票号码ZY184103。发票载明宏丰学生机20部，单价1 800元；宏丰商务机50部，单价3 700元，增值税税率为13%，货已全部验收入库，尚未支付货款。

实验指导

1. 第1笔采购业务

普通采购业务按照货物和发票到达的先后顺序分为三种类型：单货同行、货到票未到(暂估业务)和票到货未到(存货在途)。

本笔业务为单货同行的普通采购业务，而且包括请购、订货、到货、入库、发票、结算、入库记账、形成应付和付款核销的全流程。普通采购业务处理流程如图4-1所示。

(1) 采购请购

采购请购是指企业内部各部门向采购部提出采购申请，由采购部汇总企业内部采购需求提出采购清单。请购是采购业务处理的起点，用于描述和生成采购的需求，如采购什么货物、采购多少、何时使用、什么人用等内容；同时，也可为采购订单提供建议内容，如建议供应商、建议订货日期等。

操作步骤　(微课视频：sy04010101)

① 执行“供应链”|“采购管理”命令，进入采购管理系统。

② 执行“请购”|“请购单”命令，进入“采购请购单”窗口。

③ 单击“增加”按钮，选择业务类型为“普通采购”，日期为“2020-01-01”，请购部门为“采购部”，采购类型为“厂商采购”。

④ 在表体中选择存货名称“001 明辉女正装鞋”，在数量栏输入“200”，在本币单价栏输入“350”，需求日期为“2020-01-03”，供应商为“上海明辉”。

⑤ 继续输入女休闲鞋和女凉鞋的相关信息，单击“保存”按钮，如图4-2所示。

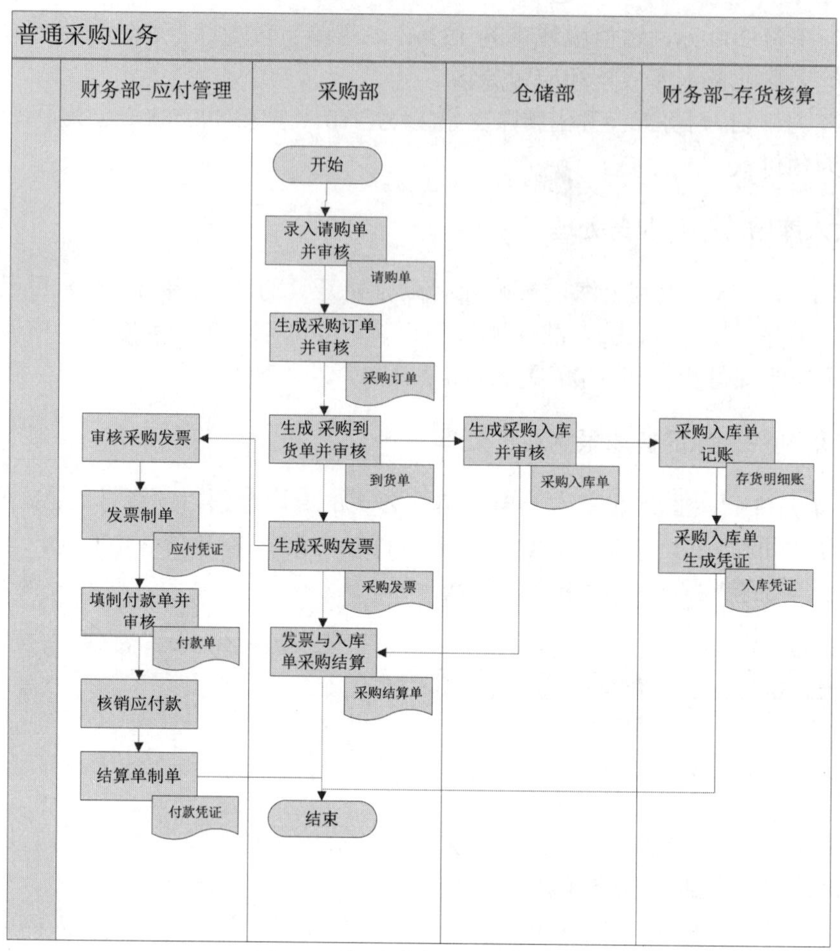

图 4-1　普通采购业务处理流程

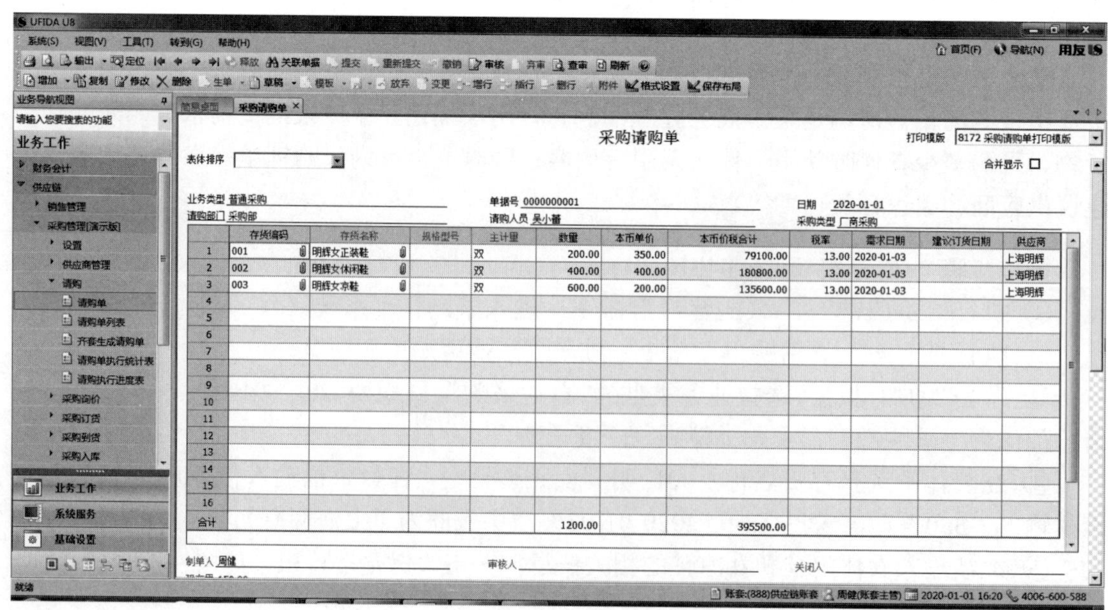

图 4-2　采购请购单

⑥ 单击“审核”按钮，审核该请购单。

⑦ 关闭“采购请购单”窗口。

提示：

- 已审核未关闭的请购单可以参照生成采购订单，或比价生成采购订单。
- 审核后的请购单不能直接修改。如果要修改审核后的请购单，则需要先“弃审”，再“修改”，修改后单击“保存”按钮确认并保存修改信息。
- 没有审核的请购单可以直接删除；已经审核的请购单需要先“弃审”，然后才能删除。
- 要查询采购请购单，可以查看“请购单列表”。在列表中，双击需要查询的单据，可以打开该请购单；也可以在此执行“弃审”“删除”操作。
- 进行日常业务处理时，系统日期修改为 1 月 31 日。进行每一笔业务处理时，需要按业务发生日期重注册，以业务真实发生日期进入系统，保持单据的审核日期与业务发生日期一致。

(2) 采购订货

本笔业务需要录入采购订单。采购订单可以直接输入，也可以参照请购单生成。本例参照请购单生成采购订单。

操作步骤 (微课视频：sy04010102)

① 在采购管理系统中，执行“采购订货”|“采购订单”命令，进入“采购订单”窗口。

② 单击“增加”按钮，单击“生单”按钮旁的下三角按钮打开可选列表，选择“请购单”，打开“查询条件选择”对话框，单击“确定”按钮，进入“拷贝并执行”窗口。

③ 单击“全选”按钮，如图 4-3 所示。

选择	请购单编号	请购单日期	业务类型
Y	0000000001	2020-01-01	普通采购
合计			

选择	供货商	存货编码	存货名称	规格型号	主计量	请购数量	已订货数量	本币单价	本币价...	表体税率	请购单编号	需求分类代号说明
Y	上海明辉	001	明辉女正装鞋		双	200.00	0.00	350.00	79,100.00	13.00	0000000001	
Y	上海明辉	002	明辉女休闲鞋		双	400.00	0.00	400.00	180,800.00	13.00	0000000001	
Y	上海明辉	003	明辉女凉鞋		双	600.00	0.00	200.00	135,600.00	13.00	0000000001	
合计												

图 4-3 订单拷贝请购单

④ 单击“OK 确定”按钮，将采购请购单相关信息带入采购订单。

⑤ 修改订单日期为“2020-01-01”，单击“保存”按钮。

⑥ 单击“审核”按钮，审核采购订单，如图 4-4 所示。

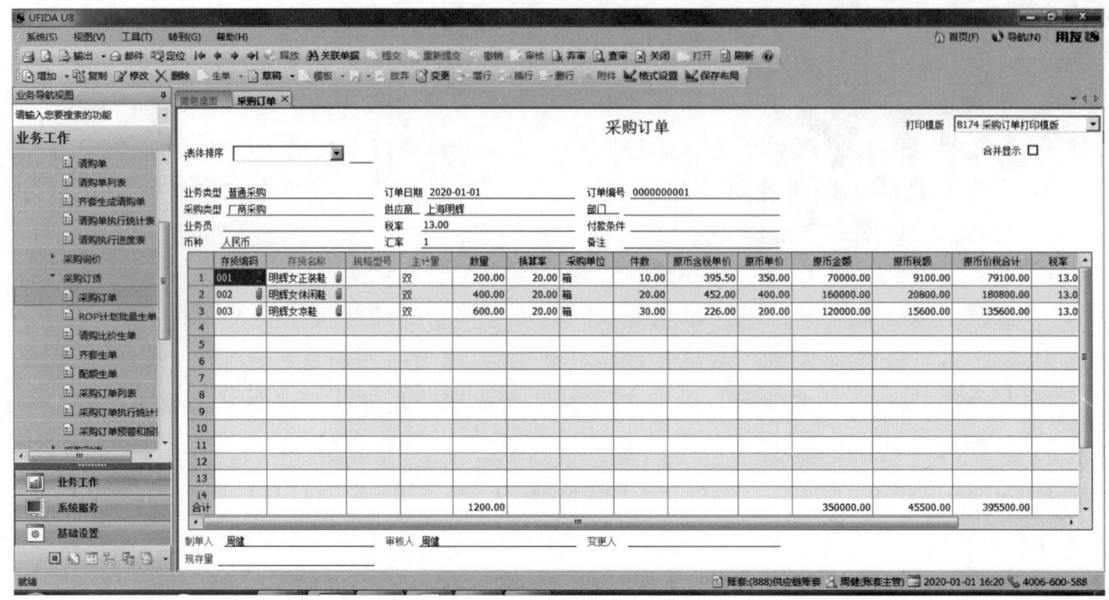

图 4-4 采购订单

⑦ 关闭“采购订单”窗口。

提示：

- 采购订单的审核可以有三种含义，企业可以根据需要选择其中一种。其一，表示供货单位已确认；其二，表示经过检查，确认订单内容正确；其三，表示采购主管已审批通过。
- 已审核未关闭的采购订单可以参照生成采购到货单、采购入库单、采购发票。
- 在填制采购订单时，右击可以查看存货现存量。
- 拷贝采购请购单生成的采购订单信息可以修改。但是如果根据请购单拷贝生成的采购订单已经审核，则不能直接修改，需要先“弃审”再修改。
- 拷贝采购请购单生成的采购订单如果已经生成到货单或采购入库单，也不能直接修改、删除采购订单信息，需要将其下游单据删除后，才能修改。
- 如果需要查询采购订单，可以查看“采购订单列表”。

(3) 采购到货

采购到货是采购订货和采购入库的中间环节，一般由采购业务员根据供方通知或送货单填写，确认对方所送货物、数量、价格等信息，以入库通知单的形式传递到仓库作为保管员收货的依据。

操作步骤 (微课视频：sy04010103)

① 在采购管理系统中，执行“采购到货”|“到货单”命令，进入“到货单”窗口。

② 单击“增加”按钮，单击“生单”按钮旁的下三角按钮打开可选列表，选择“采购订单”，打开“查询条件选择”对话框。单击“确定”按钮，进入“拷贝并执行”窗口。

③ 单击“全选”按钮，单击“OK 确定”按钮，将采购订单相关信息带入采购到货单，补充输入部门“采购部”，如图 4-5 所示。

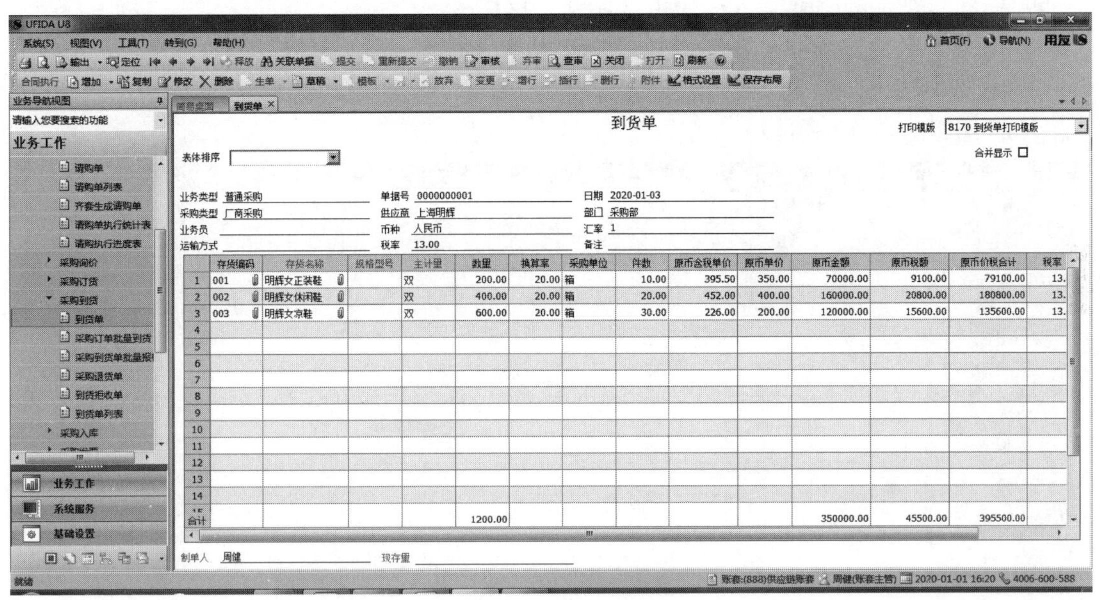

图 4-5 采购到货单

④ 单击“保存”按钮，保存到货单。

⑤ 单击“审核”按钮，审核到货单。

提示：

- 采购到货单可以手工录入，也可以拷贝采购订单生成。
- 如果采购到货单与采购订单信息有差别，可以直接据实录入到货单信息，或者直接修改生成的到货单信息，再单击“保存”按钮确认修改的到货单。
- 没有生成下游单据的采购到货单可以直接删除。
- 已经生成下游单据的采购到货单不能直接删除，需要先删除下游单据后，才能删除采购到货单。

(4) 采购入库

当采购管理系统与库存管理系统集成使用时，采购入库单需要在库存管理系统中录入。如果采购管理系统不与库存管理系统集成使用，则采购入库业务在采购管理系统中进行处理。

操作步骤　(微课视频：sy04010104)

① 在库存管理系统中，执行“入库业务”|“采购入库单”命令，进入“采购入库单”窗口。

② 单击“生单”按钮旁下三角按钮打开可选列表，选择“采购到货单(蓝字)”，打开“查询条件选择”对话框。单击“确定”按钮，进入“到货单生单列表”窗口。

③ 单击“全选”按钮，再单击“OK 确定”按钮，将到货单相关信息带入采购入库单。

④ 选择仓库“明辉鞋仓”，单击“保存”按钮。

⑤ 单击“审核”按钮，系统弹出“该单据审核成功！”信息提示框，单击“确定”按钮返回，如图 4-6 所示。

⑥ 关闭采购入库单窗口。

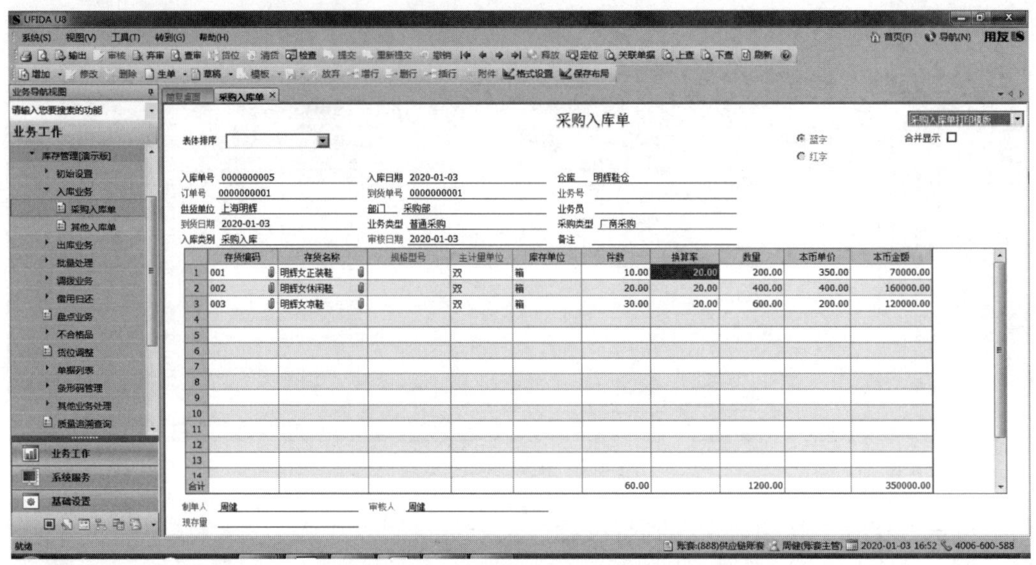

图 4-6　采购入库单

提示：

- 在库存管理系统中录入或生成的采购入库单，可以在采购管理系统中查看，但不能修改或删除。
- 如果需要手工录入采购入库单，则在库存管理系统中进入“采购入库单”窗口时，单击“增加”按钮，可以直接录入采购入库单信息。
- 如果在采购选项中设置了“普通业务必有订单”，则采购入库单不能手工录入，只能参照生成。
- 根据上游单据拷贝生成下游单据后，则上游单据不能直接修改、弃审。只有删除下游单据后，其上游单据才能执行“弃审”操作，弃审后才能修改。
- 要查询采购入库单，可以在采购系统中查看“采购入库单列表”。

(5) 采购发票

采购发票是供应商开出的销售货物的凭证，系统根据采购发票确认采购成本，并据此登记应付账款。采购发票按业务性质分为蓝字发票和红字发票；按发票类型分为增值税专用发票、普通发票和运费发票。

采购发票可以参照采购订单或采购入库单生成，也可以参照其他采购发票。

操作步骤　(微课视频：sy04010105)

① 在采购管理系统中，执行“采购发票”|“专用采购发票”命令，进入“专用发票”窗口。

② 单击“增加”按钮，单击“生单”按钮旁的下三角按钮打开可选列表，选择“入库单”，打开“查询条件选择”对话框，单击“确定”按钮，进入“拷贝并执行”窗口。双击要参照的采购入库单，“选择”栏显示“Y”，如图 4-7 所示。

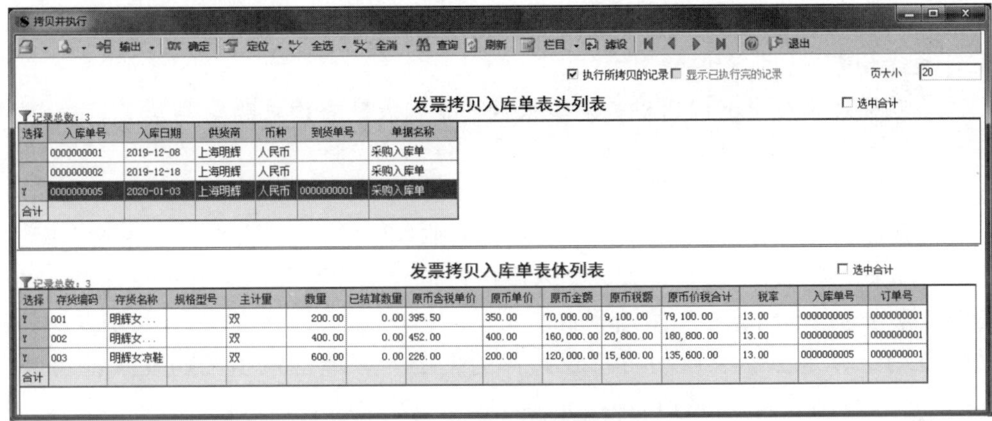

图 4-7　发票拷贝入库单表头列表

③ 单击“OK 确定”按钮，系统将采购入库单相关信息带到采购专用发票。

④ 补充输入发票号“ZY184101”，单击“保存”按钮，如图 4-8 所示。

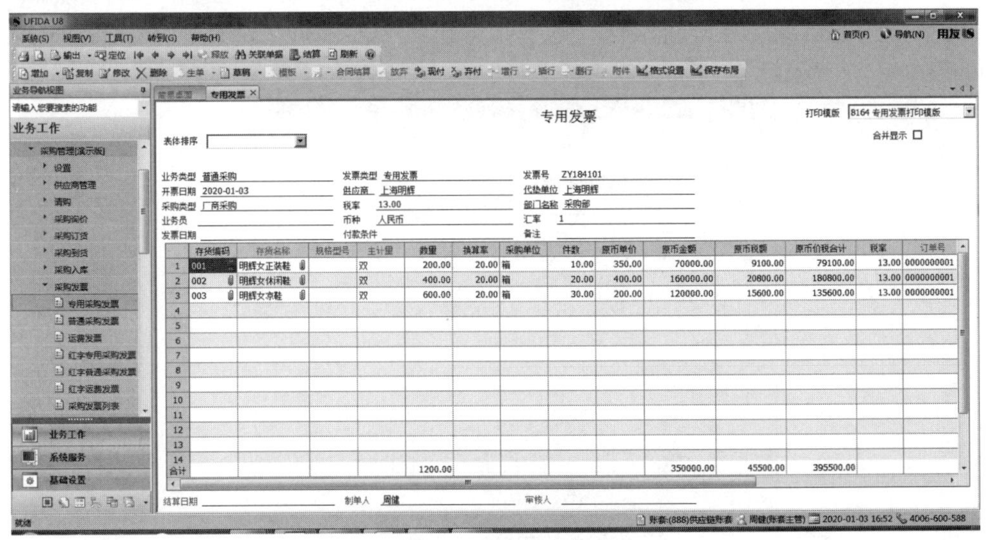

图 4-8　采购专用发票

提示：

- 采购发票可以手工输入，也可以根据采购订单、采购入库单参照生成。
- 如果在采购选项中设置了“普通采购必有订单”，则不能手工录入采购发票，只能参照生成采购发票。如果需要手工录入，则需要先取消“普通业务必有订单”选项。
- 如果要录入采购专用发票，需要先在基础档案中设置有关开户银行信息，否则，只能录入普通发票。
- 采购专用发票中的表头税率是根据专用发票默认税率带入的，可以修改。采购专用发票的单价为无税单价，金额为无税金额，税额等于无税金额与税率的乘积。
- 普通采购发票的表头税率默认为0，运费发票的税率默认为7%，可以进行修改；普通发票、运费发票的单价为含税单价，金额为价税合计。
- 如果收到供应商开具的发票但没有收到货物，可以对发票压单处理，待货物运达后，再输入采购入库单并进行采购结算；也可以先将发票输入系统，以便实时统计在途物资。
- 在采购管理系统中可以通过查看“采购发票列表”查询采购发票。

(6) 采购结算

采购结算就是采购报账，是指采购人员根据采购入库单、采购发票核算采购入库成本。采购结算生成采购结算单，它是记载采购入库单记录与采购发票记录对应关系的结算对照表。采购结算分为自动结算和手工结算。

采购自动结算是由系统自动将符合条件的采购入库单记录和采购发票记录进行结算。系统按照三种结算模式进行自动结算：入库单和发票结算、红蓝入库单结算、红蓝发票结算。

操作步骤 (微课视频：sy04010106)

① 在采购管理系统中，执行“采购结算”|“自动结算”命令，打开“查询条件选择—采购自动结算”对话框，选择结算模式“入库单和发票”，如图4-9所示。

图4-9 采购自动结算

② 单击“确定”按钮，系统自动进行结算。如果存在完全匹配的记录，则系统弹出“结算成功”信息提示对话框，如图 4-10 所示，单击“确定”按钮返回。如果不存在完全匹配的记录，则系统弹出“状态：没有符合条件的红蓝入库单和发票”信息提示框。

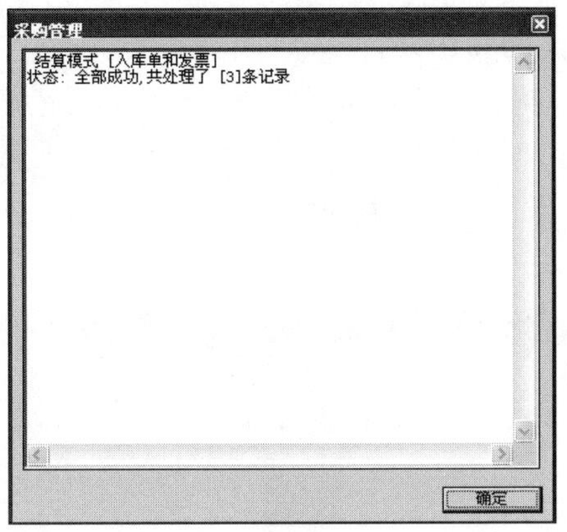

图 4-10 结算成功信息

③ 执行“采购结算”|“结算单列表”命令，双击需要查询的结算表，可以打开结算表，查询、打印本次自动结算结果，如图 4-11 所示。

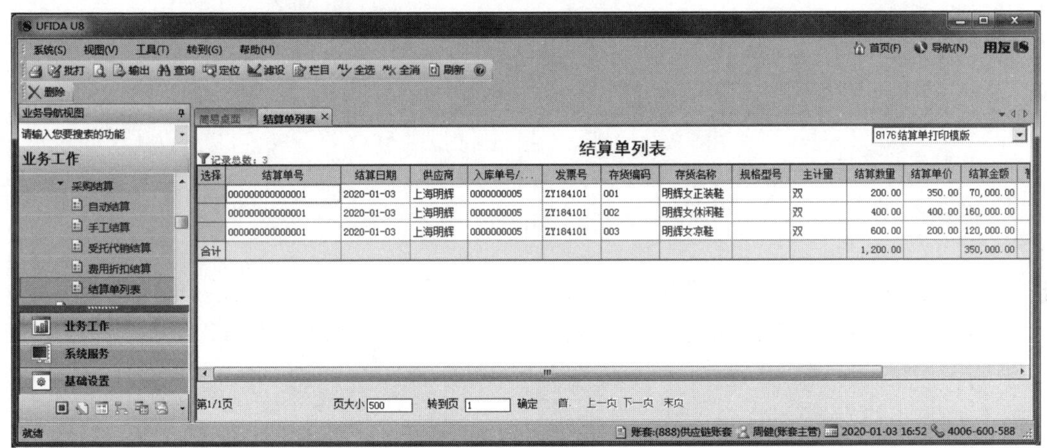

图 4-11 结算单列表

提示：

- 设置采购自动结算过滤条件时，存货分类与存货是互斥的，即同时只能选择一个条件进行过滤。
- 结算模式为复选，可以同时选择一种或多种结算模式。
- 执行采购结算后的单据不能进行修改、删除操作。
- 如果需要删除已经结算的发票或采购入库单，可以在“结算单列表”中打开该结算单并删除，这样才能对采购发票或采购入库单执行相关的修改、删除操作。

(7) 记账并生成入库凭证

采购成本的核算在存货核算系统中进行。存货核算系统记账后，才能确认采购商品的采购成本。

操作步骤 (微课视频：sy04010107)

① 在存货核算系统中，执行“业务核算”|“正常单据记账”命令，打开“查询条件选择”对话框。

② 选择仓库“明辉鞋仓”，单击“确定”按钮，进入“正常单据记账列表”窗口，如图 4-12 所示。

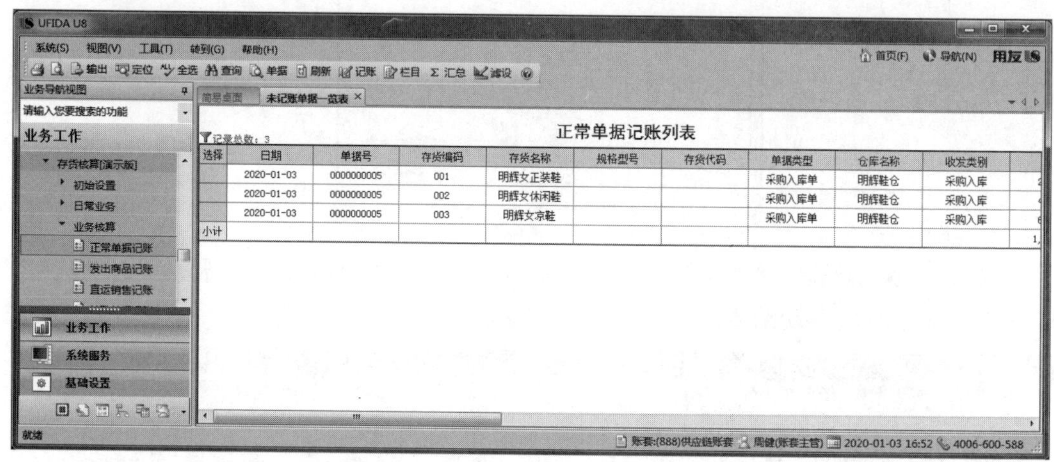

图 4-12 “正常单据记账列表”窗口

③ 单击“全选”按钮。单击“记账”按钮，系统弹出“记账成功”信息提示框，单击“确定”按钮返回。

④ 关闭正常单据记账列表窗口。

⑤ 执行“财务核算”|“生成凭证”命令，进入“生成凭证”窗口。

⑥ 单击“选择”按钮，打开“查询条件”对话框。选中“(01)采购入库单(报销记账)”复选框，如图 4-13 所示。

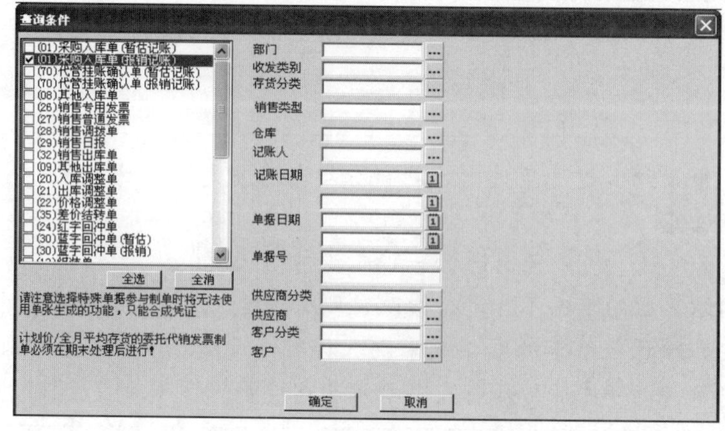

图 4-13 “查询条件”对话框

⑦ 单击"确定"按钮，进入"未生成凭证单据一览表"窗口，如图 4-14 所示。

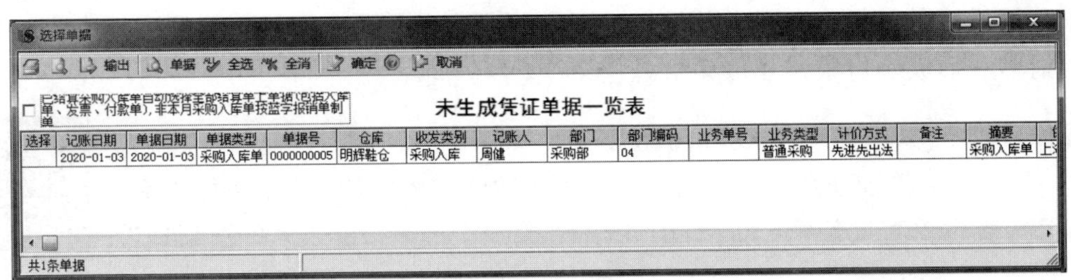

图 4-14 未生成凭证单据一览表

⑧ 单击记录"选择"栏，或单击"全选"按钮，选中待生成凭证的单据，单击"确定"按钮，进入"生成凭证"窗口。

⑨ 凭证类别选择"转 转账凭证"，如图4-15所示。

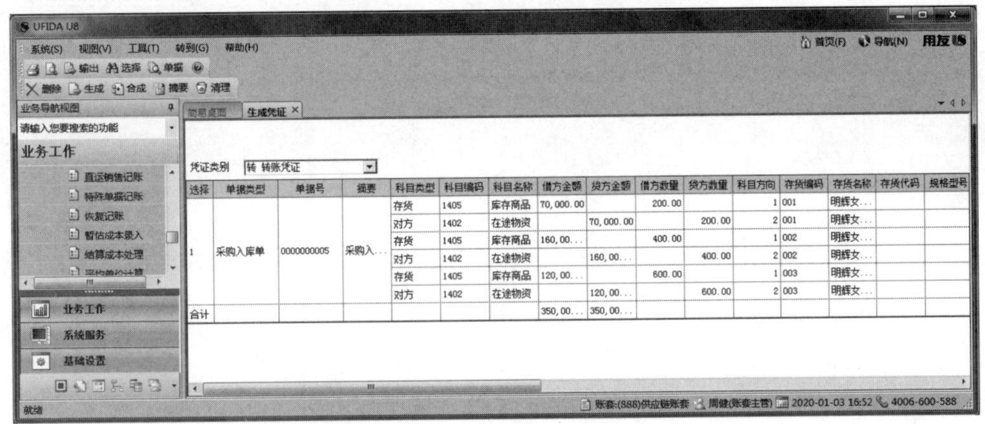

图 4-15 "生成凭证"窗口

⑩ 单击"生成"按钮，生成一张转账凭证。修改凭证日期为"2020-01-03"。单击"保存"按钮，如图 4-16 所示。关闭退出。

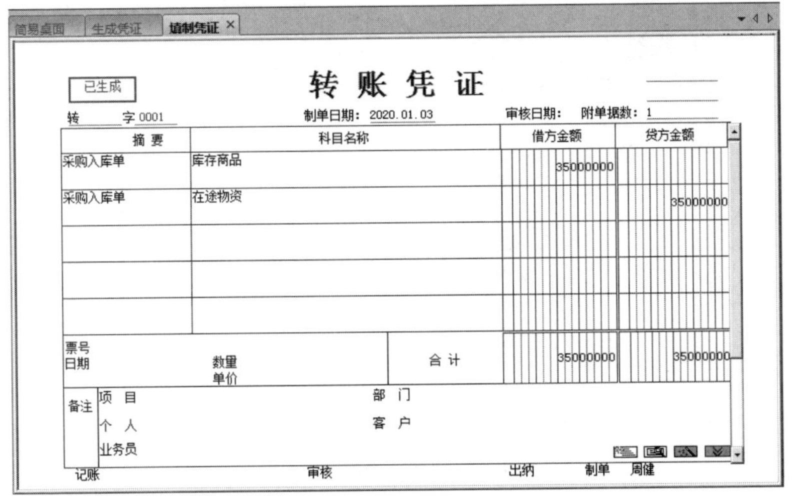

图 4-16 存货入库的转账凭证

(8) 财务部门确认应付账款

采购结算后的发票会自动传递到应付款管理系统，需要在应付款管理系统中审核确认后进行制单，形成应付账款并传递给总账系统。

操作步骤 (微课视频：sy04010108)

① 进入应付款管理系统，执行“应付单据处理”|“应付单据审核”命令，打开“应付单查询条件”对话框。单击“确定”按钮，进入“单据处理”窗口，如图 4-17 所示。

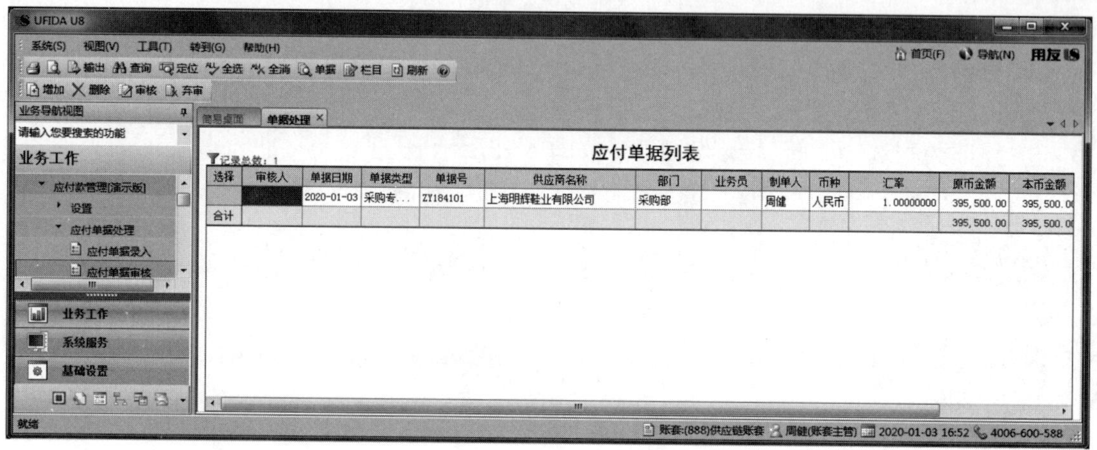

图 4-17 “单据处理”窗口

② 单击“选择”栏或单击“全选”按钮，再单击“审核”按钮，系统弹出审核成功信息提示框，单击“确定”按钮返回。“审核人”栏显示审核人姓名。

③ 执行“制单处理”命令，打开“制单查询”对话框，如图 4-18 所示，选择“发票制单”复选框。

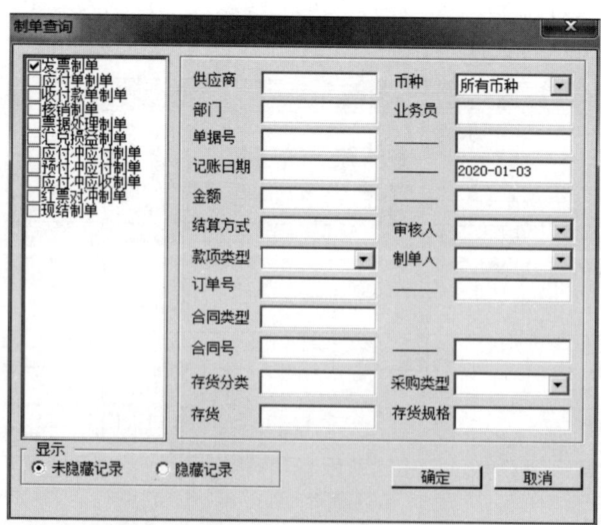

图 4-18 “制单查询”对话框

④ 单击“确定”按钮，进入“制单”窗口。

⑤ 凭证类别选择“转账凭证”，单击“全选”按钮，选中要制单的“采购专用发票”，如图 4-19 所示。

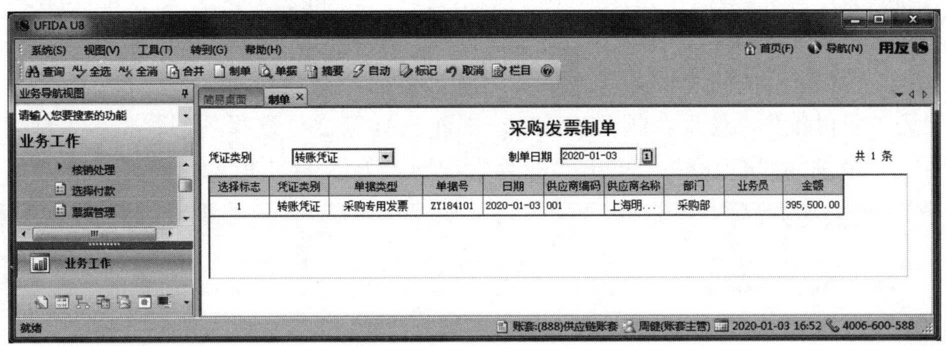

图 4-19 “制单”窗口

⑥ 单击“制单”按钮，生成一张转账凭证，单击“保存”按钮，如图 4-20 所示。

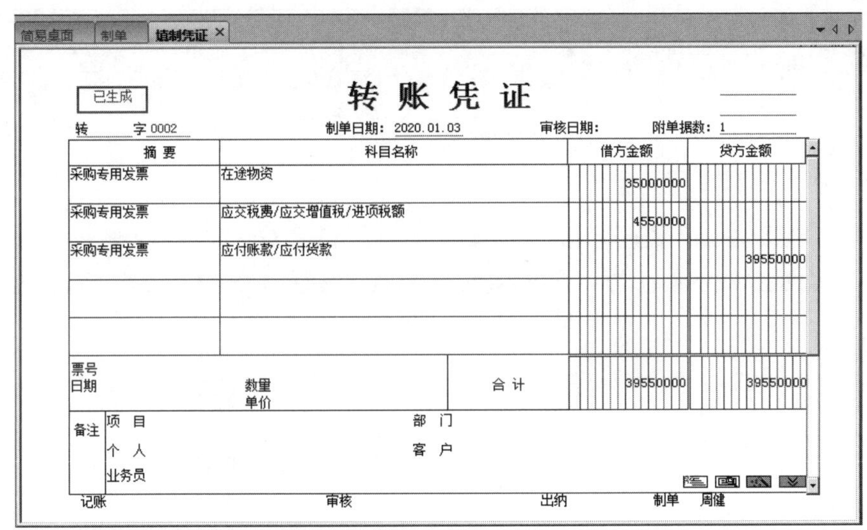

图 4-20 生成转账凭证

提示：

- 只有采购结算后的采购发票才能自动传递到应付款管理系统，并且需要在应付款管理系统中审核确认，才能形成应付账款。
- 在应付款管理系统中可以根据采购发票制单，也可以根据应付单或其他单据制单。
- 在应付款管理系统中可以选择一条记录制单，也可以选择多条记录合并制单，用户可以根据制单序号进行处理。

(9) 付款及核销处理

支付货款是采购的最后一环。可以货到立即支付，也可以根据采购合同定期支付。付款后要及时核销应付账款，以便于进行精准的账龄分析。

操作步骤 (微课视频：sy04010109)

① 在应付款管理系统中，执行“付款单据处理”|“付款单据录入”命令，进入“收付款单录入”窗口。

② 单击“增加”按钮，输入付款单表头各项信息。在表体第1行选择款项类型为“应付款”，录入金额“395 500”，在表体第2行选择款项类型为“预付款”，系统自动计算金额为“4 500”，单击“保存”按钮，如图4-21所示。

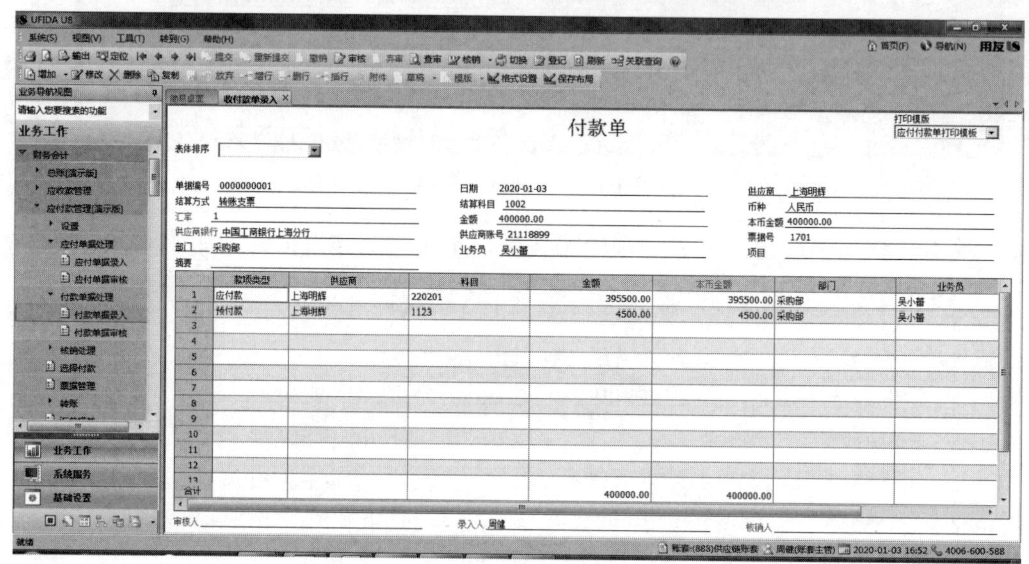

图4-21 录入付款单

③ 单击“审核”按钮，系统弹出“是否立即制单”信息提示框。单击“是”按钮，进入“填制凭证”窗口。

④ 修改凭证类别为“付款凭证”，单击“保存”按钮，凭证左上角显示“已生成”，如图4-22所示。关闭填制凭证窗口。

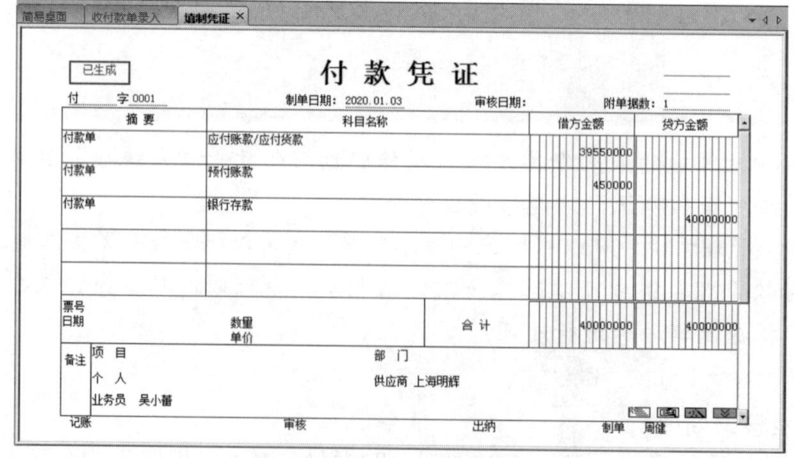

图4-22 付款凭证

⑤ 在收付款单录入界面，单击“核销”按钮，打开“核销条件”对话框。单击“确定”按钮，进入“单据核销”窗口。

⑥ 在窗口下方采购专用发票记录行“本次结算”栏输入“395 500”，如图 4-23 所示。

⑦ 单击“保存”按钮，核销完成的单据在窗口中不再显示。窗口上方显示向该供应商尚有一笔预付款“4 500”，如图 4-24 所示。

单据日期	单据类型	单据编号	供应商	款项...	结算方式	币种	汇率	原币金额	原币余额	本次结算	订单号
2020-01-03	付款单	0000000001	上海明辉	应付款	转账支票	人民币	1.00000000	395,500.00	395,500.00	395,500.00	
2020-01-03	付款单	0000000001	上海明辉	预付款	转账支票	人民币	1.00000000	4,500.00	4,500.00		
合计								400,000.00	400,000.00	395,500.00	

单据日期	单据类型	单据编号	到期日	供应商	币种	原币金额	原币余额	可享受折扣	本次折扣	本次结算	订单号	凭证号
2020-01-03	采购专用发票	ZY184101	2020-01-03	上海明辉	人民币	395,500.00	395,500.00	0.00	0.00	395,500.00	0000000001	转-0002
合计						395,500.00	395,500.00	0.00		395,500.00		

图 4-23　核销部分应付款

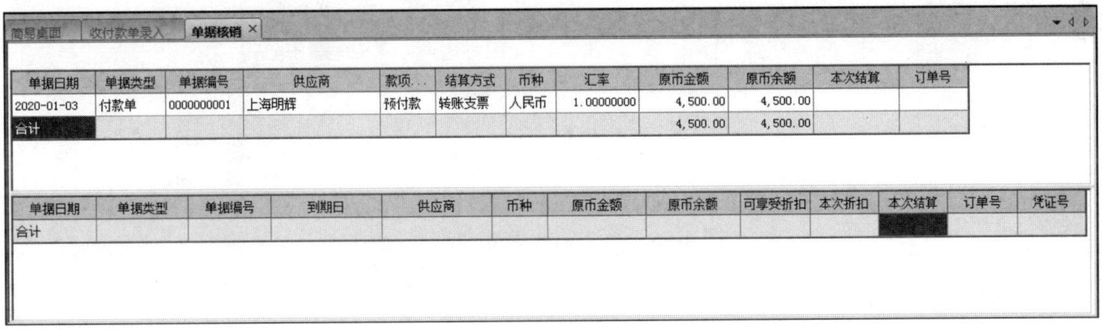

单据日期	单据类型	单据编号	供应商	款项...	结算方式	币种	汇率	原币金额	原币余额	本次结算	订单号
2020-01-03	付款单	0000000001	上海明辉	预付款	转账支票	人民币	1.00000000	4,500.00	4,500.00		
合计								4,500.00	4,500.00		

单据日期	单据类型	单据编号	到期日	供应商	币种	原币金额	原币余额	可享受折扣	本次折扣	本次结算	订单号	凭证号
合计												

图 4-24　核销完成

提示：

- 单据核销的作用是处理付款核销应付款，建立付款与应付款的核销记录，监督应付款及时核销，加强往来款项的管理。
- 根据付款金额不同，核销分为三种情况：如果付款单的金额等于应付单据的金额，则付款单与应付单据完全核销；如果付款单的金额小于应付单据的金额，则单据仅得到部分核销；如果付款单的金额大于应付单据的金额，那么核销完应付单据之后，余款会形成预付款。

2. 第 2 笔采购业务

该笔业务是暂估入库结算业务。上月已验收入库，月底未收到发票暂估入账。本月收到发票，发票上单价480与上月入库时暂估单价500不同，并且采用现结方式付清全部货款。

U8系统中对暂估入库业务提供了三种处理方式：月初回冲、单到回冲和单到补差。本公司选用了单到回冲方式处理暂估业务。本笔业务处理流程如图4-25所示。

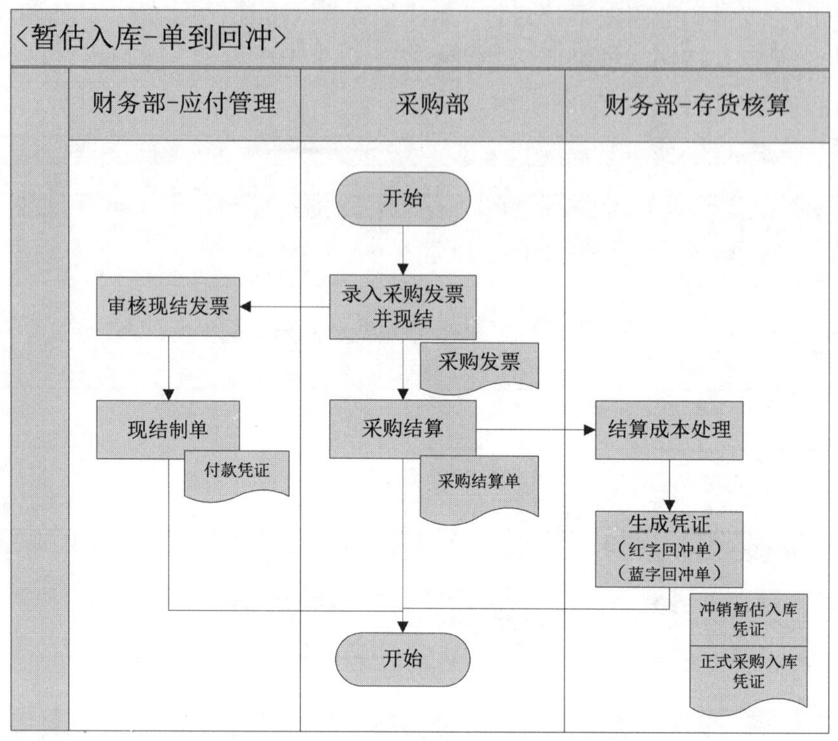

图4-25　第2笔业务处理流程

(1) 录入采购发票并现付

操作步骤　(微课视频：sy04010201)

① 在采购管理系统中，执行“采购发票”|“专用采购发票”命令，进入“专用发票”窗口。

② 单击“增加”按钮，单击“生单”按钮旁的下三角按钮，从列表中选择“入库单”，打开“查询条件选择”对话框。

③ 起始日期“2019-12-01”，单击“确定”按钮，进入“拷贝并执行”窗口。选中要参照的“2019-12-08”入库单，单击“OK 确定”按钮，将入库单相关信息带入采购专用发票。

④ 补充输入发票号“ZY184102”，修改原币单价“480”，单击“保存”按钮，如图4-26所示。

⑤ 单击“现付”按钮，打开“采购现付”对话框，输入结算方式、票号和金额(130 176)，如图4-27所示。

⑥ 单击“确定”按钮，会发现采购专用发票左上角打上了红色的“已现付”标记。

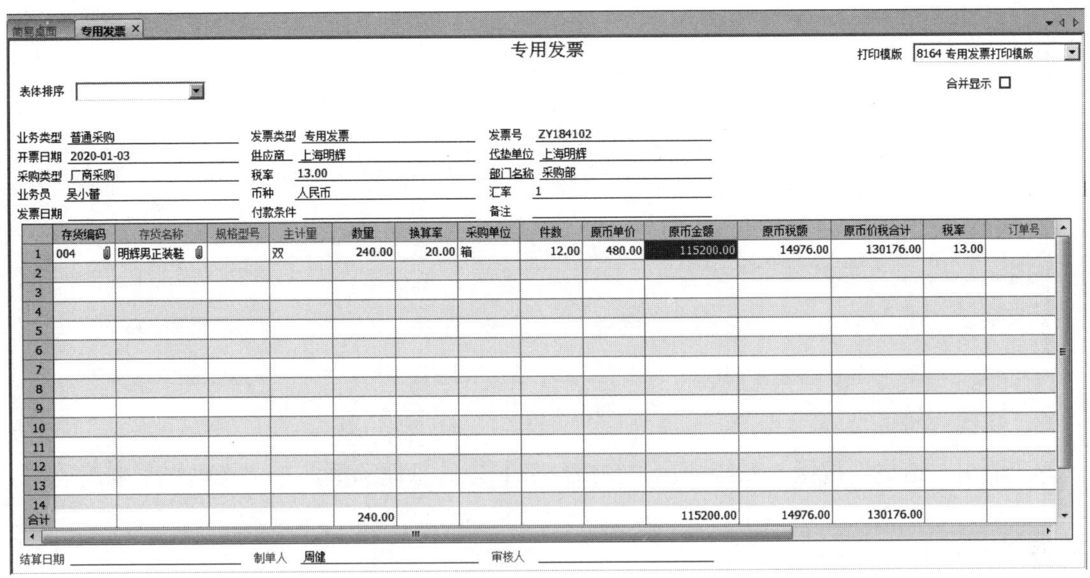

图 4-26　正式采购专用发票

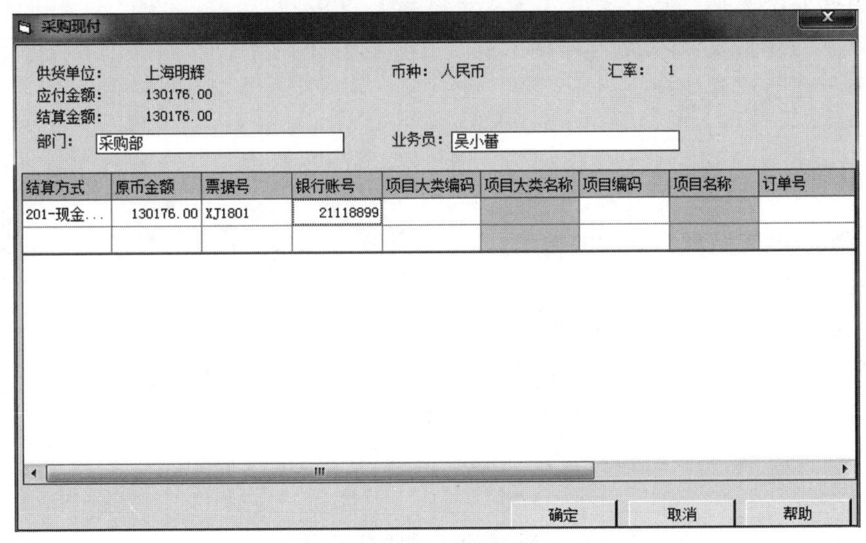

图 4-27　采购现付

(2) 进行采购结算

操作步骤　(微课视频：sy04010202)

① 在采购管理系统中，执行“采购结算”|“手工结算”命令，进入“手工结算”窗口。

② 单击“选单”按钮，进入“结算选单”窗口。单击“查询”按钮，打开“查询条件选择”对话框，单击“确定”按钮，将入库单和发票带回“结算选单”窗口。

③ 选择要结算的采购入库单和采购发票，单击“OK 确定”按钮，返回“手工结算”窗口，如图 4-28 所示。

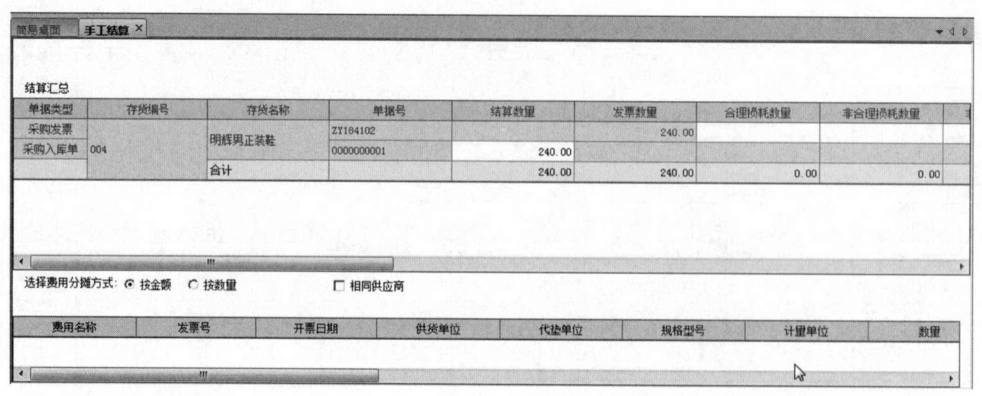

图 4-28　手工结算

④ 单击“结算”按钮，系统弹出“完成结算！”信息提示框，单击“确定”按钮返回。

提示：

- 本例暂估单价与发票单价不同。
- 本例也可以选择“自动结算”方式进行结算。
- 因为采购专用发票参照入库单生成，也可以在采购专用发票界面单击“结算”按钮进行自动结算处理。

(3) 应付单据审核并制单

操作步骤　(微课视频：sy04010203)

① 在应付款管理系统中，执行“应付单据处理”|“应付单据审核”命令，打开“应付单查询条件”对话框。

② 选中“包含已现结发票”复选框，单击“确定”按钮，进入“单据处理”窗口。

③ 单击“全选”按钮，再单击“审核”按钮，对采购专用发票进行审核。

④ 执行“制单处理”命令，打开“制单查询”对话框，选中“现结制单”复选框，如图 4-29 所示。

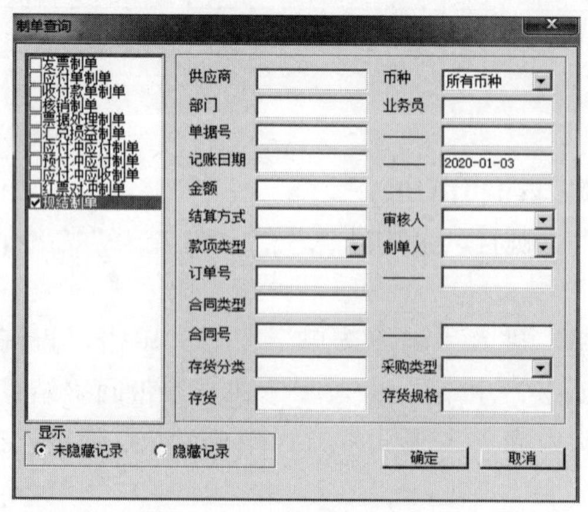

图 4-29　选中“现结制单”

⑤ 单击“确定”按钮，进入“制单”窗口。选择凭证类别为“付款凭证”，单击“全选”按钮，再单击“制单”按钮，生成付款凭证，如图4-30所示。

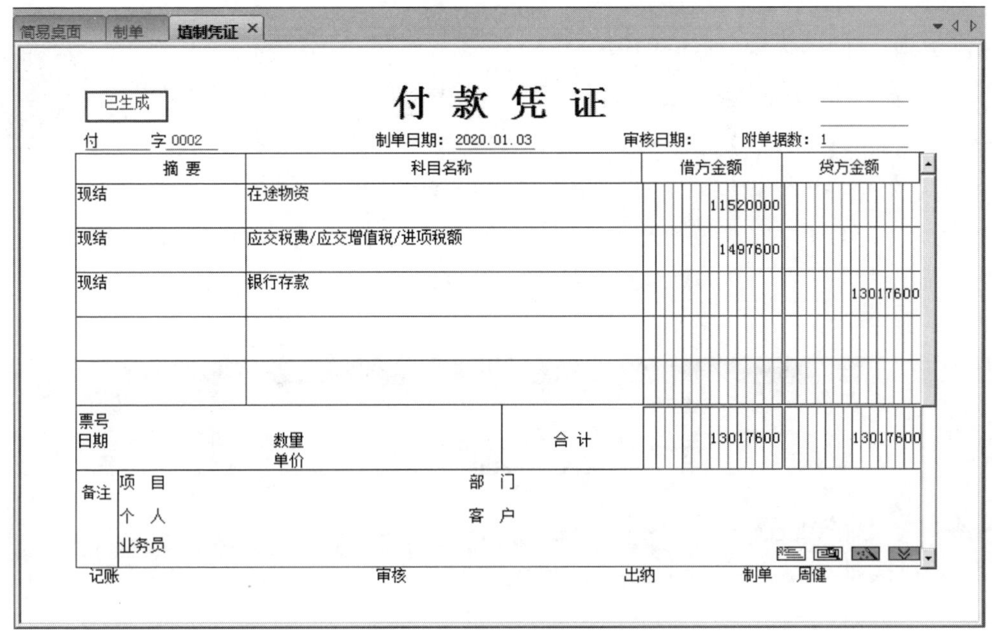

图4-30 生成付款凭证

(4) 结算成本处理

操作步骤 (微课视频：sy04010204)

① 在存货核算系统中，执行“业务核算”|“结算成本处理”命令，打开“结算成本处理”对话框。

② 选中“明辉鞋仓”前的复选框，单击“确定”按钮，进入“结算成本处理”窗口。选中入库单号为0000000001的入库单，如图4-31所示。

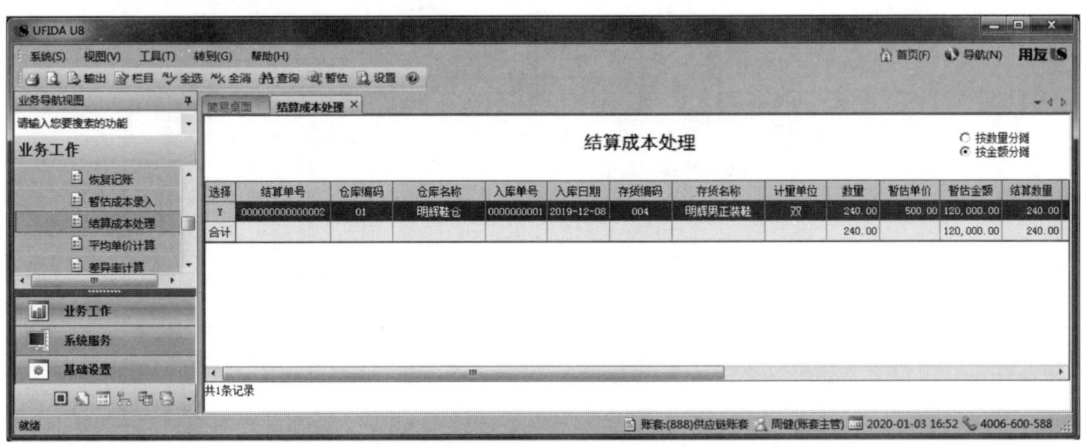

图4-31 暂估成本处理

③ 单击“暂估”按钮，系统弹出“暂估处理完成。”信息提示框，单击“确定”按

钮返回。

(5) 生成冲销上月暂估入账的红字凭证和正式的入库凭证

操作步骤 (微课视频：sy04010205)

① 在存货核算系统中，执行“财务核算”|“生成凭证”命令，进入“生成凭证”窗口。

② 单击“选择”按钮，打开“查询条件”对话框。

③ 选中“(24)红字回冲单”和“(30)蓝字回冲单(报销)”复选框，单击“确定”按钮，进入“选择单据”窗口。单击“全选”按钮，再单击“确定”按钮，进入“生成凭证”窗口，如图 4-32 所示。

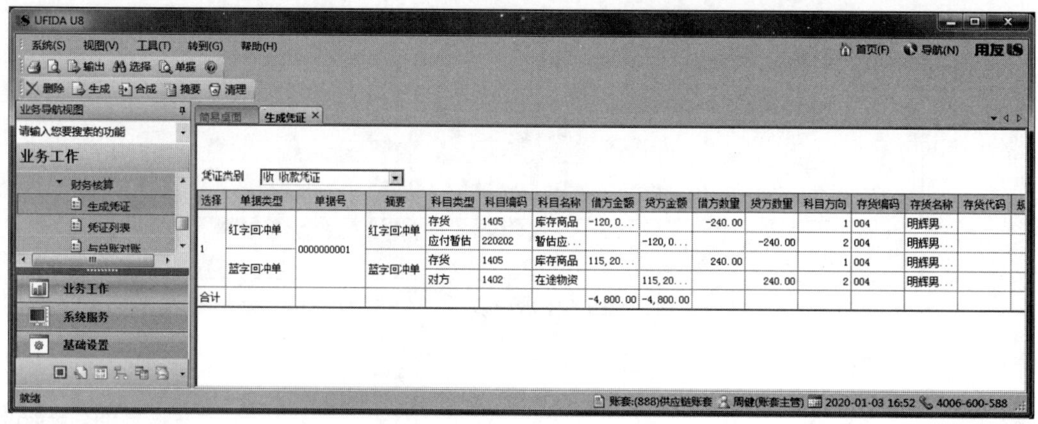

图 4-32 “生成凭证”窗口

④ 修改凭证类别为“转账凭证”，单击“生成”按钮，生成一张红字凭证，如图 4-33 所示。

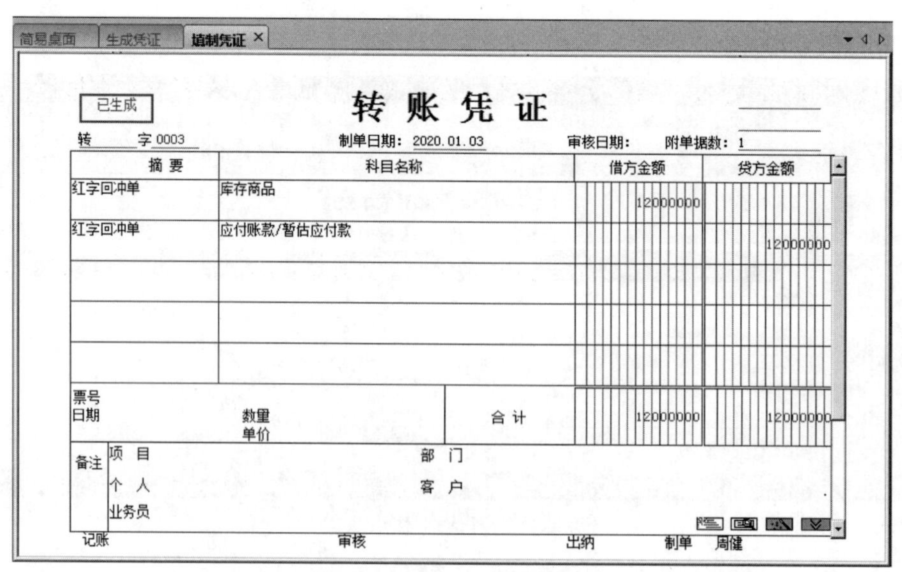

图 4-33 冲销暂估入库的凭证

⑤ 单击“ ”下张凭证按钮，再单击“保存”按钮，生成蓝字回冲单凭证，如图 4-34 所示。

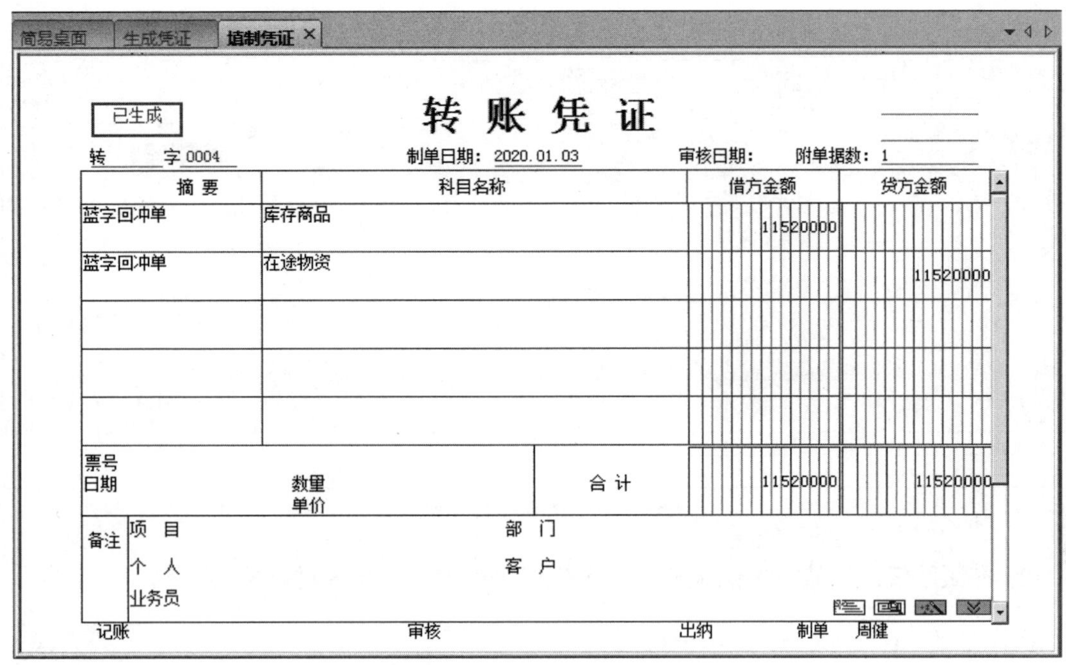

图 4-34　生成蓝字回冲单凭证

 **提示：**

红字回冲单凭证上的金额与上月暂估入库金额一致。蓝字回冲单凭证上的金额与发票金额一致。

3. 第 3 笔采购业务

本笔业务为无订单到货入库的普通采购业务。在采购流程中，请购、订货、到货均为可选环节，只有入库、发票、结算是必需环节。

(1) 在库存管理系统中填制并审核采购入库单

操作步骤　(微课视频：sy04010301)

① 在库存管理系统中，执行“入库业务”|“采购入库单”命令，进入“采购入库单”窗口。

② 单击“增加”按钮，手工填制采购入库单，单击“保存”按钮。

③ 单击“审核”按钮，如图 4-35 所示。

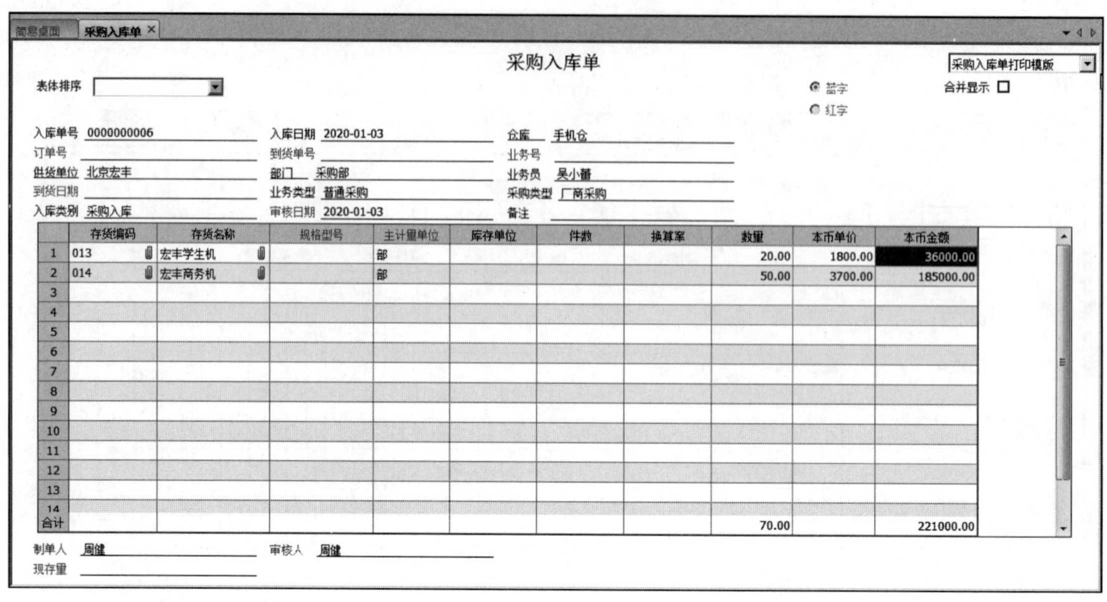

采购入库单

表体排序　　　　● 蓝字　○ 红字　　合并显示 □　　采购入库单打印模版

入库单号 0000000006　入库日期 2020-01-03　仓库 手机仓
订单号　到货单号　业务号
供货单位 北京宏丰　部门 采购部　业务员 吴小蕾
到货日期　业务类型 普通采购　采购类型 厂商采购
入库类别 采购入库　审核日期 2020-01-03　备注

	存货编码	存货名称	规格型号	主计量单位	库存单位	件数	换算率	数量	本币单价	本币金额
1	013	宏丰学生机		部				20.00	1800.00	36000.00
2	014	宏丰商务机		部				50.00	3700.00	185000.00
合计								70.00		221000.00

制单人 周健　审核人 周健
现存量

图 4-35　手工填制采购入库单

(2) 在采购管理系统中参照采购入库单生成采购专用发票并进行采购结算

操作步骤　(微课视频：sy04010302)

① 在采购管理系统中，执行“采购发票”|“专用采购发票”命令，进入“专用发票”窗口。参照采购入库单生成采购专用发票，补充录入发票号，单击“保存”按钮。

② 单击“结算”按钮，完成采购发票和采购入库单的结算。发票左上角出现红色“已结算”标记。

提示：

如果采购发票是参照采购入库单生成，可在采购发票界面直接单击“结算”按钮，由系统自动进行结算。

(3) 在存货核算系统中对采购入库单进行记账并生成入库凭证

操作步骤　(微课视频：sy04010303)

① 执行“业务核算”|“正常单据记账”命令，对采购入库单进行记账。

② 执行“财务核算”|“生成凭证”命令，对采购入库单生成入库凭证，如图 4-36 所示。

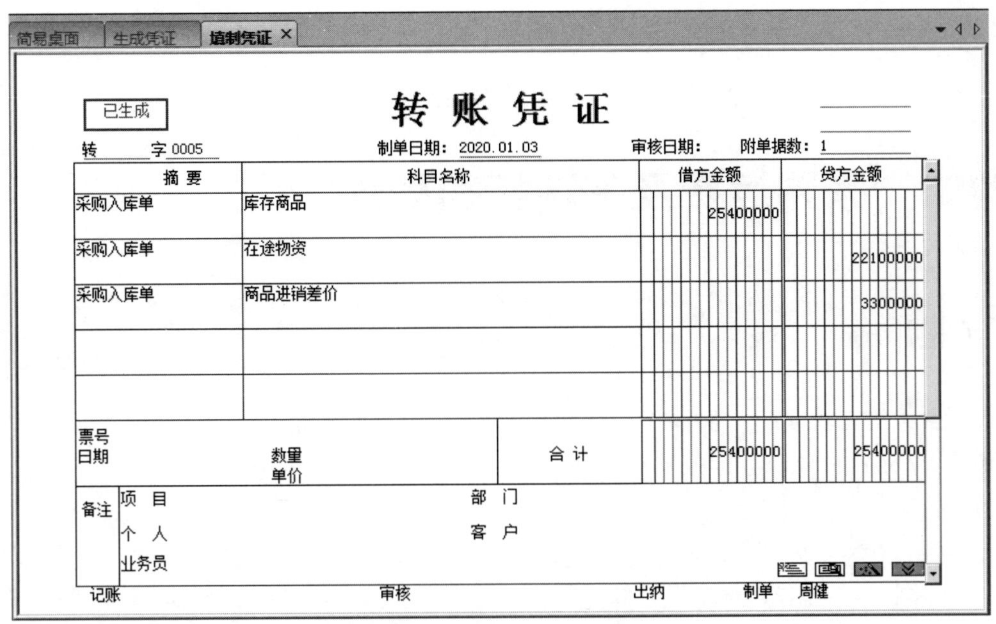

图 4-36 采购入库生成凭证

(4) 在应付款管理系统中审核采购专用发票并生成应付凭证

操作步骤 (微课视频：sy04010304)

① 在应付款管理系统中，执行“应付单据处理”|“应付单据审核”命令，对采购专用发票进行审核。

② 执行“制单处理”命令，进行发票制单，生成应付凭证，如图 4-37 所示。

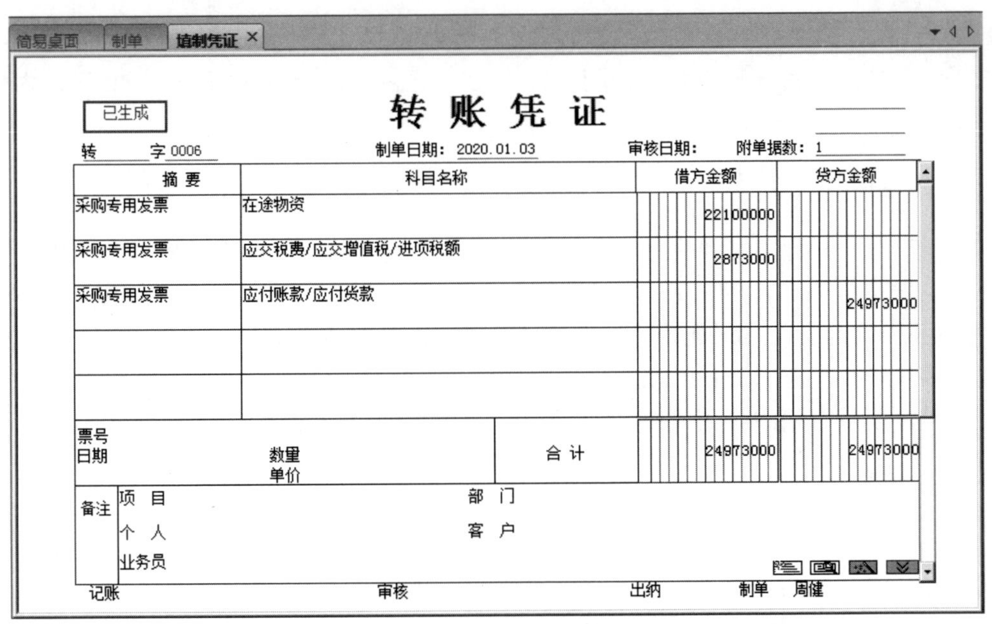

图 4-37 第 3 笔采购业务应付凭证

4. 账套输出

全部完成后，将账套输出至“4-1 普通采购业务”文件夹中。

实验二 采购运费及采购折扣处理

实验准备

已经完成第 4 章实验一的操作，或者引入“4-1 普通采购业务”账套备份数据。以 111 操作员(密码为 1)的身份进行采购业务处理。

实验内容

- 采购运费处理
- 采购折扣处理

实验资料

1. 采购订货

2020 年 1 月 3 日，向北京兰宇箱包有限公司订购兰宇女士单肩包 2000 个(20 大包)，单价 550 元。要求本月 5 日到货。合同约定，10 天之内付清余款优惠 4%，20 天之内付款优惠 2%。

2. 采购运费

2020 年 1 月 5 日，收到北京兰宇箱包有限公司发来的兰宇女士单肩包和专用发票，入箱包仓。发票号码 ZY184201。发票上写明兰宇女士单肩包 2000 个(20 大包)，单价 550 元，增值税税率为 13%。同时附有一张运杂费发票，发票号 Y18421，发票载明运输费 2 000 元，税率 9%，价税合计 2 180 元。订货合同约定运输费由本公司承担，供应商已代为支付。经检验，质量合格(入兰宇箱包仓)，财务部门确认采购成本和该笔应付款项。

3. 采购折扣

根据合同中约定的付款条件，在收货后10日之内付款可以享有4%的折扣(1 243 000×4%=49 720)，财务部门只需支付1 193 280元(=1 243 000－49 720)。2020年1月6日，财务部门开具转账支票，向北京兰宇箱包有限公司支付1 193 280元。

实验指导

1. 第 1 笔采购业务

供应商为了鼓励客户提前付款会允诺在一定期限内付款给予折扣。该业务在合同中规定了付款条件，可以在 U8 采购订单中用付款条件来体现。

操作步骤 **(微课视频：sy040201)**

① 在采购管理系统中，执行“采购订货”|“采购订单”命令，进入“采购订单”窗口。

② 单击“增加”按钮，输入订货信息，注意输入付款条件 01 和计划到货日期 2020-01-05，单击“保存”按钮，如图 4-38 所示。

③ 单击“审核”按钮，审核采购订单。

提示：

此前无请购环节，可以直接录入采购订单。

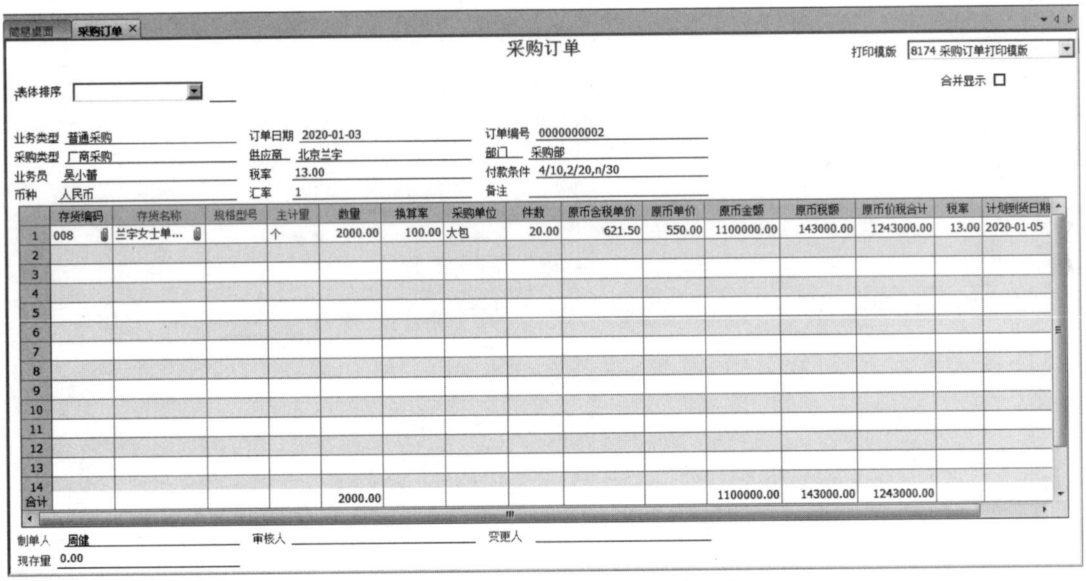

简易桌面 采购订单

采购订单

打印模版 8174 采购订单打印模版

合并显示 □

表体排序

业务类型 普通采购　订单日期 2020-01-03　订单编号 0000000002
采购类型 厂商采购　供应商 北京兰宇　部门 采购部
业务员 吴小蕾　税率 13.00　付款条件 4/10,2/20,n/30
币种 人民币　汇率 1　备注

	存货编码	存货名称	规格型号	主计量	数量	换算率	采购单位	件数	原币含税单价	原币单价	原币金额	原币税额	原币价税合计	税率	计划到货日期
1	008	兰宇女士单…		个	2000.00	100.00	大包	20.00	621.50	550.00	1100000.00	143000.00	1243000.00	13.00	2020-01-05
2															
3															
4															
5															
6															
7															
8															
9															
10															
11															
12															
13															
14															
合计					2000.00						1100000.00	143000.00	1243000.00		

制单人 周健　审核人　变更人
现存量 0.00

图 4-38　输入带付款条件的采购订单

2. 第 2 笔采购业务

存货的采购成本包括买价、相关税费和运输费。采购过程中发生的运费可能事先由供应商代垫，也可能由第三方物流公司收取。采购运费要通过采购结算环节计入存货成本。

(1) 根据采购订单生成采购入库单

操作步骤　(微课视频：sy04020201)

① 在库存管理系统中，执行“入库业务”|“采购入库单”命令，进入“采购入库单”窗口。

② 单击“生单”按钮旁的下三角按钮打开可选列表，选择“采购订单(蓝字)”，根据采购订单生成采购入库单，仓库选择“02 兰宇箱包仓”，单击“保存”按钮。

③ 单击“审核”按钮，审核采购入库单。

(2) 根据采购入库单生成采购发票　**(微课视频：sy04020202)**

在采购管理系统中，根据采购入库单生成采购专用发票，修改发票号为“ZY184201”。单击“保存”按钮。

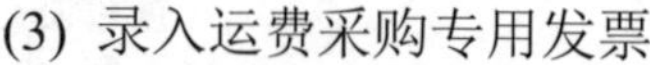

(3) 录入运费采购专用发票

U8 系统中设有运费发票，默认运输费是 7%税率，且为价内税。在“营改增”完成之后，交通运输行业一般纳税人执行 9%税率，因此建议在存货档案中单独设置存货“运输费”，用采购专用发票处理运费业务。

操作步骤　(微课视频：sy04020203)

① 在专用发票界面，单击“增加”按钮，输入发票号“Y18421”。选择存货“运输费 9”，修改表头税率为“9”，系统弹出“将按照表头税率统一表体税率，是否继续”信息提示框，单击“是”按钮返回。

② 输入原币金额“2 000”，系统自动带出税率计算税额及价税合计。

③ 单击“保存”按钮，保存运费发票，如图 4-39 所示。

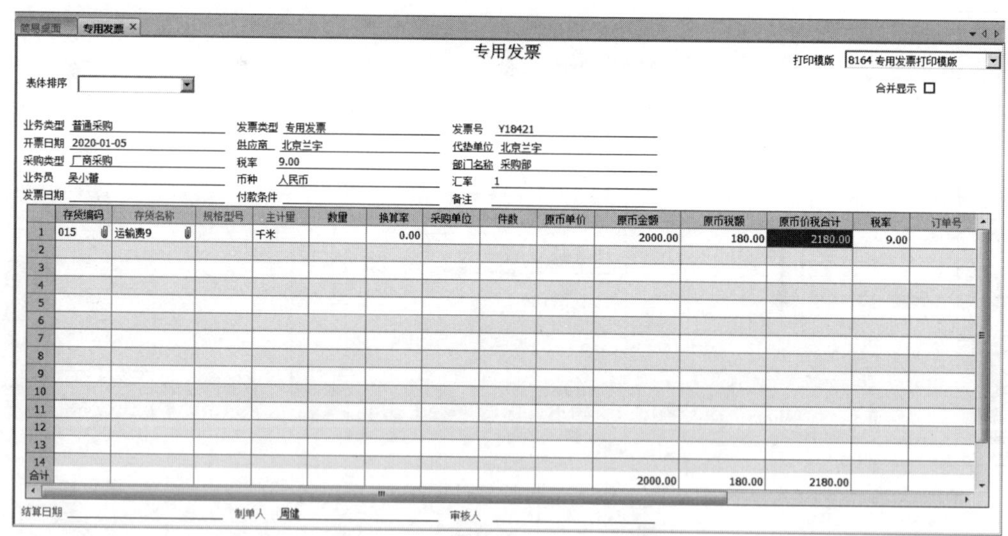

图 4-39　利用专用发票处理运费

(4) 进行手工采购结算

操作步骤　(微课视频：sy04020204)

① 在采购管理系统中，执行“采购结算”|“手工结算”命令，进入“手工结算”窗口。

② 单击“选单”按钮，进入“结算选单”窗口。

③ 单击“查询”按钮，打开“查询条件选择”对话框。单击“确定”按钮返回未结算的入库单和发票。

④ 选择本次要结算的采购入库单、货物采购专用发票和运费采购专用发票，如图4-40所示。

结算选单

定位 查询 设置 全选 全消 OK确定 匹配 栏目 滤设 刷新 退出

结算选发票列表

☑ 扣税类别不同时给出提示

记录总数：2

选择	供应商简称	存货名称	制单人	发票号	供应商编号	供应商名称	开票日期	存货编码	规格型号	币种	数量	计量单位	单价
Y	北京兰宇	兰宇女士单肩包	周健	ZY184201	002	北京兰宇箱包...	2020-01-05	008		人民币	2,000.00	个	550.00
Y	北京兰宇	运输费9	周健	Y18421	002	北京兰宇箱包...	2020-01-05	015		人民币		千米	
合计													

结算选入库单列表

记录总数：2

选择	供应商简称	存货名称	仓库名称	入库单号	供货商编码	供应商名称	入库日期	仓库编码	制单人	币种	存货编码	规格型号	入库数量	计量
	上海明辉	明辉女正装鞋	明辉鞋仓	0000000002	001	上海明辉鞋业...	2019-12-18	01	周健	人民币	001		100.00	双
Y	北京兰宇	兰宇女士单肩包	兰宇箱包仓	0000000007	002	北京兰宇箱包...	2020-01-05	02	周健	人民币	008		2,000.00	个
合计														

图4-40 手工结算选单

⑤ 单击“OK确定”按钮，返回“手工结算”窗口，如图4-41所示。

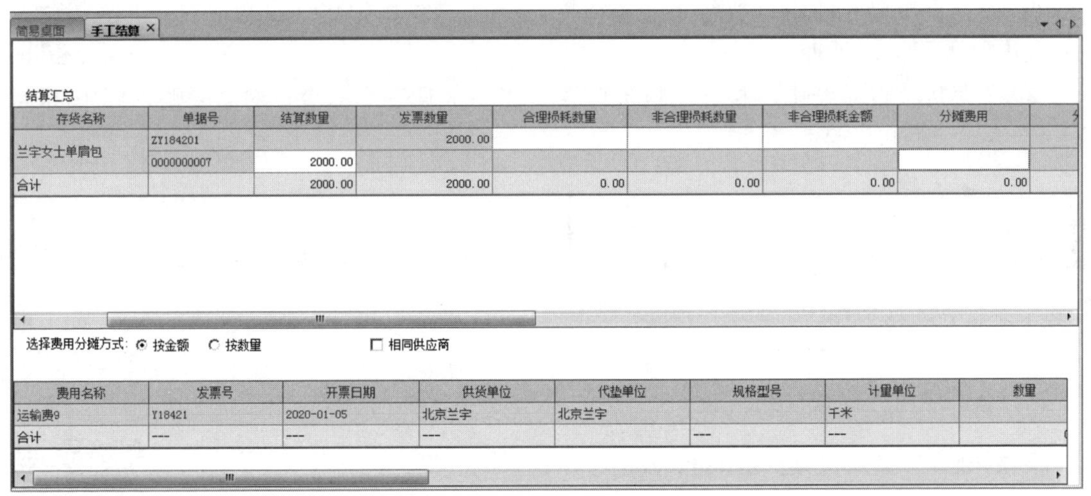

简易桌面 手工结算

结算汇总

存货名称	单据号	结算数量	发票数量	合理损耗数量	非合理损耗数量	非合理损耗金额	分摊费用
兰宇女士单肩包	ZY184201		2000.00				
	0000000007	2000.00					
合计		2000.00	2000.00	0.00	0.00	0.00	0.00

选择费用分摊方式：◉ 按金额 ○ 按数量 □ 相同供应商

费用名称	发票号	开票日期	供货单位	代垫单位	规格型号	计量单位	数量
运输费9	Y18421	2020-01-05	北京兰宇	北京兰宇		千米	
合计	---	---	---		---	---	

图4-41 运费计入采购成本

⑥ 选择“按数量”单选按钮，单击“分摊”按钮，系统弹出“选择按数量分摊，是否开始计算？”信息提示框，单击“是”按钮，费用分摊完毕，系统弹出“费用分摊(按数量)完毕，请检查”信息提示框，单击“确定”按钮返回。

⑦ 单击“结算”按钮，系统弹出信息提示“费用列表中有折扣或费用属性的存货信息，在结算前请确认是否进行了分摊，是否继续？”，单击“是”按钮，系统弹出“完成结算！”信息提示框。单击“确定”按钮，完成采购入库单、采购发票和运费发票之间的结算。

⑧ 执行“采购结算”|“结算单列表”命令，进入“结算单列表”窗口。结算单价为“551”元，暂估单价为“550”元，即为分摊运费后的单价，如图 4-42 所示。

简易桌面　手工结算　结算单列表

结算单列表

8176 结算单打印模版

记录总数：8

选择	结算单号	结算日期	供应商	入库单号/...	发票号	存货编码	存货名称	规格型号	主计量	结算数量	结算单价	结算金额	暂估单价	暂估金额
	000000000000001	2020-01-03	上海明辉	0000000005	ZY184101	001	明辉女正装鞋		双	200.00	350.00	70,000.00	350.00	70,000.00
	000000000000001	2020-01-03	上海明辉	0000000005	ZY184101	002	明辉女休闲鞋		双	400.00	400.00	160,000.00	400.00	160,000.00
	000000000000001	2020-01-03	上海明辉	0000000005	ZY184101	003	明辉女凉鞋		双	600.00	200.00	120,000.00	200.00	120,000.00
	000000000000002	2020-01-03	上海明辉	0000000001	ZY184102	004	明辉男正装鞋		双	240.00	480.00	115,200.00	500.00	120,000.00
	000000000000003	2020-01-03	北京宏丰	0000000006	ZY184103	013	宏丰学生机		部	20.00	1,800.00	36,000.00	1,800.00	36,000.00
	000000000000003	2020-01-03	北京宏丰	0000000006	ZY184103	014	宏丰商务机		部	50.00	3,700.00	185,000.00	3,700.00	185,000.00
	000000000000004	2020-01-05	北京兰宇	0000000007	ZY184201	008	兰宇女士单...		个	2,000.00	551.00	1,102,000.00	550.00	1,100,000.00
	000000000000004	2020-01-05	北京兰宇		Y18421	015	运输费9		千米	0.00	0.00	0.00	0.00	0.00
合计										3,510.00		1,788,200.00		1,791,000.00

第1/1页　页大小 500　转到页 1　确定　首　上一页　下一页　末页

图 4-42　查看结算单价

(5) 入库单记账并生成入库凭证

操作步骤　(微课视频：sy04020205)

① 在存货核算系统中，执行“业务核算”|“正常单据记账”命令，对采购入库单进行记账处理。

② 在存货核算系统中，执行“财务核算”|“生成凭证”命令，对“采购入库单(报销记账)”生成“转账凭证”。

提示：

货物发票、运费发票与采购入库单结算后，结算单价会回写到采购入库单。因此，采购入库单单价自动改为“551”而非“550”。

(6) 确认应付并生成应付凭证

操作步骤　(微课视频：sy04020206)

① 在应付款管理系统中，执行“应付单据处理”|“应付单据审核”命令，审核两张采购专用发票。

② 在应付款管理系统中，执行“制单处理”命令，打开“制单查询”对话框。单击“确定”按钮，进入“发票制单”窗口。

③ 修改凭证类别为“转账凭证”，单击“制单”按钮，根据采购发票和运费发票分别生成两张转账凭证。

④ 单击“保存”按钮。运费采购专用发票生成的凭证如图 4-43 所示。

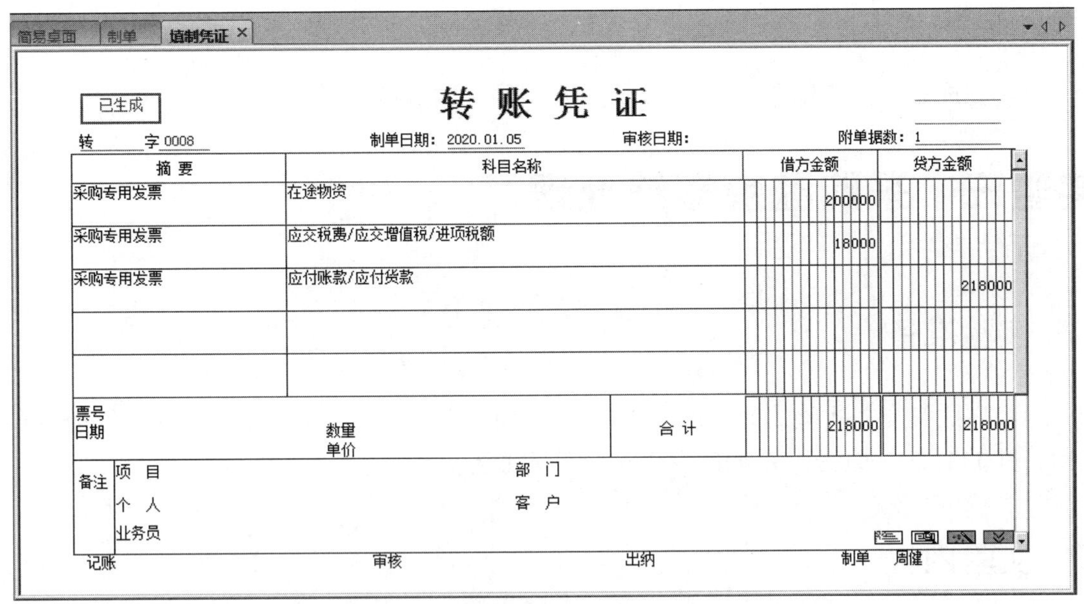

简易桌面 | 制单 | 填制凭证

已生成

转 账 凭 证

转 字 0008　　制单日期：2020.01.05　　审核日期：　　附单据数：1

摘 要	科目名称	借方金额	贷方金额
采购专用发票	在途物资	200000	
采购专用发票	应交税费/应交增值税/进项税额	18000	
采购专用发票	应付账款/应付贷款		218000
票号 日期	数量 单价	合 计 218000	218000

备注　项 目　　部 门
个 人　　客 户
业务员

记账　审核　出纳　制单 周健

图 4-43　运费采购专用发票生成的凭证

3. 第 3 笔采购业务

操作步骤　(微课视频：sy040203)

① 在应付款管理系统中，执行“付款单据处理”|“付款单据录入”命令，录入付款单并保存。

② 单击“审核”按钮，审核付款单并制单生成付款凭证。

③ 在“收付款单”录入窗口中，单击“核销”按钮，打开“核销条件”对话框，单击“确定”按钮，进入“单据核销”窗口。

④ 窗口下方的采购专用发票可享受折扣中显示按当前日期付款按照付款条件可享受的折扣。在本次折扣栏中输入“49 720”，在本次结算栏中输入“1 193 280”，如图 4-44 所示。

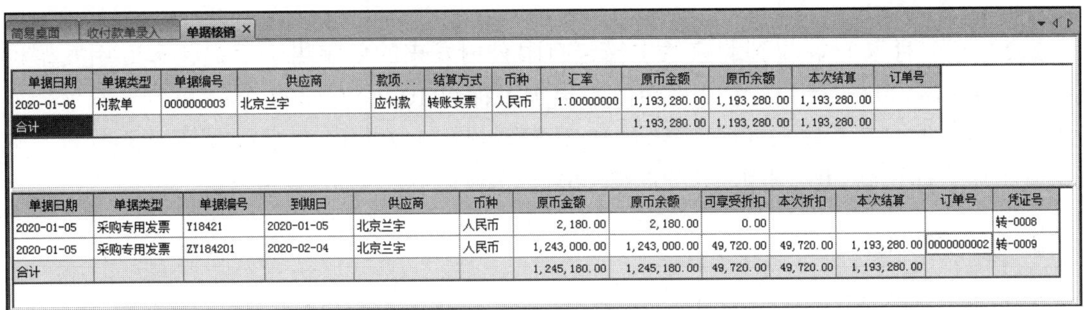

简易桌面 | 收付款单录入 | 单据核销

单据日期	单据类型	单据编号	供应商	款项...	结算方式	币种	汇率	原币金额	原币余额	本次结算	订单号
2020-01-06	付款单	0000000003	北京兰宇	应付款	转账支票	人民币	1.00000000	1,193,280.00	1,193,280.00	1,193,280.00	
合计								1,193,280.00	1,193,280.00	1,193,280.00	

单据日期	单据类型	单据编号	到期日	供应商	币种	原币金额	原币余额	可享受折扣	本次折扣	本次结算	订单号	凭证号
2020-01-05	采购专用发票	Y18421	2020-01-05	北京兰宇	人民币	2,180.00	2,180.00	0.00				转-0008
2020-01-05	采购专用发票	ZY184201	2020-02-04	北京兰宇	人民币	1,243,000.00	1,243,000.00	49,720.00	49,720.00	1,193,280.00	0000000002	转-0009
合计						1,245,180.00	1,245,180.00	49,720.00	49,720.00	1,193,280.00		

图 4-44　采购折扣处理

⑤ 单击“保存”按钮，核销完成。本次付款金额完全核销应付货款金额。代垫运费未付。

4. 账套输出

全部完成后，将账套输出至“4-2 采购运费与采购折扣处理”。

实验三　采购溢余短缺处理

实验准备

已经完成第 4 章实验二的操作，或者引入“4-2 采购运费与采购折扣处理”账套备份数据。以 111 操作员(密码为 1)的身份进行采购业务处理。

实验内容

- 预付货款及核销处理
- 合理损耗处理
- 非合理损耗处理

实验资料

1. 预付订金

2020 年 1 月 6 日，向北京兰宇箱包有限公司订购兰宇男士手提包 1000 个，单价 850 元。合同约定到货日期为 1 月 8 日，对方要求预付货款 50%。

同日，财务部开具转账支票，票号 Z18401，支付 50%货款，计 480 250 元。

2. 合理损耗

2020 年 1 月 8 日，收到北京兰宇箱包有限公司发来的兰宇男士手提包和专用发票，发票号码 ZY184302。专用发票上写明兰宇男士手提包 10 大包(1000 个)，单价 850 元，增值税税率为 13%。在验收入库(兰宇箱包仓)时发现损坏 1 大包(100 个)，属于合理损耗。本公司确认后立即付款 50%(电汇 DH00887666)。

3. 非合理损耗

2020 年 1 月 8 日，收到 2019 年 12 月 18 日暂估业务的专用发票，发票号 ZY184303。发票上载明明辉女正装鞋 105 双，单价 350 元，短缺的 5 双为非合理损耗。已查明属于运输部门责任，运输部门同意赔偿 1 977.5 元(尚未收到)。

实验指导

1. 第 1 笔采购业务

本笔业务为预付订金的采购业务。

(1) 录入采购订单 **(微课视频：sy04030101)**

在采购管理系统中，执行“采购订货”|“采购订单”命令，录入采购订单并审核。

(2) 录入付款单预付货款

操作步骤 (微课视频：sy04030102)

① 在应付款管理系统中，执行“付款单据处理”|“付款单据录入”命令，进入“付款单”窗口。

② 录入付款单各项信息，注意表体中“款项类型”一栏选择“预付款”，如图 4-45 所示。

③ 单击“审核”按钮，立即制单，生成付款凭证，如图 4-46 所示。

提示：

预付款未来可以用作核销应付货款。

简易桌面 收付款单录入

付款单

打印模版 应付付款单打印模版

表体排序

单据编号 0000000004　日期 2020-01-06　供应商 北京兰宇
结算方式 转账支票　结算科目 1002　币种 人民币
汇率 1　金额 480250.00　本币金额 480250.00
供应商银行 中国建设银行北京分行　供应商账号 02106688　票据号 Z18401
部门 采购部　业务员 吴小蕾　项目
摘要

	款项类型	供应商	科目	金额	本币金额	部门	业务员
1	预付款	北京兰宇	1123	480250.00	480250.00	采购部	吴小蕾
2							
3							
4							
5							
6							
7							
8							
9							
10							
11							
12							
13							
合计				480250.00	480250.00		

审核人 周健　录入人 周健　核销人

图 4-45　预付订金

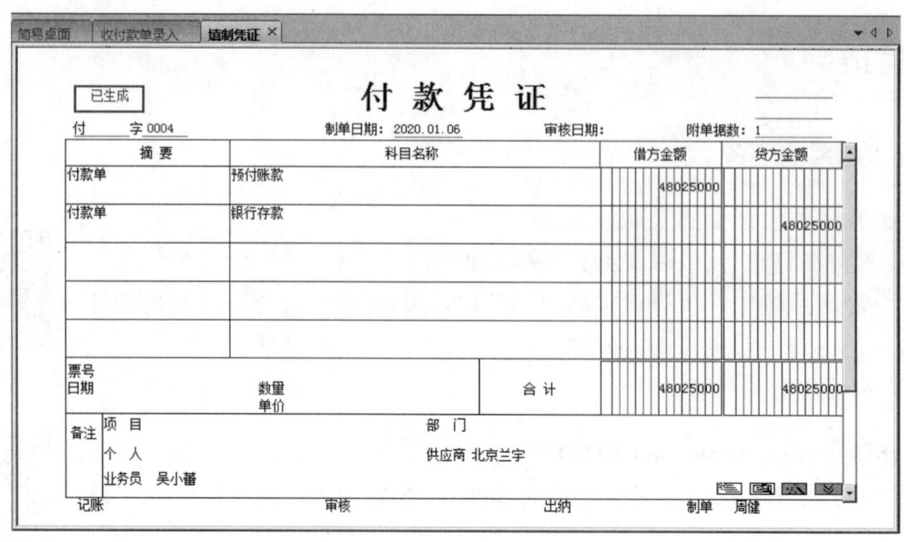

图 4-46 预付款生成凭证

2. 第 2 笔采购业务

(1) 根据采购订单生成采购入库单

操作步骤 (微课视频：sy04030201)

① 在库存管理系统中，执行“入库业务”|“采购入库单”命令，进入“采购入库单”窗口。

② 单击“生单”按钮，根据采购订单生成采购入库单。选择“02 兰宇箱包仓”，修改表体中“数量”为 900，保存并审核，如图 4-47 所示。

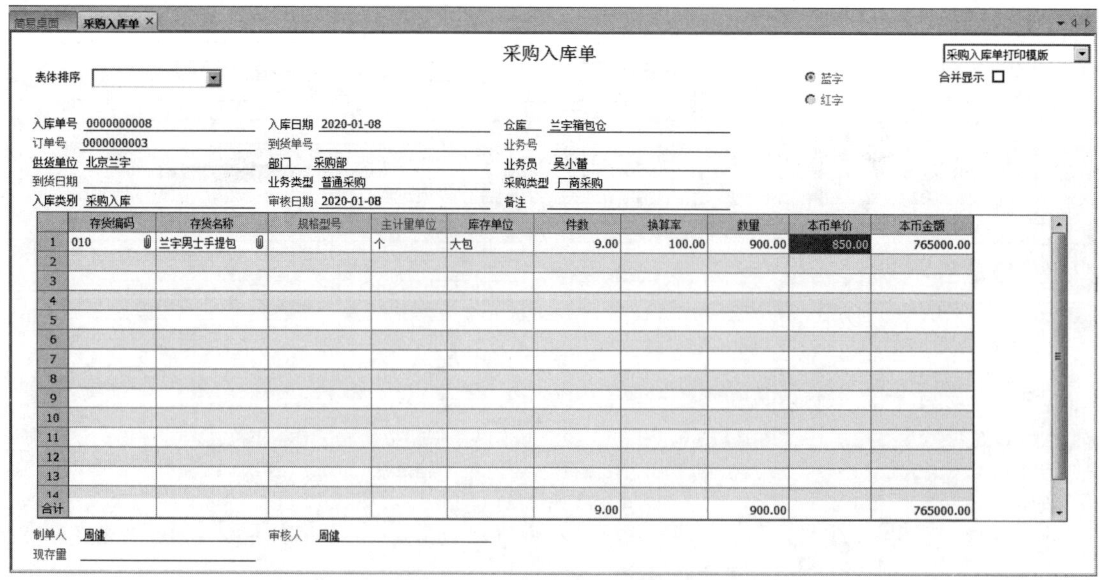

图 4-47 修改采购入库单数量

(2) 根据采购订单生成采购发票并现付50%

操作步骤 (微课视频：sy04030202)

① 在采购管理系统中，执行“采购发票”|“专用采购发票”命令，根据采购订单生成采购发票，录入发票号“ZY184302”，单击“保存”按钮。

② 单击“现付”按钮，以电汇方式支付剩余50%的款项(960 500×50%＝480 250)。

提示：

采购发票可以参照采购订单生成，也可以参照入库单生成。本例订单数量1000个，入库数量900个，应开票数量1000个，因此参照采购订单生成采购发票。

(3) 进行采购结算

操作步骤 (微课视频：sy04030203)

① 在采购管理系统中，执行“采购结算”|“手工结算”命令，进入“手工结算”窗口。

② 依次单击“选单”“查询”“确定”按钮，选择要进行结算的入库单和发票，最后单击“OK确定”按钮返回“手工结算”窗口。

③ 在采购发票“合理损耗数量”一栏输入100，如图4-48所示。

简易桌面 手工结算

结算汇总

单据类型	存货编号	存货名称	单据号	结算数量	发票数量	合理损耗数量	非合理损耗数量	非合理损耗金额
采购发票	010	兰宇男士手提包	ZY184302		1000.00	100.00		
采购入库单			0000000008	900.00				
		合计		900.00	1000.00	100.00	0.00	0.00

选择费用分摊方式：◉ 按金额 ○ 按数量 □ 相同供应商

费用名称	发票号	开票日期	供货单位	代垫单位	规格型号	计量单位	数量

图4-48 输入合理损耗数量

④ 单击“结算”按钮，完成结算。

⑤ 执行“采购结算”|“结算单列表”命令，可以查看到兰宇男士手提包的结算单价为944.44元。

提示:

- 如果采购入库数量小于发票数量，属于损耗，可以根据损耗原因在采购手工结算时，在相应栏内输入损耗数量，进行采购结算。
- 如果采购入库数量大于发票数量，则应该在相应损耗数量栏内输入负数量，系统将入库数量大于发票的数量视为赠品，不计算金额，降低入库存货的采购成本。
- 如果入库数量 + 合理损耗 + 非合理损耗等项目不等于发票数量，则系统提示不能结算。
- 如果针对一张入库单进行分批结算，则需要手工修改结算数量，并按发票数量进行结算，否则系统会提示“入库数量 + 合理损耗 + 非合理损耗不等于发票数量，不能结算”。

(4) 入库记账并生成入库凭证 **(微课视频：sy04030204)**

在存货核算系统中，执行“业务核算”|“正常单据记账”命令，将本次入库计入存货相关账簿。

在存货核算系统中，执行“财务核算”|“生成凭证”命令，生成入库凭证。

(5) 应付单据审核并生成现结凭证 **(微课视频：sy04030205)**

在应付款系统中，执行“应付单据处理”|“应付单据审核”命令，对已现结发票进行审核。

在应付款系统中，执行“制单处理”命令，打开“制单查询”对话框。选择“现结制单”复选框，单击“确定”按钮，进入“现结制单”窗口，生成现结凭证，如图 4-49 所示。

简易桌面 | 制单 | 填制凭证

已生成

付 款 凭 证

付 字 0005　　制单日期：2020.01.08　　审核日期：　　附单据数：1

摘要	科目名称	借方金额	贷方金额
现结	在途物资	85000000	
现结	应交税费/应交增值税/进项税额	11050000	
现结	应付账款/应付货款		48025000
现结	银行存款		48025000
票号 日期	数量 单价 合计	96050000	96050000

备注　项目　部门
个人　客户
业务员

记账　审核　出纳　制单　周健

图 4-49　现结部分货款生成凭证

(6) 用预付核销应付

本笔采购业务付款分为两次，收货前预付 50%货款，收货时现付另外 50%货款。现付的同时已经核销了 50%应付货款。本次核销用 50%预付货款核销剩余的 50%应付货款。

操作步骤 (微课视频：sy04030206)

① 在应付款管理系统中，执行“核销处理”|“手工核销”命令，打开“核销条件”对话框。

② 选择供应商“002 北京兰宇”，单击“确定”按钮，进入“单据核销”窗口。

③ 在窗口上方付款单“本次结算”栏输入“480 250”；在窗口下方对应采购专用发票“本次结算”栏同样输入“480 250”，如图 4-50 所示。

简易桌面 | 单据核销

单据日期	单据类型	单据编号	供应商	款项...	结算方式	币种	汇率	原币金额	原币余额	本次结算	订单号
2020-01-06	付款单	0000000004	北京兰宇	预付款	转账支票	人民币	1.00000000	480,250.00	480,250.00	480,250.00	
合计								480,250.00	480,250.00	480,250.00	

单据日期	单据类型	单据编号	到期日	供应商	币种	原币金额	原币余额	可享受折扣	本次折扣	本次结算	订单号	凭证号
2020-01-05	采购专用发票	Y18421	2020-01-05	北京兰宇	人民币	2,180.00	2,180.00	0.00				转-0008
2020-01-08	采购专用发票	ZY184302	2020-01-08	北京兰宇	人民币	960,500.00	480,250.00	0.00	0.00	480,250.00	0000000003	付-0005
合计						962,680.00	482,430.00	0.00		480,250.00		

图 4-50 用预付货款核销应付货款

④ 单击“保存”按钮，核销完成。

3. 第 3 笔采购业务

本笔业务属于 2019 年 12 月末的暂估业务，本月需要输入采购发票，执行采购结算，进行暂估处理，确认采购成本。

(1) 录入采购发票

操作步骤 (微课视频：sy04030301)

① 在采购管理系统中，执行“采购发票”|“专用采购发票”命令，进入“专用发票”窗口。

② 单击“增加”按钮，输入采购发票各项信息，注意发票上的数量为 105。单击“保存”按钮。

(2) 进行采购结算

操作步骤 (微课视频：sy04030302)

① 在采购管理系统中，执行“采购结算”|“手工结算”命令，进入“手工结算”窗口。

② 单击“选单”按钮，进入“结算选单”窗口。单击“查询”按钮，打开“查询条

件选择”对话框，单击“确定”按钮，将入库单和发票带回结算选单窗口。

③ 选择相应的采购入库单和采购发票，单击“OK 确定”按钮，返回“手工结算”窗口。

④ 在发票的“非合理损耗数量”栏输入“5.00”，“非合理损耗金额”栏输入“1 750”，“非合理损耗类型”选择“01 运输部门责任”，系统自动计算“进项税额转出”为227.5(5×350×0.13)，如图 4-51 所示。

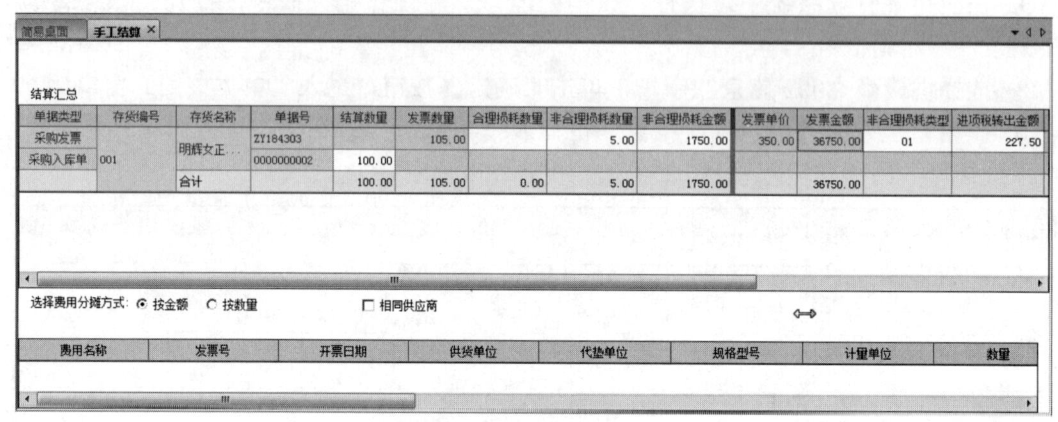

图 4-51 非合理损耗结算

⑤ 单击“结算”按钮，系统弹出“完成结算！”信息提示框，单击“确定”按钮返回。

提示：

- 采购溢缺处理需要分清溢缺原因和类型，并分别进行处理。
- 如果为非合理损耗，需要在采购管理系统中设置非合理损耗的类型，否则，不能结算。
- 采购溢缺的结算只能采用手工结算。
- 只有“发票数量 = 结算数量 + 合理损耗数量 + 非合理损耗数量”，该条入库单记录与发票记录才能进行采购结算。
- 如果入库数量大于发票数量，则在选择发票时，在发票的附加栏“合理损耗数量”“非合理损耗数量”“非合理损耗金额”中输入溢余数量和溢余金额，数量、金额为负数。系统将多余数量按赠品处理，只是降低了入库货物的单价，与企业的分批结算概念不同。
- 如果入库数量小于发票数量，则在选择发票时，在发票的附加栏“合理损耗数量”“非合理损耗数量”“非合理损耗金额”中输入短缺数量、短缺金额，数量、金额为正数。
- 如果是非合理损耗，应该转出进项税额。
- 本月对上月暂估业务执行采购结算后，还需要在存货核算系统中记账后，执行结算成本处理(具体处理方法见存货核算相关业务处理)。

(3) 结算成本处理

操作步骤 (微课视频：sy04030303)

① 在存货核算系统中，执行“业务核算”|“结算成本处理”命令，打开“暂估处理查询”对话框。

② 选中“明辉鞋仓”前的复选框，单击“确定”按钮，进入“结算成本处理”窗口。

③ 选中入库单号为0000000002的入库单，单击“暂估”按钮，系统弹出“暂估处理完成”信息提示框，单击“确定”按钮。

(4) 应付单据审核 **(微课视频：sy04030304)**

在应付款管理系统中，执行“应付单据处理”|“应付单据审核”命令，对采购专用发票进行审核。

(5) 生成冲销暂估入账业务的凭证

操作步骤 (微课视频：sy04030305)

① 在存货核算系统中，执行“财务核算”|“生成凭证”命令，进入“生成凭证”窗口。

② 单击“选择”按钮，打开“查询条件”对话框。

③ 选中“(24)红字回冲单”复选框，单击“确定”按钮，进入“选择单据”窗口。选中要生成凭证的单据，单击“确定”按钮，进入“生成凭证”窗口。

④ 修改凭证类别为“转账凭证”，单击“生成”按钮，生成一张红字凭证。

借：库存商品　　－35 000

　　贷：应付账款/暂估应付款　　－35 000

(6) 生成正式入库凭证

操作步骤 (微课视频：sy04030306)

① 在存货核算系统中，执行“财务核算”|“生成凭证”命令，进入“生成凭证”窗口。

② 单击“选择”按钮，打开“查询条件”对话框。选中“(30)蓝字回冲单(报销)”复选框，单击“确定”按钮，进入“选择单据”窗口。

③ 选中左上角“已结算采购入库单自动选择全部结算单上单据(包括入库单、发票、付款单)，非本月采购入库单按蓝字报销单制单”选项，单击“全选”按钮选择要生成凭证的单据，如图4-52所示。

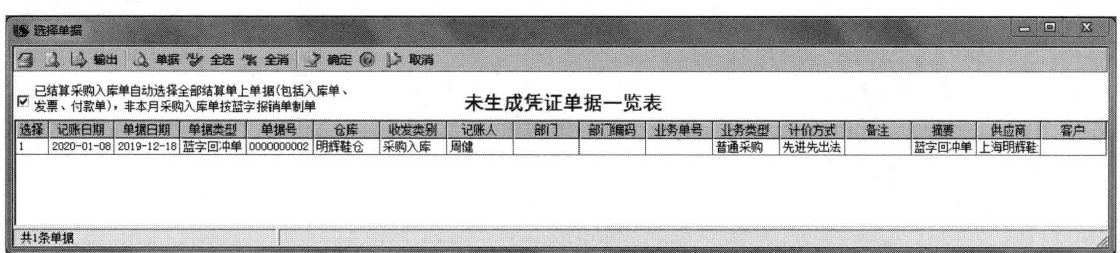

选择	记账日期	单据日期	单据类型	单据号	仓库	收发类别	记账人	部门	部门编码	业务单号	业务类型	计价方式	备注	摘要	供应商	客户
1	2020-01-08	2019-12-18	蓝字回冲单	0000000002	明辉鞋仓	采购入库	周健				普通采购	先进先出法		蓝字回冲单	上海明辉鞋	

图 4-52　选择结算单制单

④ 单击“确定”按钮，进入“生成凭证”窗口。凭证类别选择“转 转账凭证”，录入科目等相关信息(22210103 进项税额转出，190101 待处理流动资产损溢)，如图 4-53 所示。

简易桌面 | 生成凭证 ×

凭证类别 转 转账凭证

选择	单据类型	单据号	摘要	科目类型	科目编码	科目名称	借方金额	贷方金额	借方数量	贷方数量	科目方向	存货编码	存货名称	存货代
				存货	1405	库存商品	35,000.00		100.00		1	001	明辉女正装鞋	
				进项税转出	22210103	进项税额转出	-227.50		5.00		1	001	明辉女正装鞋	
1	采购结算单	000000000...	采购结...	税金	22210101	进项税额	4,777.50		105.00		1	001	明辉女正装鞋	
				损耗	190101	待处理流动资产损溢	1,977.50		5.00		1	001	明辉女正装鞋	
				应付	220201	应付货款		41,527.50		105.00	2	001	明辉女正装鞋	
合计							41,527.50	41,527.50						

图 4-53　非合理损耗结算信息

提示：

进项税额转出科目可以提前在存货核算系统“初始设置”|“科目设置”|“税金科目”中进行设置。

⑤ 单击“生成”按钮，生成一张转账凭证。单击“保存”按钮，如图 4-54 所示。

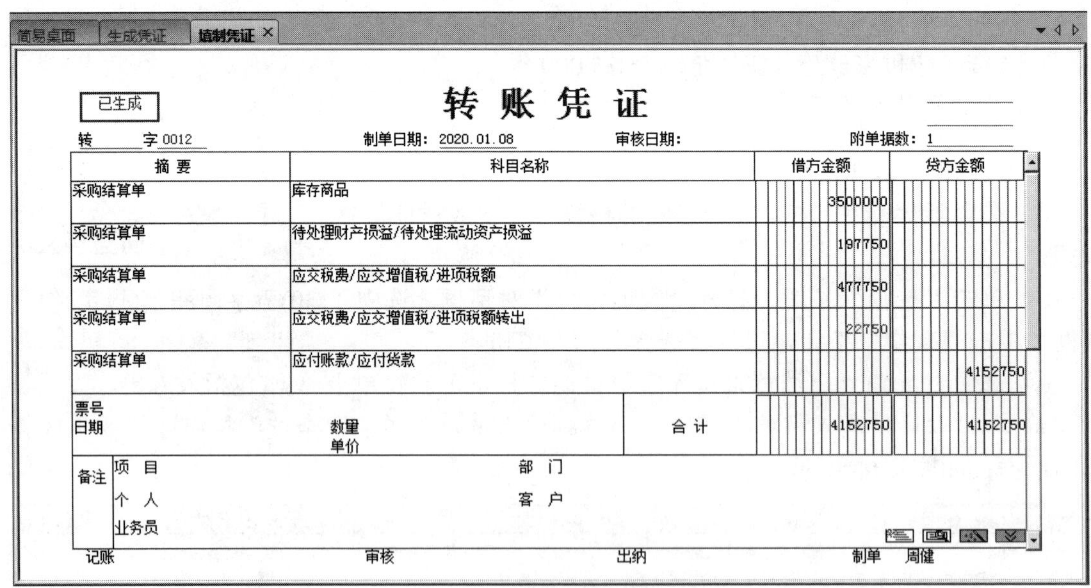

简易桌面 | 生成凭证 | 填制凭证 ×

已生成

转 账 凭 证

转 字 0012　制单日期：2020.01.08　审核日期：　附单据数：1

摘 要	科目名称	借方金额	贷方金额
采购结算单	库存商品	3500000	
采购结算单	待处理财产损溢/待处理流动资产损溢	197750	
采购结算单	应交税费/应交增值税/进项税额	477750	
采购结算单	应交税费/应交增值税/进项税额转出	22750	
采购结算单	应付账款/应付货款		4152750
票号 日期　数量 单价	合 计	4152750	4152750

备注　项 目　部 门　个 人　客 户　业务员

记账　审核　出纳　制单 周健

图 4-54　非合理损耗生成凭证

4. 账套输出

全部完成后，将账套输出至“4-3 采购溢余短缺处理”。

实验四　受托代销业务

实验准备

完成第 4 章实验三的操作，或者引入“4-3 采购溢余短缺处理”账套备份数据。以 111 操作员(密码为 1)的身份进行受托代销业务处理。

实验内容

- 受托代销结算
- 受托代销收货

实验资料

1. 受托代销结算

2020 年 1 月 10 日，代上海伊梦电子科技公司销售伊梦普通机 10 部、商务机 8 部，结算并收到专用发票，发票号 ZY00055，结算单价分别为 2 000 元和 3 500 元。

2. 受托代销到货及入库

本公司受托代销上海伊梦电子科技公司的手机。2020 年 1 月 10 日，收到上海伊梦电子科技公司发来的伊梦普通机 20 部、伊梦商务机 15 部，单价分别为 2 000 元和 3 500 元。

实验指导

1. 第 1 笔受托代销业务

受托代销业务是一种先销售后结算的采购模式。其他企业委托本企业代销其商品，但商品所有权仍然归委托方，代销商品售出后，本企业与委托方进行结算，由对方开具正式的发票，商品所有权转移。受托代销业务的处理流程如图 4-55 所示。

本实验第 1 笔业务是进行上月受托代销入库业务的结算；第 2 笔是发生新的受托代销入库业务。

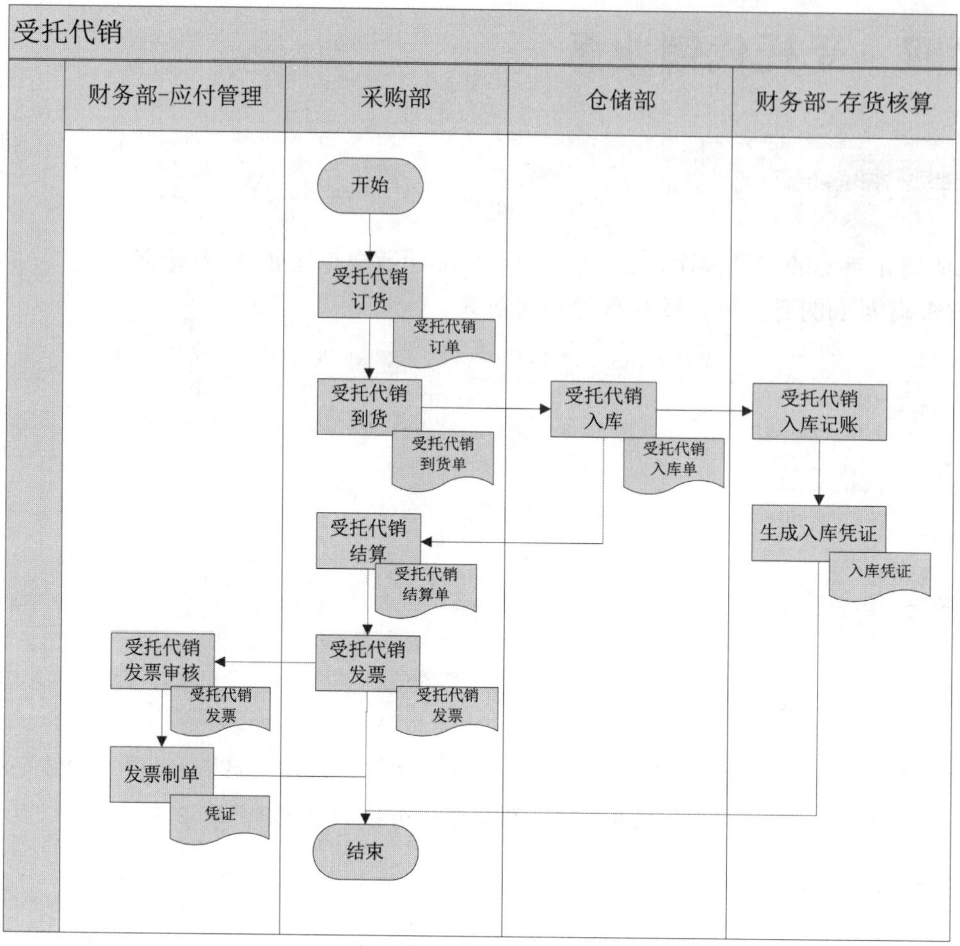

受托代销

财务部-应付管理	采购部	仓储部	财务部-存货核算
	开始		
	受托代销订货（受托代销订单）		
	受托代销到货（受托代销到货单）	受托代销入库（受托代销入库单）	受托代销入库记账
	受托代销结算（受托代销结算单）		生成入库凭证（入库凭证）
受托代销发票审核（受托代销发票）	受托代销发票（受托代销发票）		
发票制单（凭证）			
	结束		

图 4-55　受托代销业务的处理流程

(1) 受托代销结算

操作步骤　(微课视频：sy04040101)

① 在采购管理系统中，执行“采购结算”|“受托代销结算”命令，打开“查询条件选择”对话框。

② 选择供应商“003 上海伊梦”，单击“确定”按钮，进入“受托代销结算”窗口。单击“全选”按钮，选中要结算的入库单记录。

③ 修改发票日期和结算日期均为 2020-01-10，发票类型选择“专用发票”，发票号输入“ZY00055”，采购类型选择“代销采购”，如图 4-56 所示。

④ 单击“结算”按钮，系统弹出“结算完成！”信息提示框，单击“确定”按钮返回。结算完成后，系统自动生成受托代销发票、受托代销结算单。

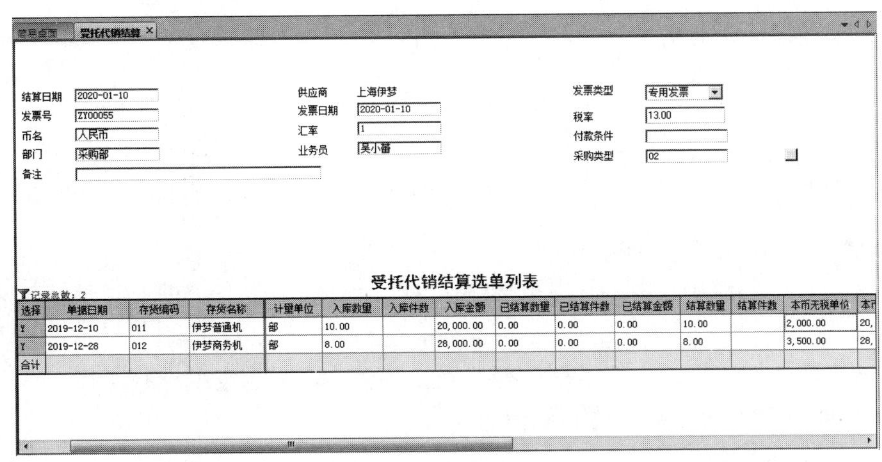

选择	单据日期	存货编码	存货名称	计量单位	入库数量	入库件数	入库金额	已结算数量	已结算件数	已结算金额	结算数量	结算件数	本币无税单价
Y	2019-12-10	011	伊梦普通机	部	10.00		20,000.00	0.00	0.00	0.00	10.00		2,000.00
Y	2019-12-28	012	伊梦商务机	部	8.00		28,000.00	0.00	0.00	0.00	8.00		3,500.00
合计													

图 4-56　受托代销结算

提示：

- 受托代销结算是企业销售委托代销单位的商品后，与委托单位办理付款结算。
- 受托方销售代销商品后根据受托代销入库单进行结算，也可以在取得委托人的发票后再结算。
- 结算表中存货、入库数量、入库金额、已结算数量、已结算金额等信息不能修改。
- 结算表中的结算数量、含税单价、价税合计、税额等信息可以修改。

(2) 应付单据审核及制单

操作步骤　(微课视频：sy04040102)

① 在应付款系统中，执行“应付单据处理”|“应付单据审核”命令，对以上采购专用发票进行审核。

② 执行“制单处理”命令，进入“填制凭证”窗口。修改借方科目为“2314 受托代销商品款”，单击“保存”按钮，如图 4-57 所示。

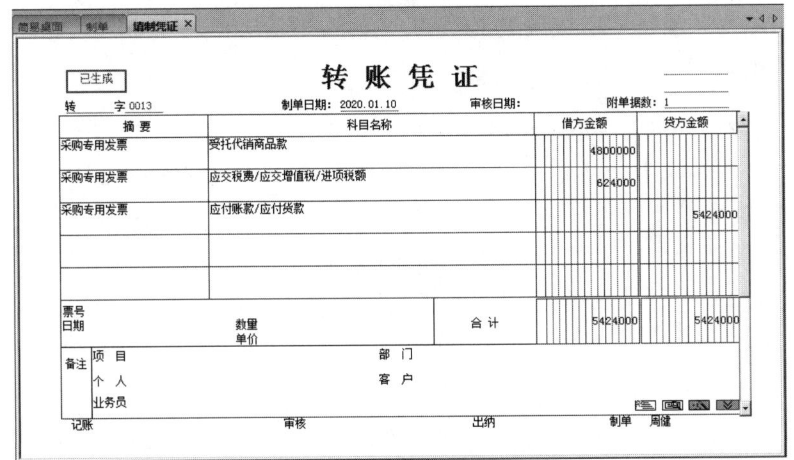

摘要	科目名称	借方金额	贷方金额
采购专用发票	受托代销商品款	4800000	
采购专用发票	应交税费/应交增值税/进项税额	624000	
采购专用发票	应付账款/应付货款		5424000
票号 日期	数量 单价	合计 5424000	5424000

图 4-57　受托代销商品结算凭证

2. 第 2 笔受托代销业务

收到委托人发来的代销商品时，应该及时办理受托代销商品入库手续，也可以先办理到货手续，再根据到货单生成受托代销入库单。

(1) 受托代销到货

操作步骤 (微课视频：sy04040201)

① 在采购管理系统中，执行“采购到货”|“到货单”命令，进入“到货单”窗口。

② 单击“增加”按钮，业务类型选择“受托代销”，采购类型选择“代销采购”。继续录入“到货单”的其他信息。

③ 单击“保存”按钮，如图 4-58 所示。

简易桌面 到货单

到货单

打印模版 8170 到货单打印模版

表体排序　　合并显示 □

业务类型 受托代销　单据号 0000000002　日期 2020-01-10
采购类型 代销采购　供应商 上海伊梦　部门 采购部
业务员 吴小蕾　币种 人民币　汇率 1
运输方式　税率 13.00　备注

	存货编码	存货名称	规格型号	主计量	数量	换算率	采购单位	件数	原币含税单价	原币单价	原币金额	原币税额	原币价税合计	税率
1	011	伊梦普通机		部	20.00				2260.00	2000.00	40000.00	5200.00	45200.00	13.00
2	012	伊梦商务机		部	15.00				3955.00	3500.00	52500.00	6825.00	59325.00	13.00
3														
4														
5														
6														
7														
8														
9														
10														
11														
12														
13														
14														
合计					35.00						92500.00	12025.00	104525.00	

制单人 周健　现存量

图 4-58　受托代销到货单

④ 单击“审核”按钮，审核采购到货单。

(2) 受托代销入库

操作步骤 (微课视频：sy04040202)

① 在库存管理系统中，执行“入库业务”|“采购入库单”命令，进入“采购入库单”窗口。

② 单击“生单”按钮，选择“采购到货单(蓝字)”选项，生成采购入库单。选择仓库“代销仓”、入库类别“受托代销入库”。单击“保存”按钮，再单击“审核”按钮。

提示：

- 受托代销入库单在“库存管理”系统中录入。
- 受托代销入库单的业务类型为“受托代销”。
- 受托代销入库单可以手工录入，也可以参照订单生成。但是如果在采购选项中选择了“受托代销业务必有订单”，则受托代销业务到货单、受托代销入库单都不能手工录入，只能参照采购计划、采购请购单或采购订单生成。
- 手工或参照录入时，只能针对“受托代销”属性的存货，其他属性的存货不能显示。
- 受托代销的商品必须在售出后才能与委托单位办理结算。
- 受托代销入库单可以通过执行“采购入库”|“受托代销入库单”命令或“采购入库”|“入库单列表”命令实现查询。

(3) 受托代销记账并生成凭证

操作步骤 (微课视频：sy04040203)

① 在存货核算系统中，执行“业务核算”|“正常单据记账”命令，对采购入库单进行记账。

② 执行“财务核算”|“生成凭证”命令，进入“生成凭证”窗口。选择“采购入库单(暂估记账)”复选框，进入“未生成凭证单据一览表”窗口，选择对应的入库单，单击“确认”按钮，回到“生成凭证”窗口。

③ 选择凭证类别为“转账凭证”，单击“生成”按钮，生成的代销商品入库凭证如图 4-59 所示。

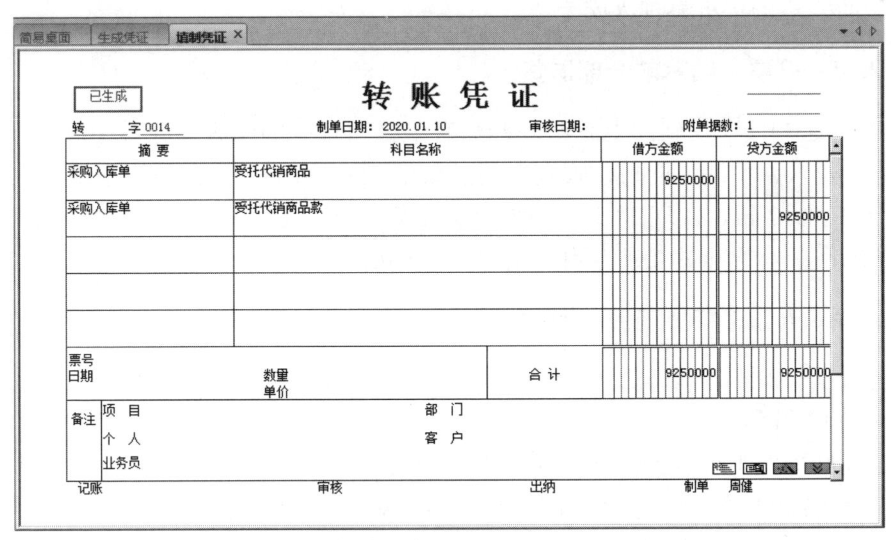

简易桌面 生成凭证 填制凭证

已生成

转 账 凭 证

转 字 0014 制单日期：2020.01.10 审核日期： 附单据数：1

摘要	科目名称	借方金额	贷方金额
采购入库单	受托代销商品	9250000	
采购入库单	受托代销商品款		9250000
票号 日期	数量 单价 合计	9250000	9250000

备注 项 目 部 门

个 人 客 户

业务员

记账 审核 出纳 制单 周健

图 4-59 代销商品入库凭证

3. 账套输出

全部完成后，将账套输出至“4-4 受托代销业务”中。

实验五　采购退货业务

实验准备

已经完成第 4 章实验四的操作，或者引入“4-4 受托代销业务”账套备份数据。以 111 操作员(密码为 1)的身份进行采购退货业务处理。

实验内容

- 入库前退货
- 入库后结算前退货
- 结算后退货

实验资料

1. 办理入库前部分退货

2020 年 1 月 10 日，收到北京宏丰电子科技公司发来的宏丰商务机 50 部，单价 3 700 元。

2020 年 1 月 11 日，验收入库时发现 10 部商务机存在质量问题，与对方协商，退货 10 部，对验收合格的手机办理入库手续。

2. 已入库、开票，结算前全部退货

2020 年 1 月 11 日，收到向上海明辉鞋业有限公司订购的明辉女凉鞋 200 双，单价 200 元，办理到货及入库手续。同日，收到专用发票(ZY1845201)一张，但尚未结算。

2020 年 1 月 12 日，发现 11 日入库的 10 双女凉鞋存在质量问题，与对方协商，该批女凉鞋全部退回。对方开具红字专用发票(ZY1845202)。

3. 已入库未开票，结算前部分退货

2020 年 1 月 12 日，向北京兰宇箱包有限公司订购了 500 个兰宇女士钱包，单价为 120 元，要求本月 13 日到货。

13 日，500 个女士钱包全部到货并办理了验收入库手续。

15 日，发现 20 个钱包有质量问题，经协商，对方同意退货。

15 日，对方按实际入库数量 480 个开具采购专用发票一张，发票号为 ZY184301。进行采购结算。

4. 采购结算后退货

2020 年 1 月 15 日，发现本月 3 日入库的 2 部宏丰学生机(单价 1 800 元)、5 部商务手机(单价 3 700 元)存在质量问题，要求退货。经与北京宏丰电子科技公司协商，对方同意退货并开具红字专用发票一张，发票号为 ZY184401。

实验指导

1. 第 1 笔采购退货业务

本笔属于入库前部分退货业务。到货后入库前发现问题，需要开具采购退货单，并根据实际入库数量输入采购入库单。待收到对方按实际验收数量开具的发票后，按正常业务办理采购结算即可。

(1) 采购到货

操作步骤 (微课视频：sy04050101)

① 在采购管理系统中，执行“采购到货”|“到货单”命令，进入“到货单”窗口。

② 单击“增加”按钮，根据业务信息手工填制采购到货单并审核。

(2) 采购退货

操作步骤 (微课视频：sy04050102)

① 在采购管理系统中，执行“采购到货”|“采购退货单”命令，进入“采购退货单”窗口。

② 单击“增加”按钮，选择采购类型“采购退回”，退货数量-10，保存并审核，如图 4-60 所示。

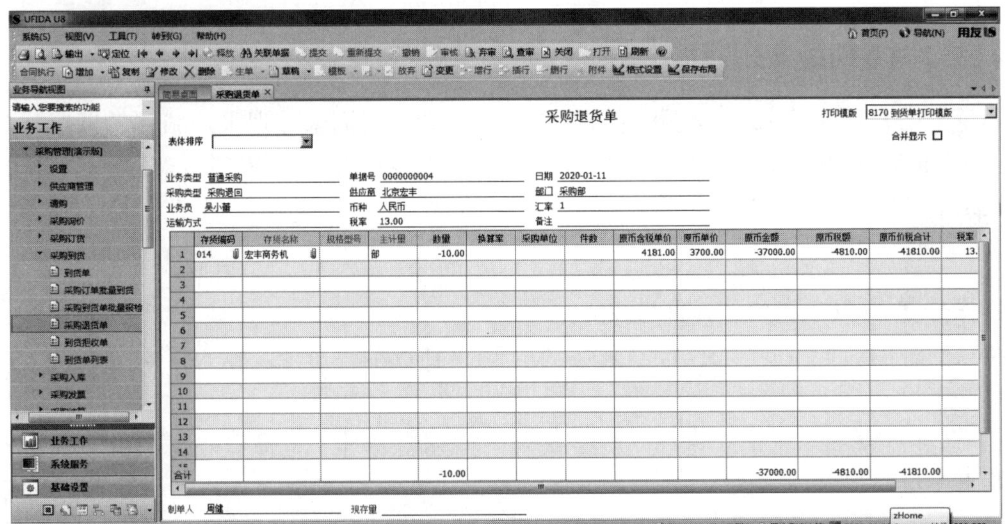

	存货编码	存货名称	规格型号	主计量	数量	换算率	采购单位	件数	原币含税单价	原币单价	原币金额	原币税额	原币价税合计	税率
1	014	宏丰商务机		部	-10.00				4181.00	3700.00	-37000.00	-4810.00	-41810.00	13.
合计					-10.00						-37000.00	-4810.00	-41810.00	

图 4-60 采购退货单

(3) 采购入库

操作步骤 (微课视频：sy04050103)

① 在库存管理系统中，执行“入库业务”|“采购入库单”命令，进入“采购入库单”窗口。

② 单击“生单”按钮，选择“采购到货单(蓝字)”。打开“查询条件选择”对话框，单击“确定”按钮，进入“到货单生单列表”窗口。

③ 选择要参照的到货单，单击“OK 确定”按钮返回入库单。选择入库仓库“手机仓”，将入库数量修改为 40。

④ 保存并审核采购入库单，如图 4-61 所示。

简易桌面 | 采购入库单

采购入库单

采购入库单打印模版

表体排序

◉ 蓝字 ○ 红字 合并显示 □

入库单号 0000000010　入库日期 2020-01-11　仓库 手机仓
订单号　到货单号 0000000003　业务号
供货单位 北京宏丰　部门 采购部　业务员 吴小蕾
到货日期 2020-01-10　业务类型 普通采购　采购类型 厂商采购
入库类别 采购入库　审核日期 2020-01-11　备注

	存货编码	存货名称	规格型号	主计量单位	库存单位	件数	换算率	数量	本币单价	本币金额
1	014	宏丰商务机		部				40.00	3700.00	148000.00
2										
3										
4										
5										
6										
7										
8										
9										
10										
11										
12										
13										
14										
合计								40.00		148000.00

制单人 周健　审核人 周健
现存量

图 4-61 修改采购入库单入库数量

2. 第 2 笔采购退货业务

本笔业务属于货已入库、记账并收到供应商发票，但尚未办理采购结算的情况。退货时需要填制采购退货单、红字采购入库单和红字采购专用发票，并进行红蓝入库单和红蓝采购发票的手工结算。

(1) 采购到货并入库

操作步骤 (微课视频：sy04050201)

① 在采购管理系统中，执行“采购到货”|“到货单”命令，输入采购到货单并审核。

② 在库存管理系统中，执行“入库业务”|“采购入库单”命令，参照采购到货单生成采购入库单，保存并审核。

(2) 采购发票 **(微课视频：sy04050202)**

在采购管理系统中，执行“采购发票”|“专用采购发票”命令，参照

采购入库单生成采购专用发票，补充录入发票号，保存。

(3) 退货处理

操作步骤 (微课视频：sy04050203)

① 在采购管理系统中，执行“采购到货”|“采购退货单”命令，进入“采购退货单”窗口。

② 单击“增加”按钮，单击“生单”旁的下三角按钮打开可选列表，选择“到货单”，参照到货单生成采购退货单，重新选择采购类型“采购退回”，保存并审核。

(4) 退库处理

操作步骤 (微课视频：sy04050204)

① 在库存管理系统中，执行“入库业务”|“采购入库单”命令，进入“采购入库单”窗口。

② 单击“生单”按钮旁的下三角按钮打开可选列表，选择“采购到货单(红字)”，参照红字采购到货单生成红字采购入库单，单击“保存”按钮，如图 4-62 所示。

③ 单击“审核”按钮，审核红字采购入库单。

提示：

采购入库单右上角“红字”单选按钮应处于选中状态。

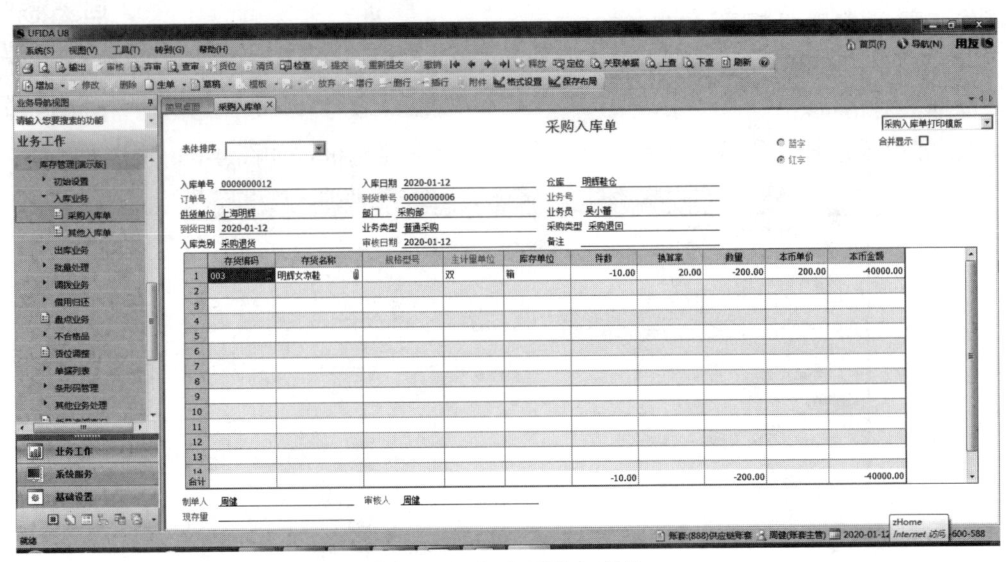

图 4-62 红字采购入库单

(5) 退货发票

操作步骤 (微课视频：sy04050205)

① 在采购管理系统中，执行“采购发票”|“红字专用采购发票”命令，进入红字“专用发票”窗口。

② 单击“增加”按钮，再单击“生单”旁的下三角按钮打开可选列表，选择“采购发票”，参照本笔业务采购专用发票生成红字专用采购发票。补充录入发票号，保存，如图 4-63 所示。

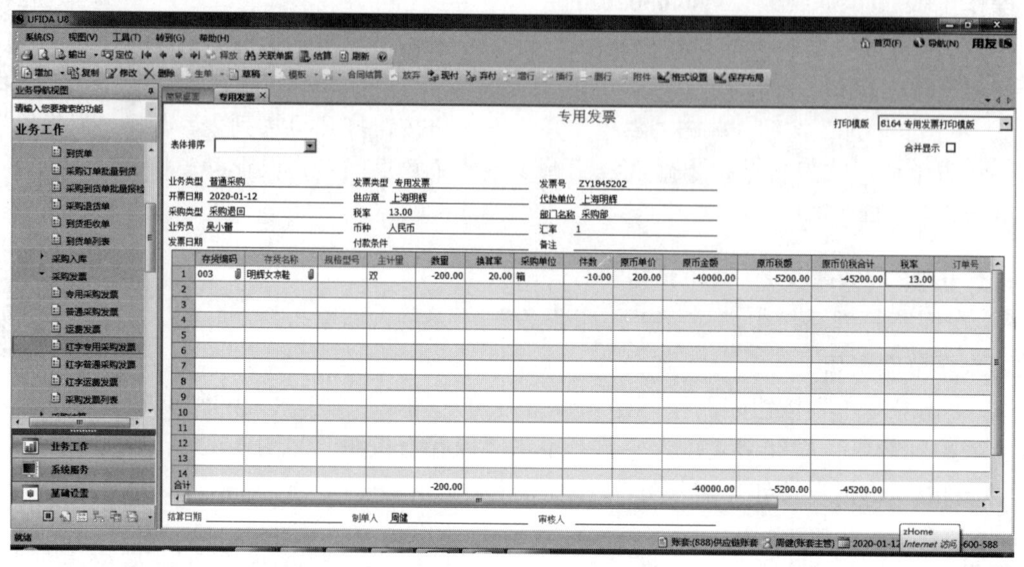

图 4-63 红字采购专用发票

(6) 采购结算

操作步骤 (微课视频：sy04050206)

① 在采购管理系统中，执行“采购结算”|“自动结算”命令，打开“查询条件选择”对话框。

② 结算模式选择“红蓝入库单”和“红蓝发票”复选框，如图 4-64 所示。

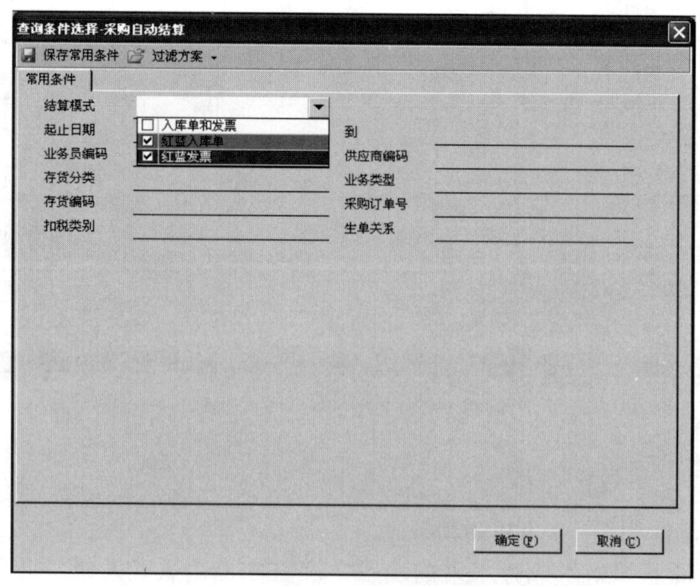

图 4-64 选择结算模式

③ 单击“确定”按钮，系统自动完成红蓝入库单和红蓝发票的结算。

3. 第3笔采购退货业务

本笔业务属于货已入库、记账但未收到供应商发票的情况。退货时需要填制采购退货单和红字采购入库单，按实际入库数量填制采购发票并进行手工结算。

(1) 采购订货、到货和入库

操作步骤 (微课视频：sy04050301)

① 在采购管理系统中，执行“采购订货”|“采购订单”命令，填制采购订单并审核。

② 在采购管理系统中，执行“采购到货”|“到货单”命令，参照采购订单生成采购到货单并审核。

③ 在库存管理系统中，执行“入库业务”|“采购入库单”命令，参照采购到货单生成采购入库单并审核。

(2) 采购退货

操作步骤 (微课视频：sy04050302)

① 在采购管理系统中，执行“采购到货”|“采购退货单”命令，参照到货单生成采购退货单，退货数量修改为“-20”，保存并审核。

② 在库存系统中，执行“入库业务”|“采购入库单”命令，参照红字采购到货单生成红字采购入库单，补充录入仓库，保存并审核。

(3) 采购发票 **(微课视频：sy04050303)**

15日，在采购管理系统中，执行“采购发票”|“专用采购发票”命令。参照采购入库单生成专用采购发票，修改发票号为ZY184301，数量480，保存。

(4) 采购结算

操作步骤 (微课视频：sy04050304)

① 在采购管理系统中，执行“采购结算”|“手工结算”命令，进入“手工结算”窗口。

② 单击“选单”按钮，进入“选单结算”窗口。单击“查询”按钮，打开“查询条件选择”对话框。单击“确定”按钮，返回“选单结算”窗口。

③ 选择红字采购入库单与原采购入库单和采购发票，如图4-65所示。

④ 单击“OK 确定”按钮，返回“手工结算”窗口。

⑤ 单击“结算”按钮，完成采购发票与红蓝入库单的结算。

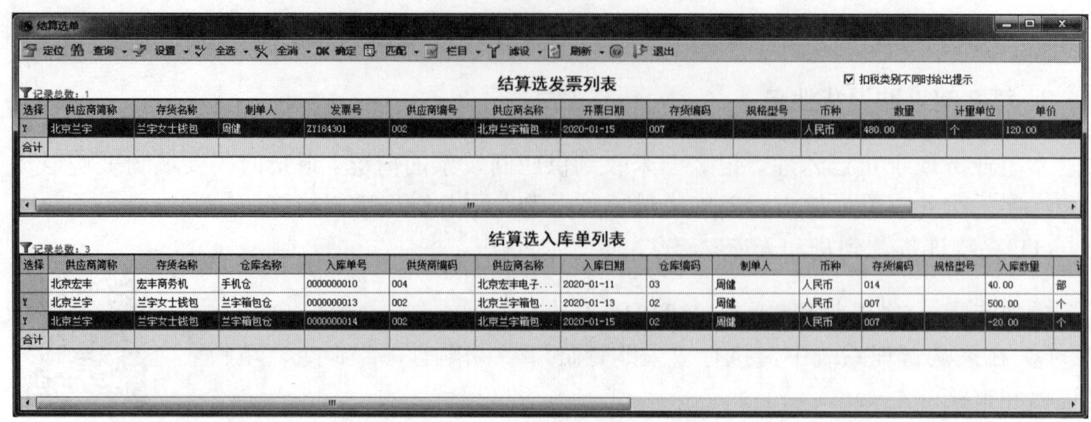

图 4-65　部分退货手工结算

4. 第 4 笔采购退货业务

本笔业务属于已经办理结算手续的采购退货业务，需要输入采购退货单、红字采购入库单和红字采购发票，并进行手工结算。

(1) 采购退货　**(微课视频：sy04050401)**

在采购管理系统中，执行“采购到货”|“采购退货单”命令，填制采购退货单，保存并审核。

(2) 退库处理　**(微课视频：sy04050402)**

在库存管理系统中，执行“入库业务”|“采购入库单”命令。单击“生单”按钮，选择“采购到货单(红字)”生单，生成采购入库单并审核。

(3) 退货发票　**(微课视频：sy04050403)**

在采购管理系统中，执行“采购发票”|“红字专用采购发票”命令，单击“增加”按钮，参照红字采购入库单生成红字专用采购发票。

(4) 采购结算　**(微课视频：sy04050404)**

在采购管理系统中，执行“采购结算”|“手工结算”命令，对红字入库单和红字发票执行采购结算。

5. 账套输出

全部完成后，将账套输出至“4-5 采购退货业务”文件夹中。

探究与挑战

1. 如何进行采购成本核算？
2. 如何设置才能使得代销采购类型的发票制单时自动借记“受托代销商品款”科目？
3. 采购结算后能取消吗？

第5章

销售管理

功能概述

用友 U8 销售管理系统主要提供对企业销售业务全流程的管理。销售管理系统支持以销售订单为核心的业务模式，支持普通批发销售、零售、委托代销业务、直运销售业务、分期收款销售和销售调拨等多种类型的销售业务，满足不同用户需求。

销售管理的主要功能包括以下几项。

(1) 销售管理初始化设置

销售管理初始化设置主要包括销售选项设置和销售期初数据录入。销售选项的设置将决定用户使用系统的业务流程、业务模式及数据流向。

销售管理的期初数据包括期初发货单、期初委托代销发货单等。

(2) 客户管理

客户管理包括客户全貌、业务员全貌和活动管理。在客户全貌中能展示完整的客户交往历史，包括对该客户的报价、合同、订单、发货、开票、收款、应收等全部情况。

(3) 销售业务管理

销售业务管理是对销售业务的全流程进行管理，具体包括销售报价、销售订货、销售发货、销售开票、销售出库等销售环节。用户还可以根据实际情况进行销售流程的定制。

从物流角度，根据销售订单填制或生成销售发货单，并根据销售发货单生成销售出库单，在库存管理系统中办理出库。

从资金流角度，依据销售发货单开具销售发票，发票审核后即可确认收入，形成应收账款，在应收款管理系统中可以查询和制单，并据此收款。

在销售管理系统中，可以处理普通销售、委托代销、直运业务、分期收款销售、销售调拨和零售等业务类型。

(4) 销售计划管理

销售计划管理是以部门、业务员、存货、存货类及其组合为对象，考核销售的计划数与定额数的完成情况，并进行考核评估。

(5) 价格政策

系统能够提供历次售价、最新成本加成和按价格政策定价 3 种价格依据，同时，按价格政策定价时，支持商品促销价，可以按客户定价，也可以按存货定价。按存货定价时还支持按不同自由项定价。

(6) 信用管理

系统提供了针对信用期限和信用额度两种管理制度；同时，既可以针对客户进行信用管理，又可以针对部门、业务员进行信用额度和信用期限的管理。如果超过信用额度，可以逐级向上审批。

(7) 销售账簿及销售分析

销售管理系统可以提供各种销售明细表和统计表、多种销售账簿，并可以进行多维度的销售分析。

实验目的与要求

运用销售管理系统对普通销售业务、直运销售业务、分期收款业务、销售零售业务及销售退货业务等进行处理，正确、及时地处理各类销售业务，以便及时确认销售收入，确认并收取应收款项。销售管理系统能够与应收款管理系统、总账系统集成使用，以便及时处理销售款项，并对销售业务进行相应的账务处理。通过本章的学习，要求能够掌握主要销售业务的处理流程、处理方法和处理步骤，深入了解销售管理系统与供应链系统的其他子系统之间的紧密联系和数据传递关系，以便正确处理销售业务和与销售相关的其他业务。

教学建议

建议本章讲授 6 课时，上机操作练习 10 课时。

实验一　普通销售业务(一)

实验准备

已经完成第 4 章实验五的操作，或者引入“4-5 采购退货业务”账套备份数据。以 111 操作员(密码为 1)的身份进行普通销售业务处理。

实验内容

本实验业务均为先发货后开票的普通销售业务。

- 现结销售业务处理

- 形成应收销售业务处理
- 代垫费用销售业务处理
- 一次销售分批发货开票的销售业务处理

实验资料

1. 先发货后开票的普通销售业务——现结销售

2020 年 1 月 15 日，收到北京燕莎百货公司电汇款 76 275 元(电汇 DH02001899)，系支付 2019 年 12 月 8 日购买明辉男凉鞋的价税款，本公司开具销售专用发票(ZY185101)，确认收入并结转销售成本。

2. 先发货后开票的普通销售业务——形成应收

2020 年 1 月 16 日，给郑州丹尼斯百货公司开具 2019 年 12 月 10 日销售 300 个兰宇男士钱包的销售专用发票(ZY185102)，款项尚未收到。

3. 先发货后开票的普通销售业务——代垫运费

2020 年 1 月 16 日，青岛市华光百货公司打算订购宏丰商务机 50 部，本公司报价无税单价为 4 300 元。

16 日，本公司与青岛市华光百货公司协商，商定宏丰商务机销售单价为 4 200 元，但订货数量减为 45 部。要求本月 18 日发货。

1 月 18 日从手机仓发货，并以现金代垫运费 500 元；同日开具销售专用发票，发票号为 ZY185103，货款尚未收到。

4. 先发货后开票的普通销售业务——一次订货分批发货、分存货开票

1 月 16 日，北京燕莎百货公司有意向本公司订购明辉女正装鞋 100 双、明辉女休闲鞋 400 双，本公司报价无税单价分别为 500 元和 650 元。

1 月 17 日，北京燕莎百货公司同意我公司的报价，并决定追加订货，明辉女正装鞋追加 50 双，明辉女休闲鞋追加 100 双。要求分存货开具销售发票。本公司同意对方的订货要求。

1 月 18 日，从明辉鞋仓向北京燕莎百货公司发出明辉女正装鞋 100 双和明辉女休闲鞋 100 双，本销售项目发生业务招待费 300 元，现金支付。次日开具两张销售专用发票，女休闲鞋发票号为 ZY185104；女正装鞋发票号为 ZY185105。对方电汇(DH0077889)款项 73 450 元已经收到，系付 100 双女休闲鞋的价税款。100 双明辉女正装鞋款项暂欠。确认出库成本。

实验指导

普通销售业务(一)主要是先发货后开票的销售业务，需要先处理报价单、销售订单、

发货单等单据，发货单审核后根据销售管理系统初始化设置，系统将自动生成销售出库单。如果存货采用先进先出法核算，还可以随时结转销售成本。销售发票开具后，可能立即收到货款，根据发票现结处理；也可能尚未收到款项，需要确认为应收账款。

1. 第 1 笔销售业务

本笔业务属于上年已经发货的销售业务，本期开具销售专用发票并收到款项。

现结销售业务处理流程如图 5-1 所示。

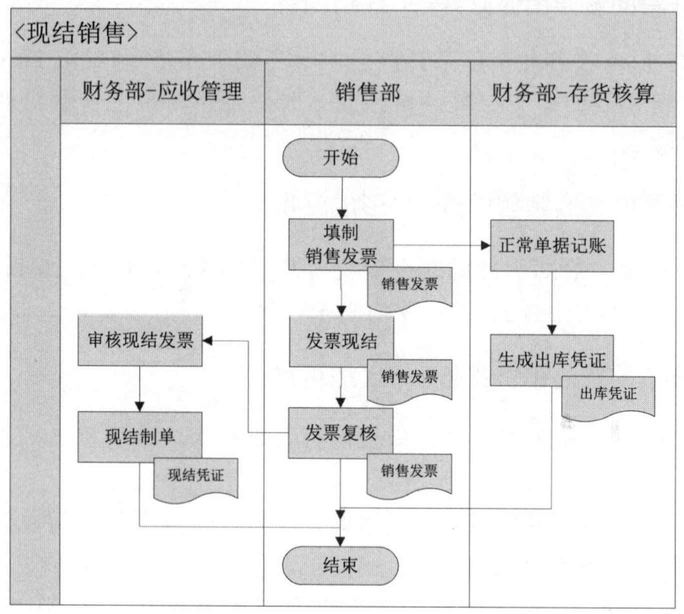

图 5-1　现结销售业务处理流程

(1) 在销售管理系统开具专用发票并现结

操作步骤　(微课视频：sy05010101)

① 在企业应用平台业务工作中，执行“供应链”|“销售管理”|“销售开票”|“销售专用发票”命令，进入“销售专用发票”窗口。

② 单击“增加”按钮，打开“查询条件选择-发票参照发货单”对话框。“客户”选择“001 北京燕莎”，单击“确定”按钮，进入“参照生单”窗口，系统根据过滤条件显示符合条件的全部单据。

③ 在要参照的发货单记录中的“选择”栏双击，出现 Y 表示选择成功，窗口下方显示发货单存货记录，如图 5-2 所示。

④ 单击“OK 确定”按钮，系统根据所选择的发货单和存货自动生成一张销售专用发票。修改发票日期、发票号，单击“保存”按钮，确认并保存发票信息，如图 5-3 所示。

⑤ 由于开票的同时收到款项，所以单击“现结”按钮，打开“现结”对话框。输入结算方式、票据号、结算金额等信息，如图 5-4 所示。

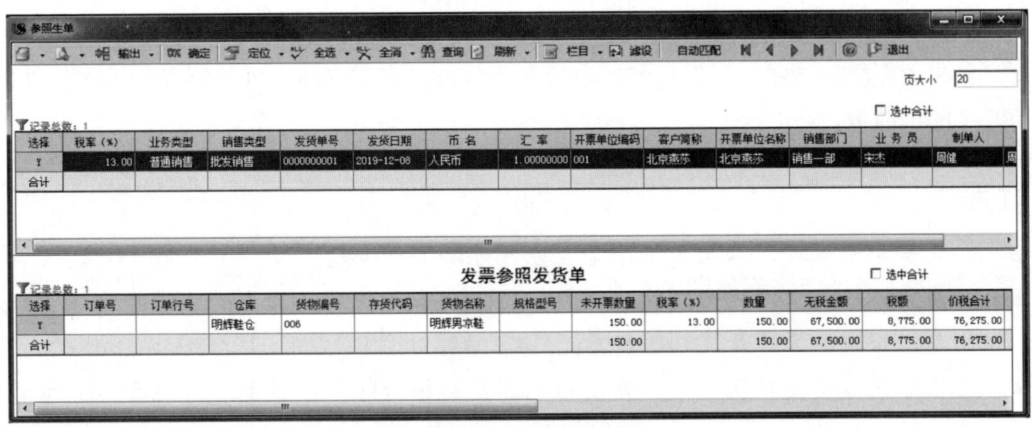

图 5-2　选择生成发票的发货单

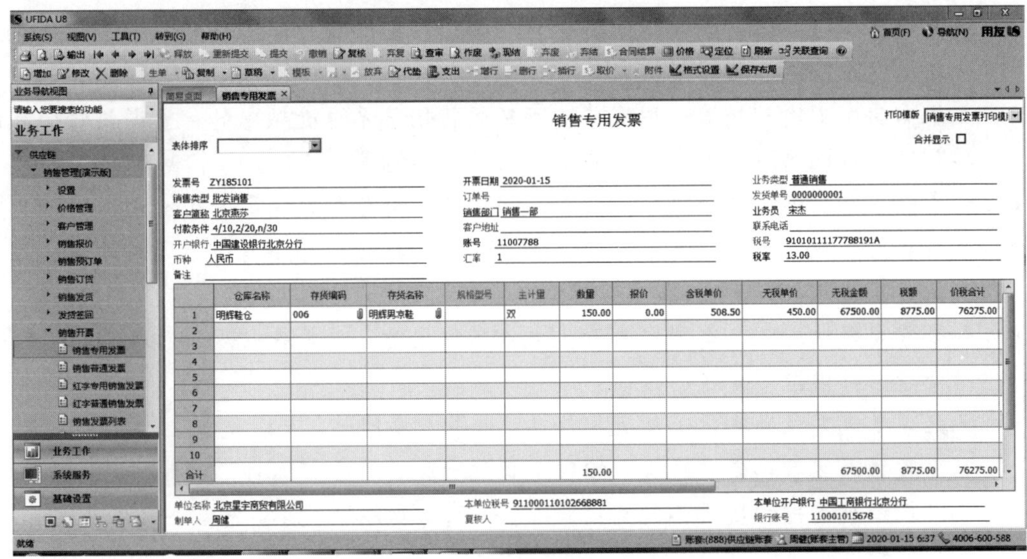

图 5-3　销售专用发票

现结

客户名称：北京燕莎　　币种：人民币　　汇率：1

应收金额：76275.00

结算金额：76275.00

部门：销售一部　　业务员：宋杰

结算方式	原币金额	票据号	银行账号	项目大类编码	项目大类名称	项目编码	项目名称	订单号
4-电汇	76275.00	DH02001899	11007788					

确定　取消　帮助

图 5-4　销售现结

⑥ 单击“确定”按钮，销售专用发票左上角显示“现结”字样。

⑦ 单击“复核”按钮，对销售专用发票进行复核，底部复核人处签署当前操作员姓名。

⑧ 关闭当前窗口。

提示：

- 销售专用发票可以参照发货单生成，也可以手工输入。
- 只有在基础档案中设置了客户开户银行、税号等信息的客户，才能开具销售专用发票，否则，只能开具普通发票。
- 开具销售专用发票现结时，需要输入客户的银行账号，否则，只能开具普通发票进行现结处理。
- 如果在销售管理系统销售选项“其他控制”选项卡中，选择“新增发票默认参照发货单生成”，则新增发票时系统自动弹出“选择发货单”对话框。系统默认为“新增发票默认参照订单生成”。
- 如果需要手工输入销售专用发票，则必须将销售系统选项中的“普通销售必有订单”选中标记取消，否则，只能参照生成，不能手工输入。
- 如果一张发货单需要分次开具发票，则需要修改发票数量等信息。
- 系统自动生成发票后，如果直接单击“复核”按钮，则不能进行现结处理，只能确认为应收账款。
- 如果需要现结处理，需要在自动生成销售发票时，先单击“现结”按钮，进行现结处理，再单击“复核”按钮。
- 已经现结或复核的发票不能直接修改。如果需要修改，可以先单击“弃结”和“弃复”按钮，然后单击“修改”按钮，修改确认后单击“保存”按钮。
- 已经现结或复核的发票不能直接删除。如果需要删除，需要先单击“弃结”和“弃复”按钮。

(2) 在应收款管理系统审核销售专用发票并制单

操作步骤　(微课视频：sy05010102)

① 执行“财务会计”|“应收款管理”|“应收单据处理”|“应收单据审核”命令，打开“应收单查询条件”对话框。

② 选择“包含已现结发票”复选框，如图 5-5 所示。

③ 单击“确定”按钮，进入“单据处理”窗口。

④ 在记录的“选择”栏处双击或单击“全选”按钮，选中需要审核的应收单据，单击“审核”按钮，系统弹出“本次审核成功单据[1]张”信息提示框，如图 5-6 所示。单击“确定”按钮。

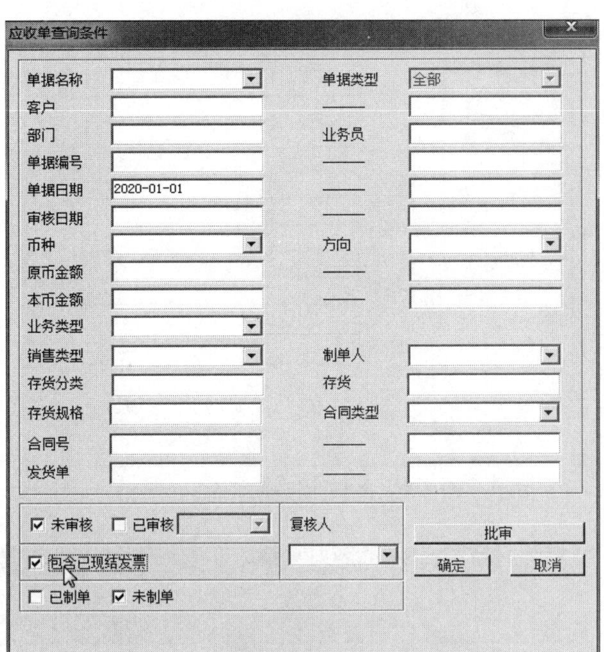

图 5-5 “应收单查询条件”对话框

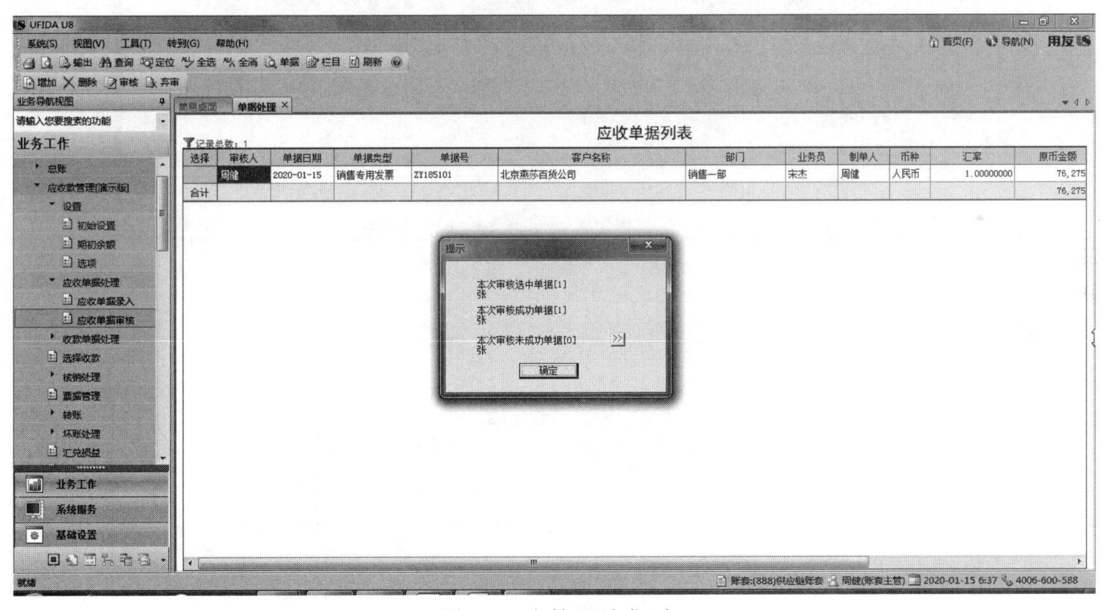

图 5-6 审核现结发票

⑤ 执行“制单处理”命令，打开“制单查询”对话框。选择“现结制单”复选框，如图 5-7 所示。

⑥ 单击“确定”按钮，进入“制单”窗口。单击“全选”按钮，如图 5-8 所示。

⑦ 选择凭证类别为“收款凭证”，单击“制单”按钮，系统自动生成收款凭证。单击“保存”按钮，系统显示“已生成”标志，如图 5-9 所示。

⑧ 关闭当前窗口。

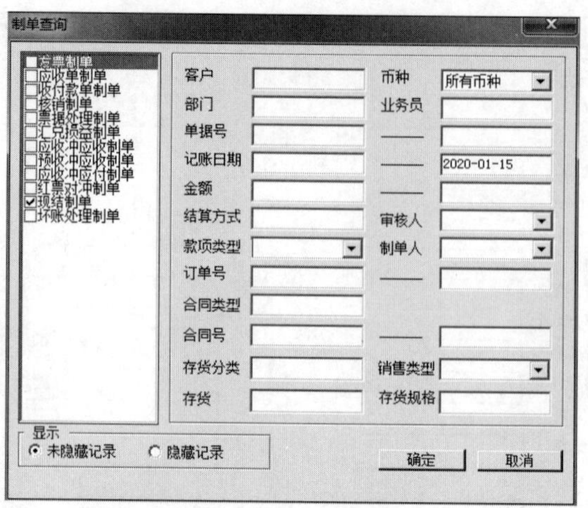

图 5-7 选择“现结制单”

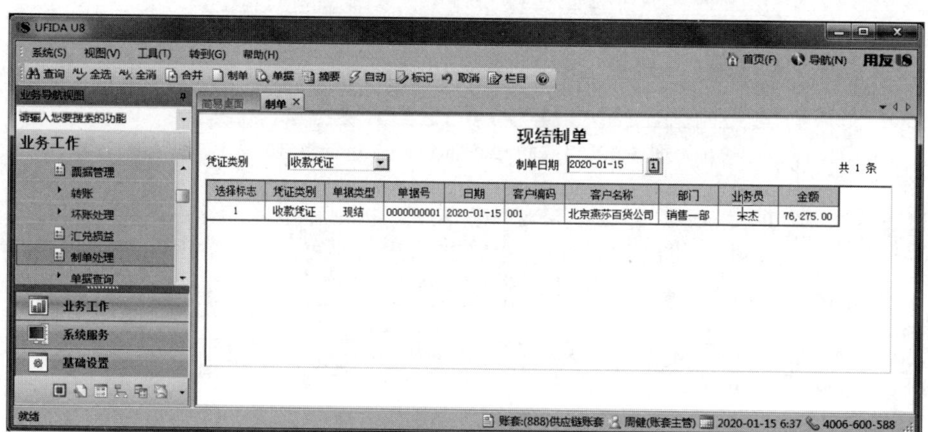

图 5-8 “制单”窗口

简易桌面 制单 填制凭证

已生成

收 款 凭 证

收 字 0001　　制单日期：2020.01.15　　审核日期：　　附单据数：1

摘 要	科目名称	借方金额	贷方金额
现结	银行存款	7627500	
现结	主营业务收入		6750000
现结	应交税费/应交增值税/销项税额		877500
票号 日期	数量 单价 合 计	7627500	7627500

备注　项 目　　部 门
　　　个 人　　客 户
　　　业务员

记账　　审核　　出纳　　制单 周健

图 5-9 现结制单生成凭证

提示：

- 可以通过执行“应收款管理系统”|“单据查询”|“凭证查询”命令，查询根据应收单据生成的凭证。
- 应收单据可以在应收款管理系统中手工录入，也可以由销售发票自动生成。当销售管理系统与应收款管理系统集成使用时，销售发票复核后自动生成应收单并传递至应收款管理系统。
- 应收单需要在应收款管理系统中审核确认后，才能形成应收款项。
- 如果是现结，也必须在应收款管理系统中审核应收单后，才能确认收取的款项。
- 由销售发票自动生成的应收单不能直接修改。如果需要修改，则必须在销售系统中取消发票的复核，单击“修改”“保存”和“复核”按钮，即根据修改后的发票生成新的应收单。
- 只有审核后的应收单或收款单才能制单。
- 可以根据每笔业务制单，也可以月末一次制单；如果采用月末处理，可以按业务分别制单，也可以合并制单。
- 已经制单的应收单或收款单不能直接删除。
- 如果需要删除已经生成凭证的单据或发票，必须先删除凭证，然后在“应收单审核”窗口中取消审核操作，才能删除。

(3) 在存货核算系统中记账并制单

操作步骤　(微课视频：sy05010103)

① 在存货核算系统中，执行“业务核算”|“正常单据记账”命令，打开“查询条件选择”对话框。

② 选择仓库“01 明辉鞋仓”，单据类型“专用发票”。单击“确定”按钮，进入“未记账单据一览表”窗口。

③ 选择需要记账的单据，如图 5-10 所示。单击“记账”按钮，系统弹出“记账成功”信息提示框，单击“确定”按钮返回。

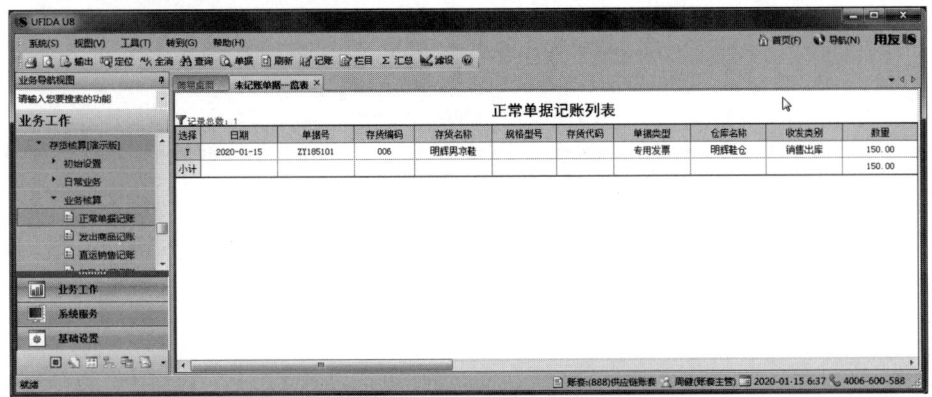

图 5-10　正常单据记账

提示：

- 记账后的单据在“正常单据记账”窗口中不再显示。
- 只有记账后的单据才能进行制单。

④ 执行“财务核算”|“生成凭证”命令，进入“生成凭证”窗口。

⑤ 单击“选择”按钮，打开“查询条件”对话框。选择“销售专用发票”复选框，如图 5-11 所示。

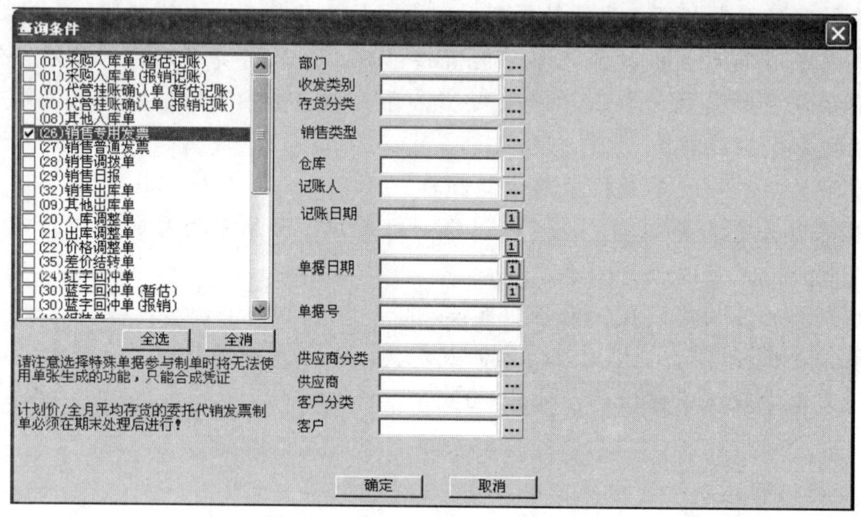

图 5-11　选择“销售专用发票”

⑥ 单击“确定”按钮，进入“选择单据”窗口。选择需要生成凭证的单据，如图 5-12 所示。

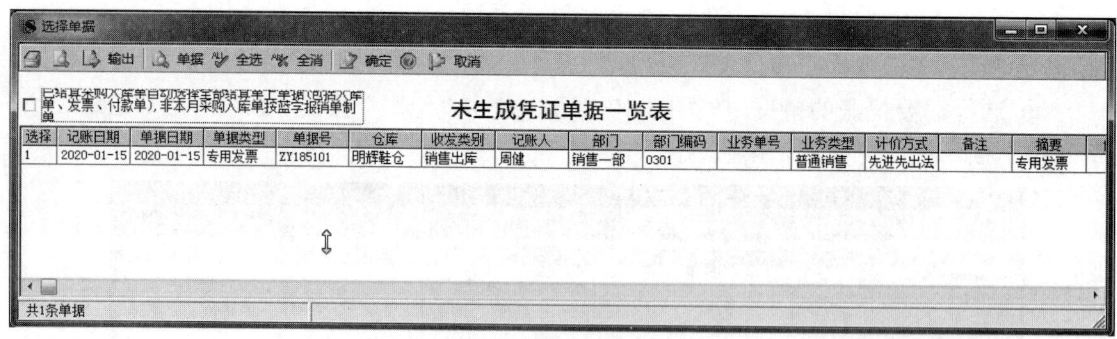

图 5-12　“选择单据”窗口

⑦ 单击“确定”按钮，进入“生成凭证”窗口。单击“生成”按钮，系统自动生成一张结转销售成本的凭证。修改凭证类型为“转账凭证”，单击“保存”按钮，系统显示“已生成”标志，如图 5-13 所示。

⑧ 关闭当前窗口。

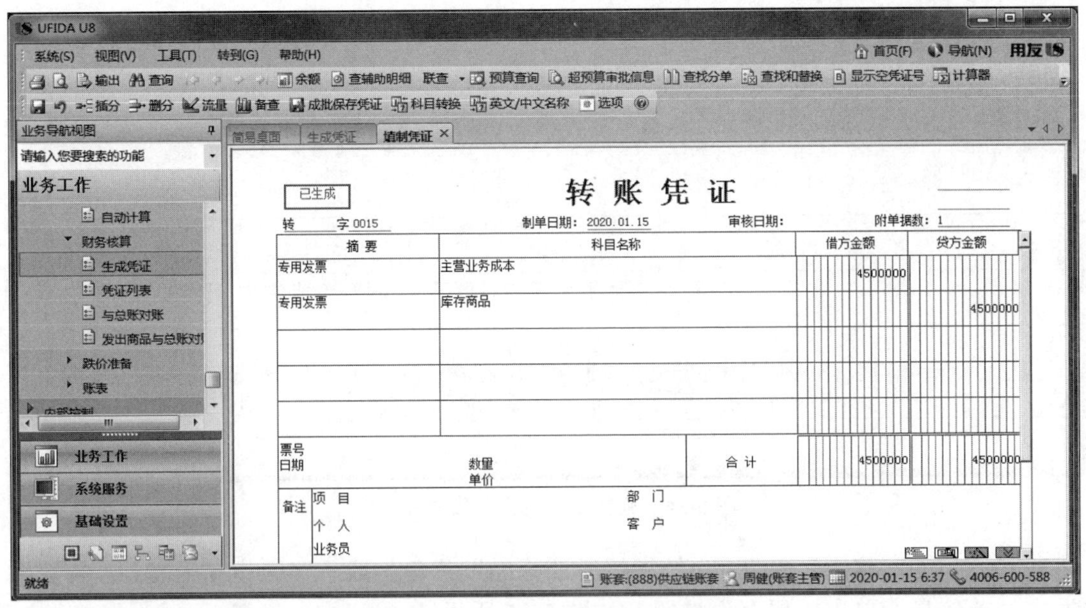

图 5-13　生成结转销售成本凭证

提示：

- 存货核算系统必须在执行正常单据记账后，才能确认销售出库的成本，并生成结转销售成本凭证。
- 正常单据记账后，可以执行取消记账操作，恢复到记账前状态。
- 可以根据每笔业务单据执行记账操作，也可以月末执行一次记账操作。
- 可以根据每笔业务结转销售成本，生成结转凭证；也可以月末集中结转，合并生成结转凭证。
- 存货采用先进先出法、后进先出法等方法核算，可以随时结转成本。如果存货采用全月加权平均法，则只能在月末计算存货单位成本和结转销售成本。

2. 第2笔销售业务

本笔业务属于2019年12月10日已经发货的销售业务，本期开具销售专用发票确认应收款项。因此，本笔业务需要在销售管理系统中开具销售专用发票；在应收款管理系统中审核应收单并生成凭证传递至总账系统。由于兰宇男士钱包采用全月平均法核算，所以月末才能结转销售成本。

(1) 在销售管理系统中开具销售专用发票

操作步骤　(微课视频：sy05010201)

① 在销售管理系统中，执行“销售开票”|“销售专用发票”命令，进入“销售专用发票”窗口。

② 单击“增加”按钮，打开“查询条件选择”对话框。选择客户编码“002”，单击

“确定”按钮，进入“参照生单”窗口，系统根据过滤条件显示符合条件的全部单据。

③ 选择要参照的发货单记录，如图 5-14 所示。

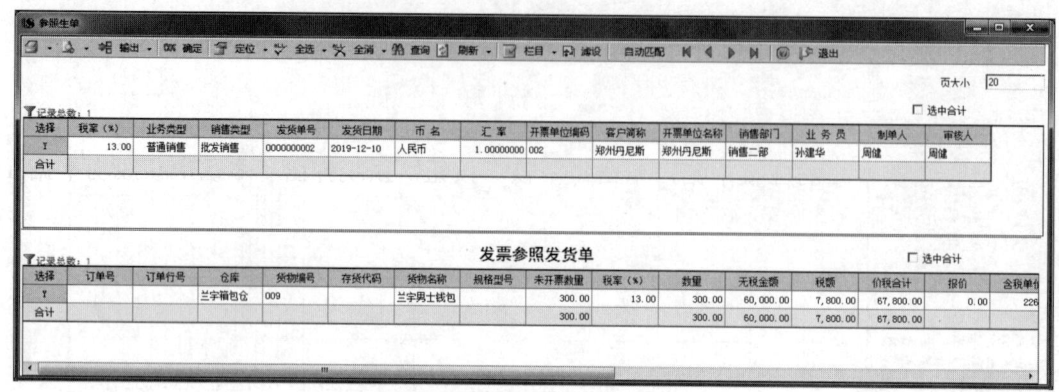

图 5-14　选择生成发票的发货单

④ 单击“OK 确定”按钮。系统根据所选择的发货单生成一张销售专用发票。补充输入发票号等信息，单击“保存”按钮，如图 5-15 所示。

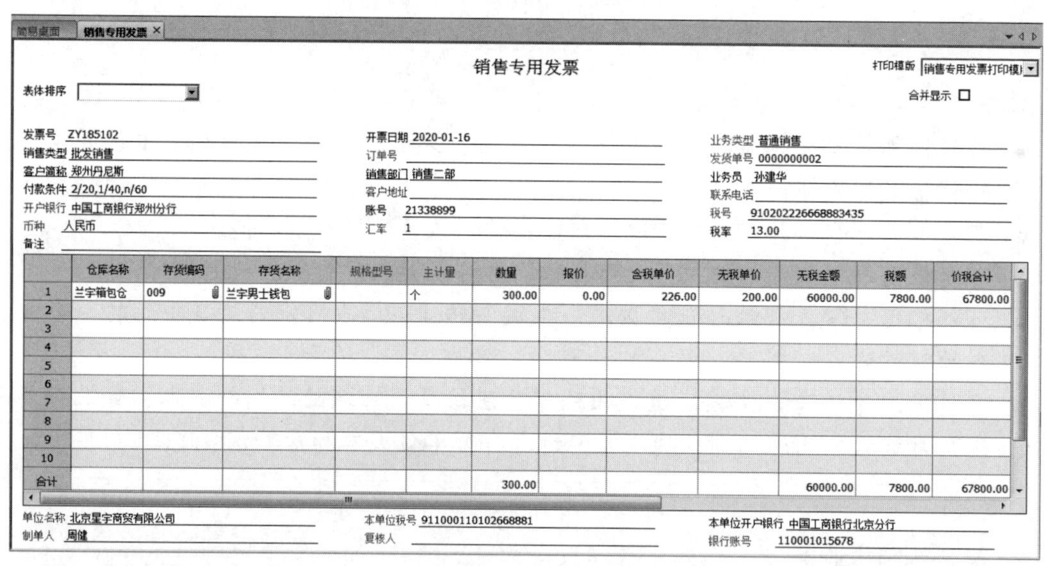

图 5-15　第 2 笔业务销售专用发票

⑤ 单击“复核”按钮，复核销售专用发票。

提示：

- 尚未复核的发票可以直接修改。已经复核的发票不能直接修改或删除。
- 已经复核的发票取消复核后，可以修改。单击“弃复”按钮，弃复成功后，单击“修改”按钮，修改信息确认后单击“保存”按钮。如果需要删除，取消复核成功后可以直接删除。

(2) 在应收款管理系统中审核销售专用发票并制单

操作步骤 (微课视频：sy05010202)

① 在应收款管理系统中，执行“应收单据处理”|“应收单据审核”命令，打开“应收单查询条件”对话框。

② 单击“确定”按钮，进入“单据处理”窗口。

③ 选择需要审核的应收单据，单击“审核”按钮，系统弹出“本次审核成功单据[1]张”信息提示对话框。单击“确定”按钮。

④ 执行“制单处理”命令，打开“制单查询”对话框。默认选中“发票制单”选项。单击“确定”按钮，进入“制单”窗口。

⑤ 选择凭证类别为“转账凭证”，单击“全选”按钮，选中要制单的记录。单击“制单”按钮，系统根据所选择的应收单自动生成转账凭证。单击“保存”按钮，系统显示“已生成”标志，如图5-16所示。

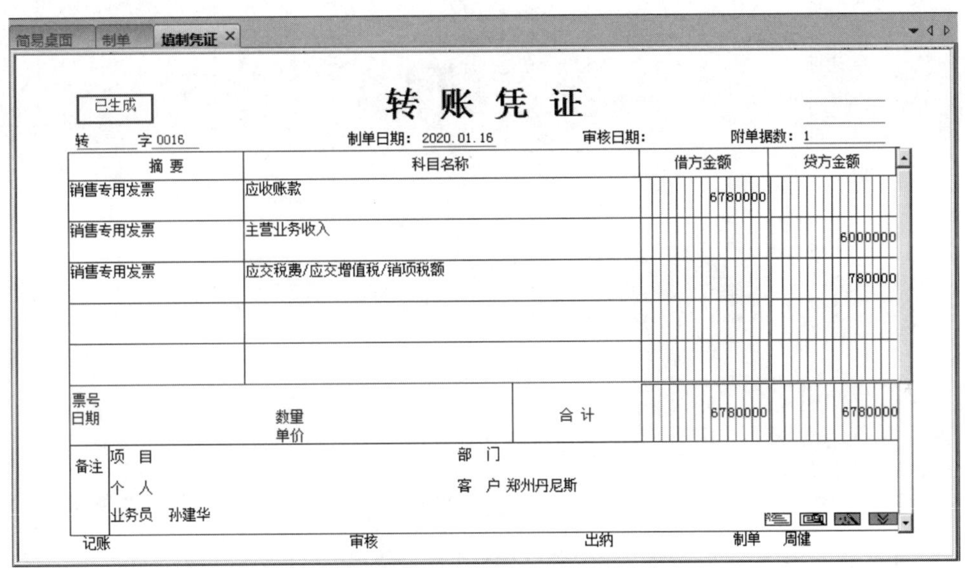

图5-16 根据发票生成转账凭证

提示：

- 可以在业务发生时立即制单，也可以月末批量制单。
- 如果制单日期不序时，则系统拒绝保存不序时的凭证。
- 如果要取消制单的序时控制，则启动总账系统，在其选项设置中取消“制单序时控制”选项。

3. 第3笔销售业务

本笔业务属于本期发生的业务，需要填制或生成报价单、销售订单、销售发货单、销售出库单、销售专用发票，进行代垫运费的处理；在应收款管理系统中审核应收单并制单。

第 3 笔业务处理流程如图 5-17 所示。

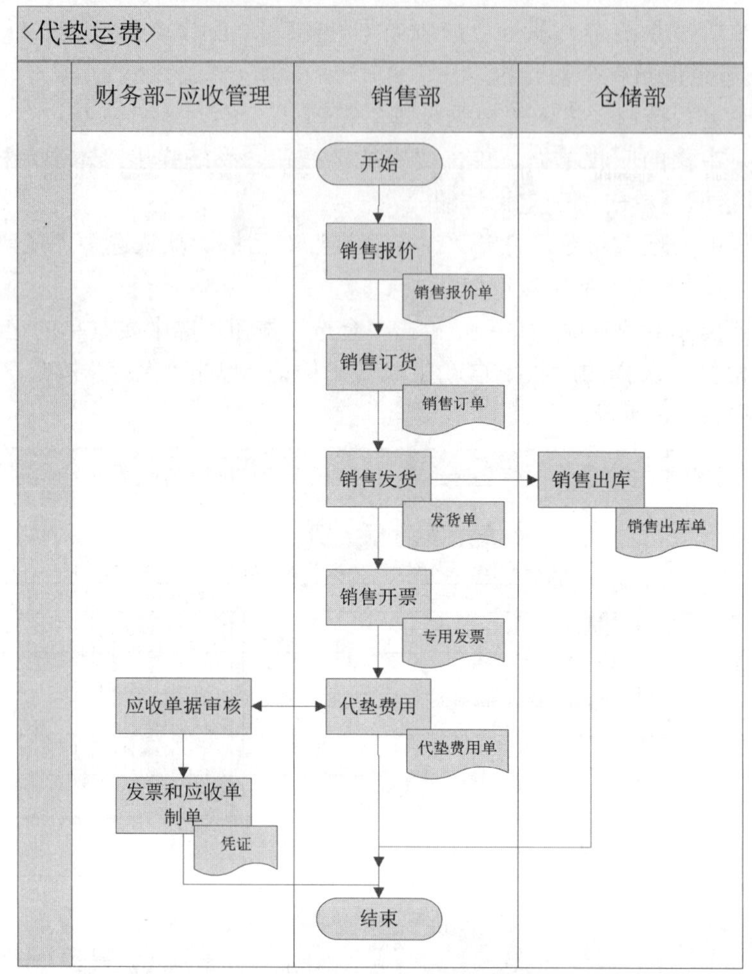

图 5-17　第 3 笔业务处理流程

(1) 销售报价

操作步骤　(微课视频：sy05010301)

① 在销售管理系统中，执行“销售报价”|“销售报价单”命令，进入“销售报价单”窗口。

② 单击“增加”按钮，输入表头信息。业务类型为“普通销售”，销售类型为“批发销售”，日期修改为“2020 年 1 月 16 日”，客户选择“青岛市华光百货公司”，税率为 13%。表体中的存货为“宏丰商务机”，数量 50 部，报价 4 300 元/部。单击“保存”按钮。

③ 单击“审核”按钮，如图 5-18 所示。

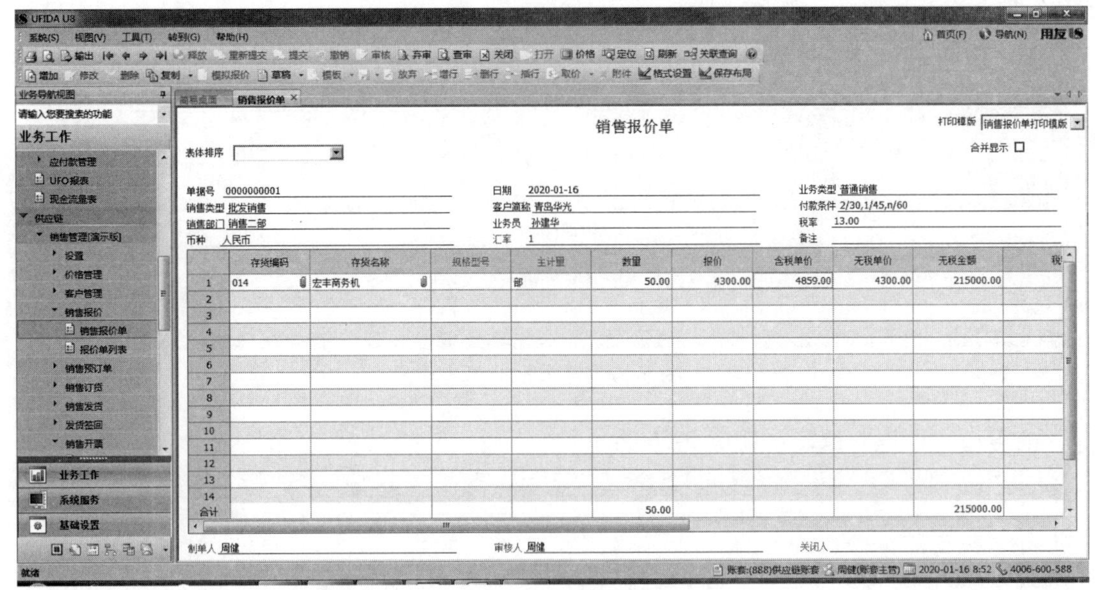

图 5-18 销售报价单

提示：

- 销售报价单只能手工输入。
- 销售报价单没有审核前，可以单击“修改”按钮进行修改；如果已经审核，则必须先取消审核，然后才能修改。
- 报价单被参照后与销售订单不建立关联，即使审核后也可以删除。
- 已经保存的报价单可以在报价单列表中查询，所选择报价单打开后，可以执行弃审、修改、删除等操作。

(2) 销售订货

操作步骤 (微课视频：sy05010302)

① 执行“销售订货”|“销售订单”命令，进入“销售订单”窗口。

② 单击“增加”按钮，单击“生单”按钮旁的下三角按钮打开列表，选择“报价”，打开“查询条件选择-订单参照报价单”对话框。单击“确定”按钮，进入“参照生单”窗口。

③ 双击选中 1 月 16 日的青岛市华光百货公司的报价单，如图 5-19 所示。单击“OK 确定”按钮。

④ 系统根据报价单自动生成一张销售订单。修改订单与报价单不一致的信息，数量为 45 部，无税单价为 4 200 元。单击“保存”按钮。

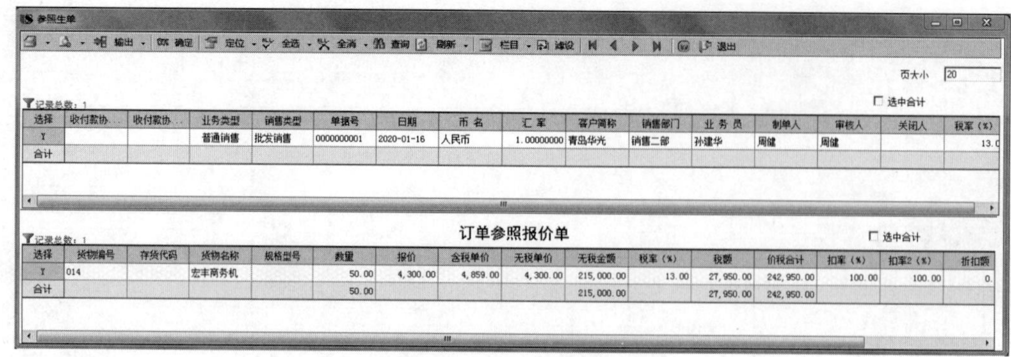

图 5-19　选择报价单

⑤ 单击“审核”按钮，如图 5-20 所示。

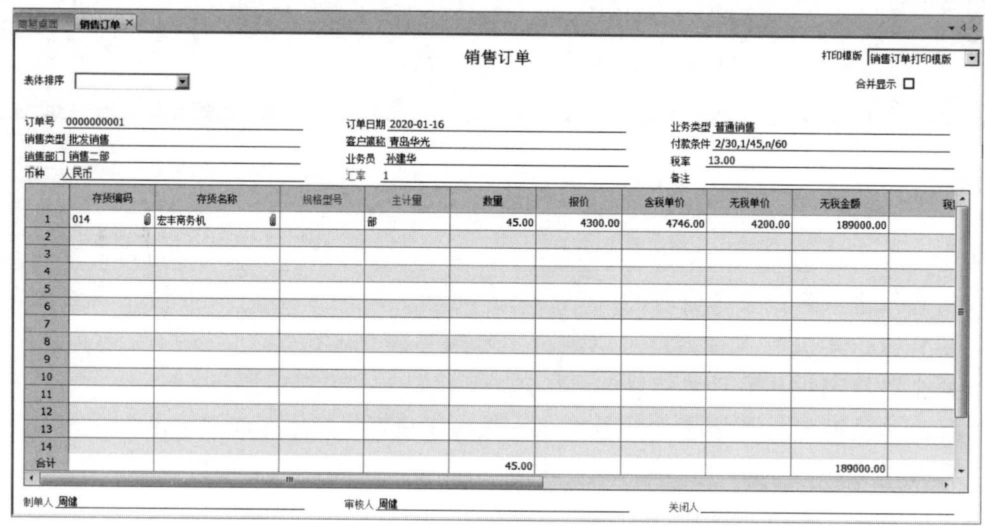

图 5-20　销售订单

提示：

- 销售订单可以手工输入，也可以根据销售报价单参照生成。
- 参照报价单生成的销售订单，所有从报价单带入的信息均可修改。同时还可以在销售订单上增行、删行。
- 已经保存的销售订单可以在订单列表中查询。没有被下游参照的订单可以在打开单据后执行弃审、修改、删除等操作。
- 已经审核的销售订单可以修改。在订单列表中，打开该销售订单，单击“变更”按钮，可以修改。

(3) 销售发货

操作步骤　(微课视频：sy05010303)

① 1 月 18 日，执行“销售发货”|“发货单”命令，进入“发货单”窗口。

② 单击“增加”按钮，打开“查询条件选择-参照订单”对话框。

③ 单击“确定”按钮，进入“参照生单”窗口。选择青岛市华光百货公司的订单，如图 5-21 所示。

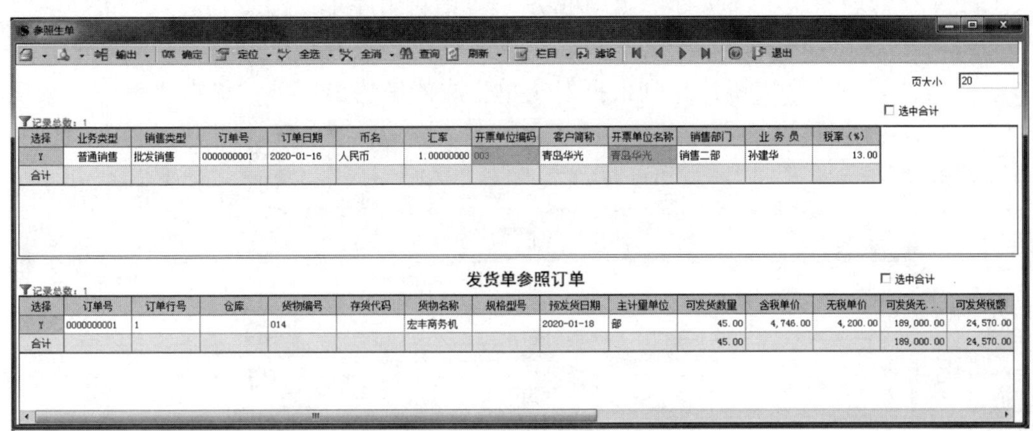

图 5-21　发货单参照订单

④ 单击“OK 确定”按钮，系统参照销售订单自动生成发货单。选择发货仓库为“手机仓”。单击“保存”按钮。

⑤ 单击“审核”按钮，如图5-22所示。关闭当前窗口。

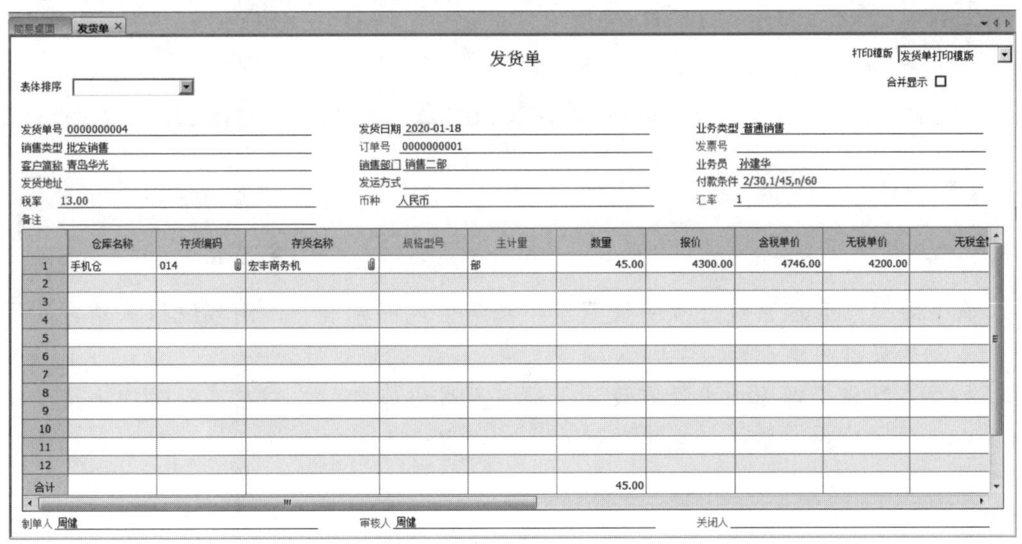

图 5-22　发货单

提示：

- 销售发货单可以手工输入，也可以参照销售订单生成。如果销售系统选项中设置了“普通销售必有订单”，则只能参照生成。
- 如果发货单等单据已经被下游单据参照，则不能直接修改、删除。如果需要修改或删除，则必须先删除下游单据，然后取消审核，再修改或删除。

(4) 销售出库

操作步骤 (微课视频：sy05010304)

① 在库存管理系统中，执行“出库业务”|“销售出库单”命令，进入“销售出库单”窗口。

② 单击“➡|”末张按钮，找到根据发货单生成的销售出库单。单击“审核”按钮，如图 5-23 所示。

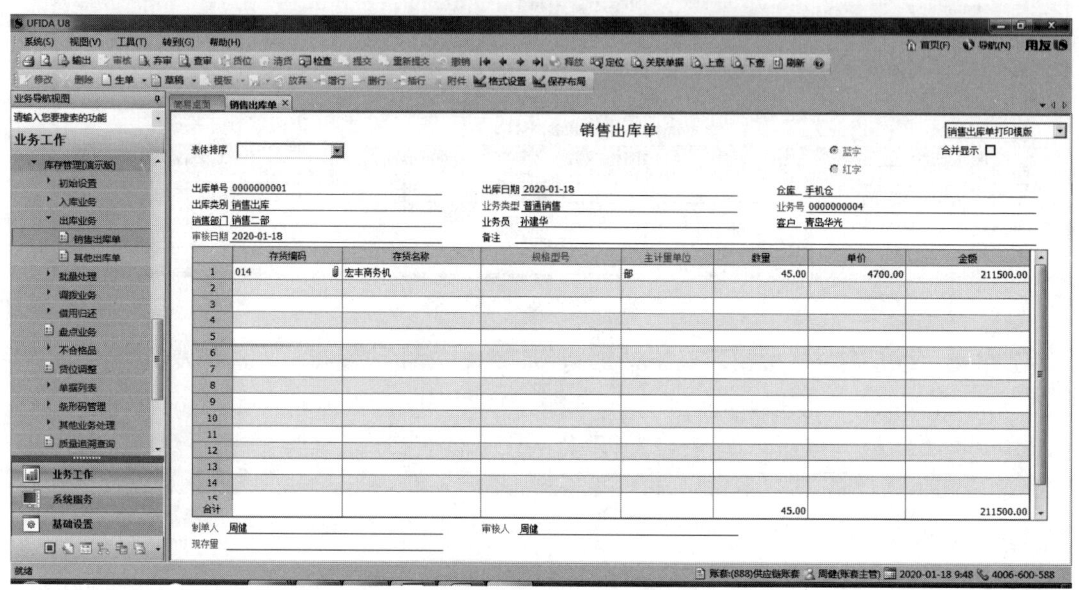

图 5-23 销售出库单

提示：

- 如果在销售管理系统选项中设置了“销售生成出库单”，则系统根据销售发货单自动生成出库单。
- 如果在销售管理选项中没有设置“销售生成出库单”，则在库存管理系统的销售出库单窗口中，单击“生单”按钮，系统显示出库单查询窗口。用户自行选择过滤单据生成销售出库单。
- 在库存管理系统中生成的销售出库单，可以在销售管理系统的账表查询中，通过联查单据查询到该销售出库单。
- 在由库存管理生单向销售管理生单切换时，如果有已审核的发货单、已复核的发票未在库存管理系统中生成销售出库单，将无法生成销售出库单。因此，应检查已审核/复核的销售单据是否已经全部生成销售出库单后再切换。
- 系统自动生成的销售出库单不能修改，可以直接审核。

(5) 销售开票

操作步骤 (微课视频：sy05010305)

① 在销售管理系统中，执行“销售开票”|“销售专用发票”命令，进入“销售专用发票”窗口。

② 单击“增加”按钮，系统自动弹出“查询条件选择-发票参照发货单”对话框。单击“确定”按钮，系统根据过滤条件显示符合条件的全部单据。

③ 双击要参照的单据的选择栏或单击“全选”按钮，出现“Y”表示选择成功。单击“OK 确定”按钮。

④ 系统自动生成一张销售专用发票。修改发票日期和发票号，单击“保存”按钮。

⑤ 单击“复核”按钮，复核销售专用发票。

⑥ 在销售专用发票界面单击“代垫”按钮或执行“代垫费用”|“代垫费用单”命令，进入“代垫费用单”窗口。

⑦ 输入代垫费用及其相关内容。单击“保存”按钮，再单击“审核”按钮，如图 5-24 所示。

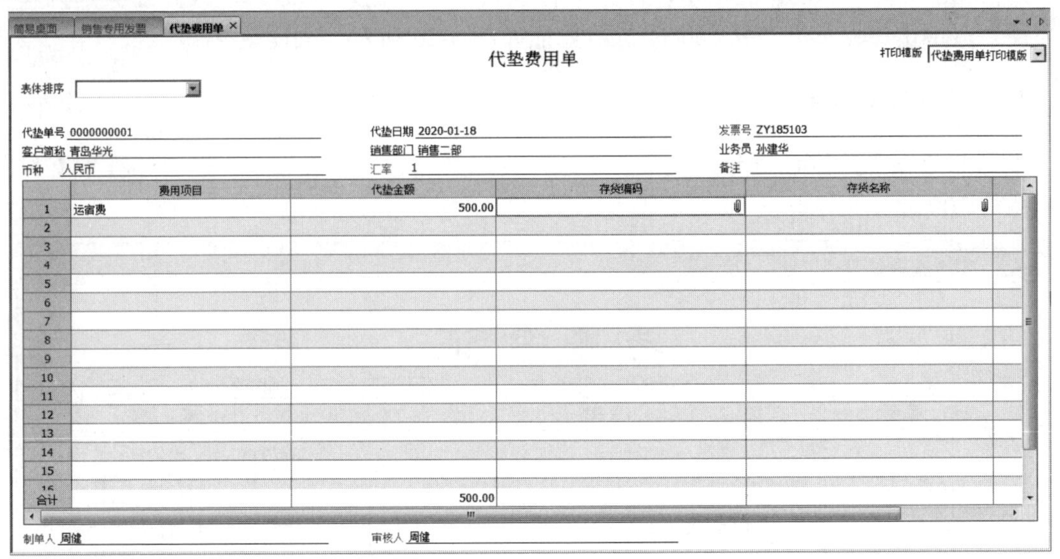

图 5-24 代垫费用单

提示：

- 代垫费用单可以在销售管理系统的专用发票窗口中，生成销售专用发票保存后，单击“代垫”按钮，调出“代垫费用单”窗口，输入“代垫费用单”。
- 代垫费用单也可以通过执行“销售管理”|“代垫费用”|“代垫费用单”命令进行输入。
- 代垫费用单保存后自动生成其他应收单并传递至应收款管理系统。
- 销售管理系统只能记录代垫费用，但不能对代垫费用制单。其凭证要在应收款管理系统审核代垫费用单后，才能制单。

(6) 应收款管理系统审核应收单并制单

操作步骤 (微课视频：sy05010306)

① 在应收款管理系统中，执行“应收单据处理”|“应收单据审核”命令，打开“应收单查询条件”对话框。

② 单击“确定”按钮。选择需要审核的销售专用发票和代垫费用形成的其他应收单。单击“审核”按钮，系统弹出“本次审核成功单据[2]张”信息提示对话框。单击“确定”按钮返回。

③ 执行“制单处理”命令，打开“制单查询”对话框。选择“发票制单”和“应收单制单”，单击“确定”按钮，进入“制单”窗口。

④ 单击“全选”按钮，在需要制单的两个记录前的“选择标志”栏分别显示1和2，表示选择1的单据生成一张凭证，选择2的单据生成另一张凭证。

⑤ 选择凭证类别为“转账凭证”，单击“制单”按钮，系统自动生成第一张转账凭证，单击“保存”按钮，系统显示“已生成”标志，如图5-25所示。

⑥ 单击“➡”下张凭证按钮，在第2行科目名称栏输入1001，修改凭证类别为“付款凭证”，单击“保存”按钮，生成付款凭证如图5-26所示。关闭返回。

4. 第4笔销售业务

本笔业务属于一次订货分批发货，并分存货开具销售专用发票，在销售过程中支付业务招待费300元。

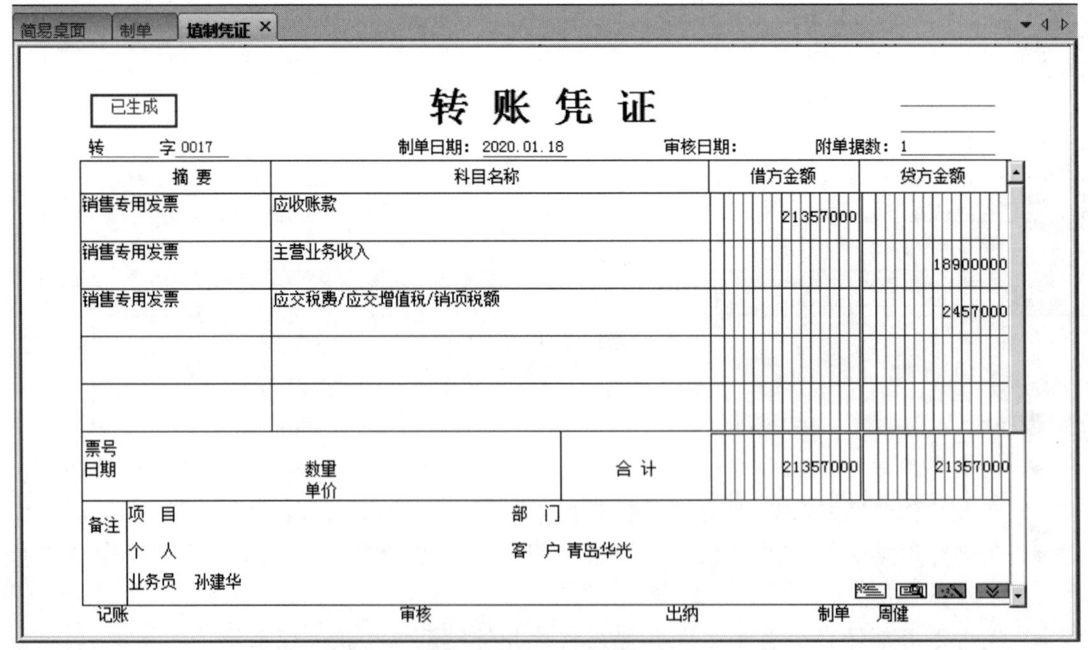

摘要	科目名称	借方金额	贷方金额
销售专用发票	应收账款	21357000	
销售专用发票	主营业务收入		18900000
销售专用发票	应交税费/应交增值税/销项税额		2457000
票号 日期	数量 单价 合计	21357000	21357000

图5-25 根据销售专用发票生成转账凭证

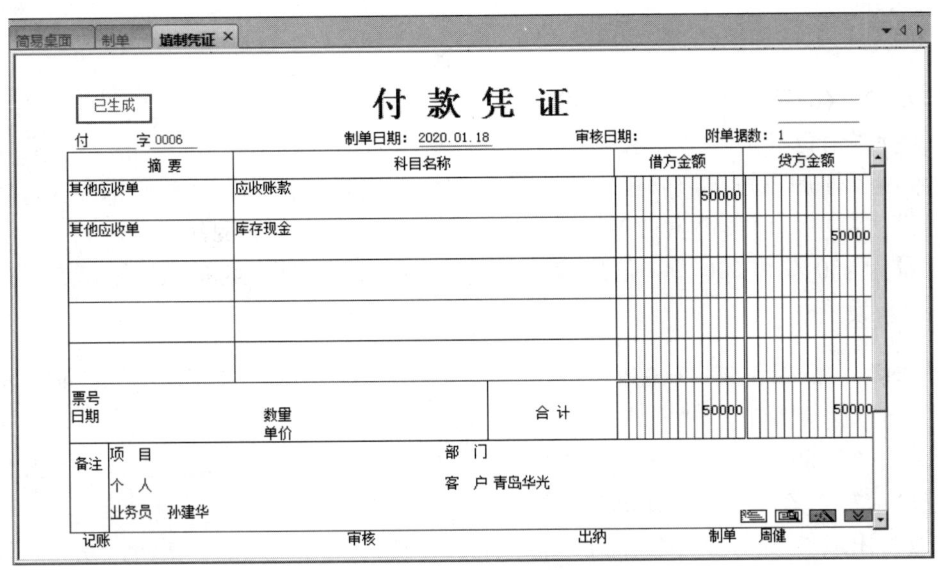

图 5-26 代垫费用生成付款凭证

(1) 销售报价

操作步骤 (微课视频：sy05010401)

① 在销售管理系统中，执行“销售报价”|“销售报价单”命令，进入“销售报价单”窗口。

② 单击“增加”按钮，输入表头信息。业务类型为“普通销售”，销售类型为“批发销售”，日期修改为“2020 年 1 月 16 日”，客户为“北京燕莎百货公司”。表体中的存货为“明辉女正装鞋”，数量 100 双，报价 500 元/双；明辉女休闲鞋 400 双，报价 650 元/双。输入完毕，单击“保存”按钮，再单击“审核”按钮，如图 5-27 所示。

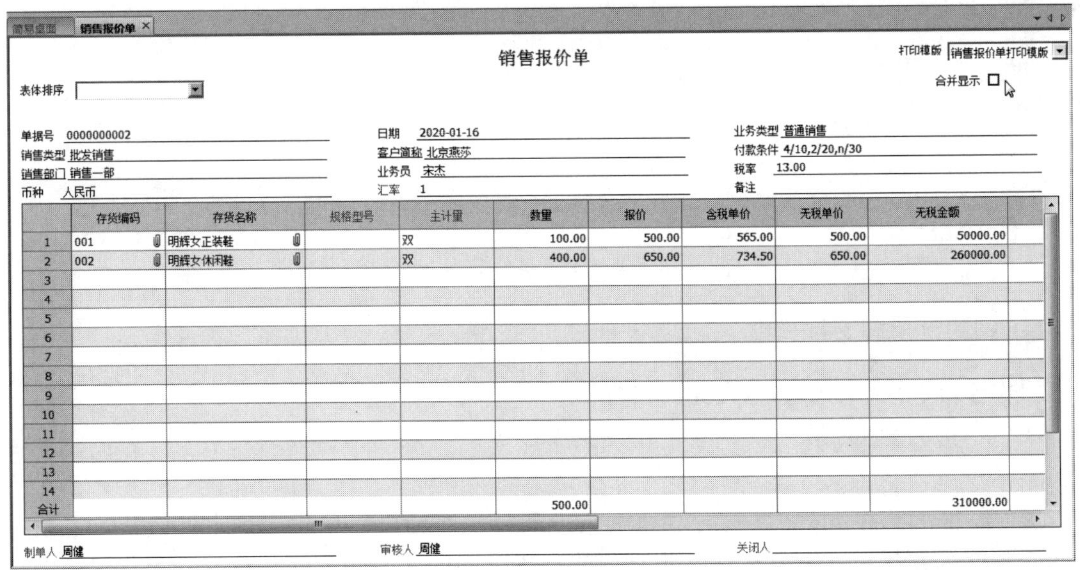

图 5-27 销售报价单

(2) 销售订货

操作步骤　(微课视频：sy05010402)

① 执行“销售订货”|“销售订单”命令，进入“销售订单”窗口。

② 单击“增加”按钮，再单击“生单”按钮，选择“报价”，参照报价单生成销售订单，修改销售订单日期为 17 日，分别修改女正装鞋和女休闲鞋的数量为 150 双和 500 双。信息确认后单击“保存”按钮，再单击“审核”按钮。

(3) 销售发货

操作步骤　(微课视频：sy05010403)

① 执行“销售发货”|“发货单”命令，进入“发货单”窗口。

② 单击“增加”按钮，系统弹出“参照生单”窗口。单击“确定”按钮，系统显示符合条件的销售订单。

③ 双击出现 Y 表示选中销售订单和相应的存货。单击“确定”按钮，系统自动参照销售订单生成销售发货单，修改发货日期为 18 日，输入发货仓库为“明辉鞋仓”，分别修改明辉女正装鞋数量为 100 双和明辉女休闲鞋数量为 100 双。单击“保存”按钮，再单击“审核”按钮，如图 5-28 所示。关闭“发货单”窗口。

简易桌面　发货单

发货单

打印模版 发货单打印模版

表体排序

合并显示

发货单号 0000000005　发货日期 2020-01-18　业务类型 普通销售

销售类型 批发销售　订单号 0000000002　发票号

客户简称 北京燕莎　销售部门 销售一部　业务员 宋杰

发货地址　发运方式　付款条件 4/10,2/20,n/30

税率 13.00　币种 人民币　汇率 1

备注

	仓库名称	存货编码	存货名称	规格型号	主计量	数量	报价	含税单价	无税单价	无税金
1	明辉鞋仓	001	明辉女正装鞋		双	100.00	500.00	565.00	500.00	
2	明辉鞋仓	002	明辉女休闲鞋		双	100.00	650.00	734.50	650.00	
3										
4										
5										
6										
7										
8										
9										
10										
11										
12										
合计						200.00				

制单人 周健　审核人 周健　关闭人

图 5-28　第 4 笔业务销售发货单

(4) 销售开票和支付费用

操作步骤　(微课视频：sy05010404)

① 执行“销售开票”|“销售专用发票”命令，进入“销售专用发票”窗口。

② 单击“增加”按钮，打开“查询条件选择”对话框。单击“确定”按钮，系统显示符合条件的发货单，选中客户为北京燕莎百货公司的发货单，同时在下方存货记录中选择女休闲鞋，如图 5-29 所示。

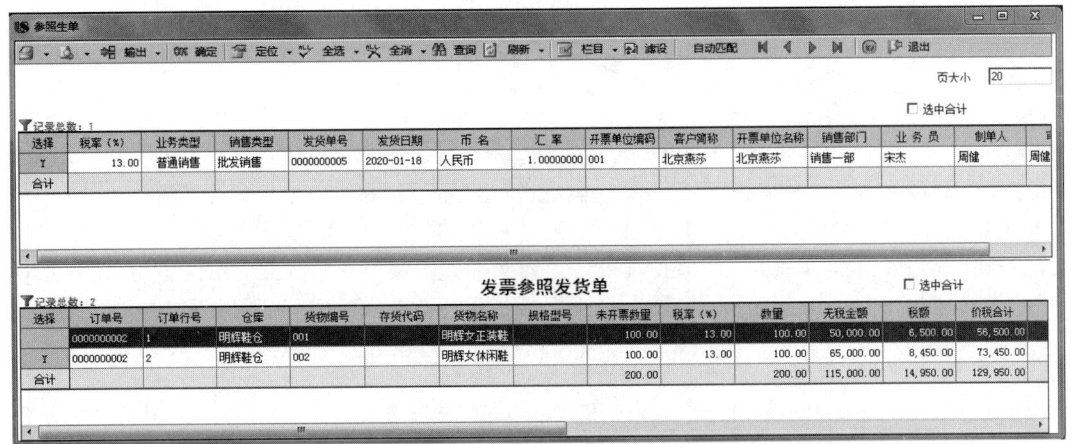

图 5-29　选中部分存货开具发票

③ 单击“OK 确定”按钮，系统自动生成女休闲鞋销售专用发票。修改日期和发票号，单击“保存”按钮。

④ 单击“现结”按钮，在结算窗口输入结算方式、结算金额等信息，单击“确定”按钮。最后单击“复核”按钮，确认并保存该专用发票，如图 5-30 所示。

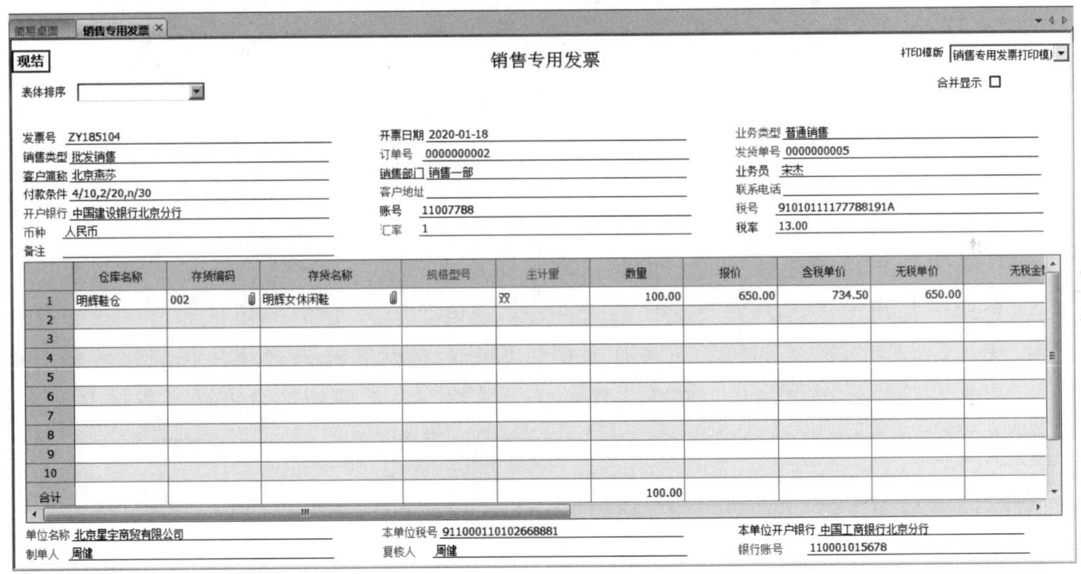

图 5-30　拆单销售发票 1

⑤ 单击“增加”按钮，选择发货单中的女正装鞋存货生成销售专用发票，补充录入发票号，单击“保存”按钮，再单击“复核”按钮。

⑥ 单击“支出”按钮，进入“销售费用支出单”窗口。输入支付的业务招待费信息，依次单击“保存”“审核”按钮，如图 5-31 所示。关闭并返回销售发票界面。

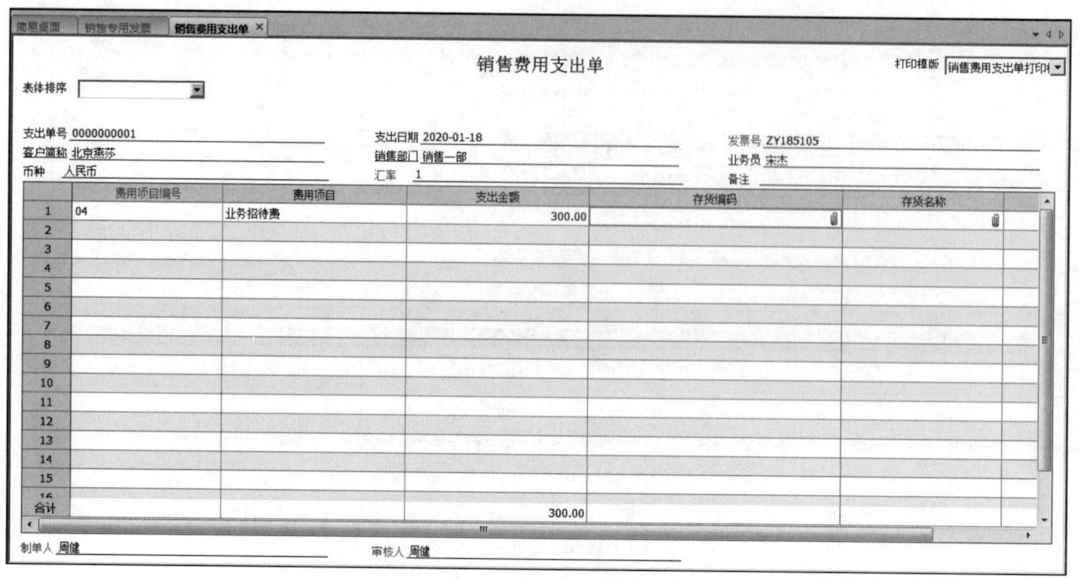

图 5-31　第 4 笔业务销售支出单

提示：

- 销售支出单可以在发票界面直接单击“支出”按钮，在销售费用支出窗口输入支付的各项费用后生成。注意，输入时在费用项目处先选择费用项目，系统自动带出费用项目编码。
- 销售支出单也可以在销售系统中通过执行“销售支出”|“销售支出单”命令输入费用支出信息。
- 销售支出单用于记录随货物销售所发生的为客户支付的业务执行费，目的在于让企业掌握用于某客户费用支出的情况，以及承担这些费用的销售部门或业务员的情况，作为对销售部门或业务员的销售费用和经营业绩的考核依据。销售费用支出单在销售管理中仅作为销售费用的统计单据，与其他产品没有传递或关联关系。

(5) 审核应收单据并制单

操作步骤　(微课视频：sy05010405)

① 在应收款管理系统中，执行“应收单据处理”|“应收单据审核”命令，对北京燕莎百货的两张销售专用发票进行审核。

提示：

其中一张为现结发票。

② 执行“制单处理”命令，选中“发票制单”和“现结制单”，生成转账凭证和收款凭证，如图 5-32 和图 5-33 所示。

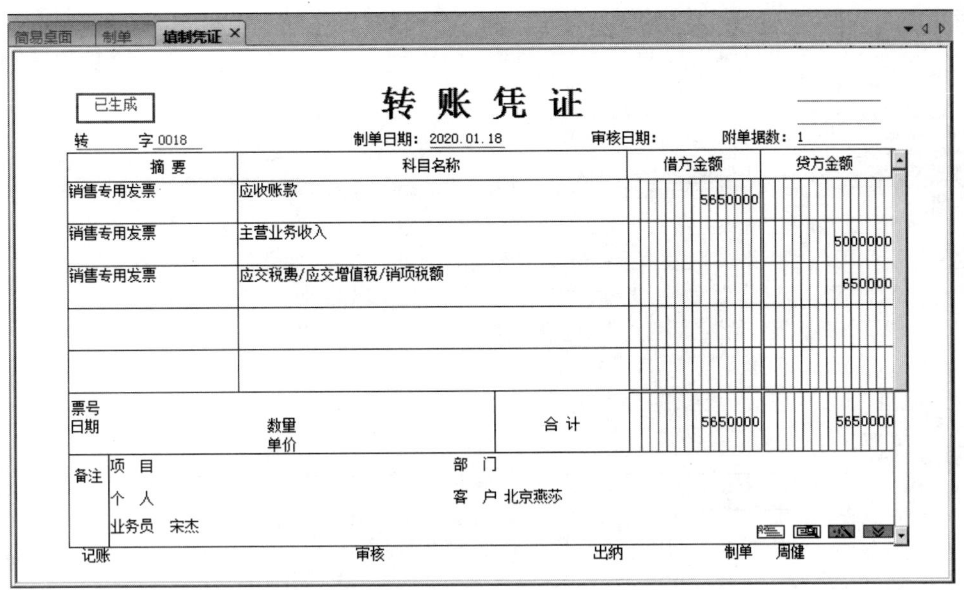

简易桌面 制单 填制凭证

已生成

转 账 凭 证

转 字 0018 制单日期：2020.01.18 审核日期： 附单据数：1

摘 要	科目名称	借方金额	贷方金额
销售专用发票	应收账款	5650000	
销售专用发票	主营业务收入		5000000
销售专用发票	应交税费/应交增值税/销项税额		650000
票号 日期	数量 单价 合 计	5650000	5650000

备注 项 目 部 门
个 人 客 户 北京燕莎
业务员 宋杰

记账 审核 出纳 制单 周健

图 5-32 发票制单

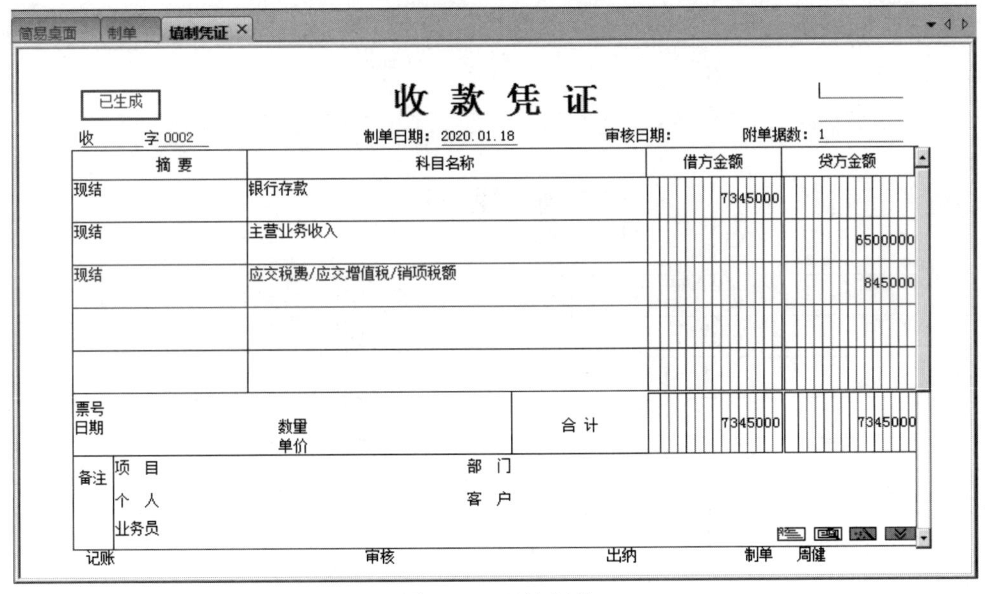

简易桌面 制单 填制凭证

已生成

收 款 凭 证

收 字 0002 制单日期：2020.01.18 审核日期： 附单据数：1

摘 要	科目名称	借方金额	贷方金额
现结	银行存款	7345000	
现结	主营业务收入		6500000
现结	应交税费/应交增值税/销项税额		845000
票号 日期	数量 单价 合 计	7345000	7345000

备注 项 目 部 门
个 人 客 户
业务员

记账 审核 出纳 制单 周健

图 5-33 现结制单

(6) 销售出库结转销售成本

操作步骤 (微课视频：sy05010406)

① 在库存管理系统中，执行“出库业务”|“销售出库单”命令，进入销售出库单窗口。单击“➡|”末张按钮，找到系统根据发货单自动生成的销售出库单，单击“审核”按钮，如图 5-34 所示。

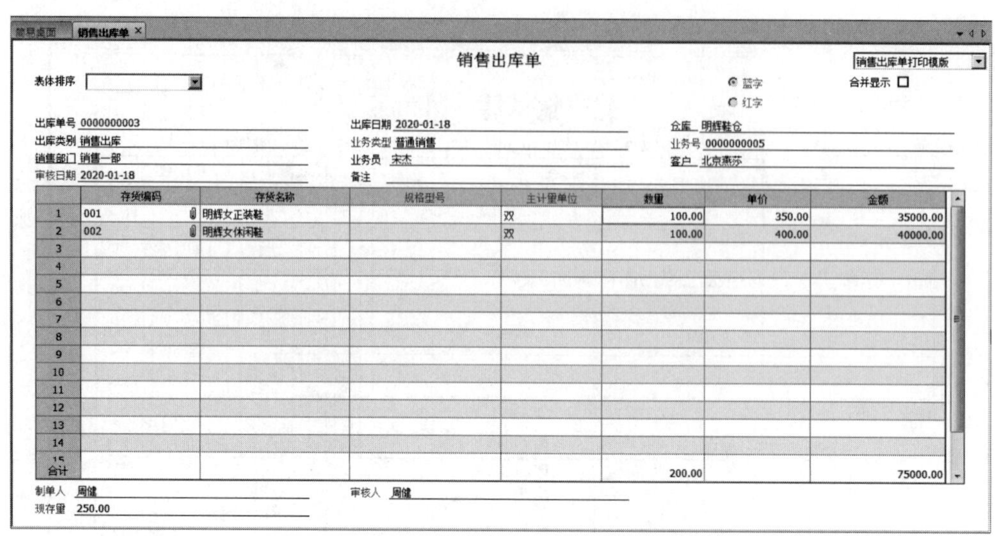

图 5-34　第 4 笔业务销售出库单

② 在存货核算系统中，执行“业务核算”|“正常单据记账”命令，对本业务销售专用发票进行记账。

③ 执行“财务核算”|“生成凭证”命令，针对本业务发票合并制单，生成转账凭证，如图 5-35 所示。

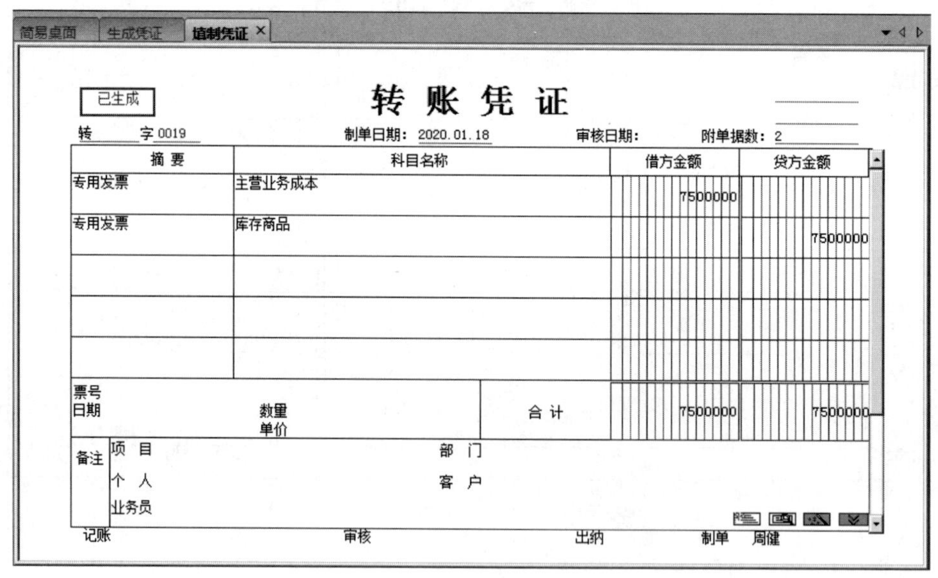

图 5-35　结转销售成本凭证

提示：

存货核算系统制单时单击“生成”按钮表示每张销售出库单分别生成记账凭证，单击“合成”按钮表示多张销售出库单合并生成一张记账凭证。

5. 账套输出

全部完成后，将账套输出至“5-1 普通销售业务一”文件夹中。

实验二 普通销售业务(二)

实验准备

已经完成第 5 章实验一的操作，或者引入“5-1 普通销售业务一”账套备份数据。以 111 操作员(密码为 1)的身份登录 888 账套进行销售业务处理。

实验内容

本实验业务均为先开票后发货(开票直接发货)普通销售业务。

- 一次开票全部出库
- 一次开票分批出库

实验资料

1. 开票直接发货

1 月 20 日，北京燕莎百货公司派采购员到本公司订购女凉鞋 100 双，经协商，双方商定的无税单价为 400 元，本公司开具销售专用发票(ZY185201)，同时收到对方的转账支票(ZZ0011278)，金额 46 800 元。采购员当日提货(明辉鞋仓)。

2. 一次开票分批出库

1 月 20 日，上海明兴贸易公司采购员到本公司采购兰宇男士钱包 300 个，双方协商无税单价为 200 元，本公司立即开具销售专用发票(ZY185202)，于 20 日和 22 日分两批出库(兰宇箱包仓)，每次提货 150 个。

3. 开票直接发货，确认出库成本

1 月 22 日，郑州丹尼斯百货公司有意向本公司订购女休闲鞋 200 双，经双方协商，以无税单价 650 元成交。22 日收到对方的电汇(DH001899)，本公司当即开具销售专用发票(ZY185203)。

1 月 22 日，给郑州丹尼斯百货公司发货(明辉鞋仓)，确认明辉女休闲鞋出库成本。

4. 开票部分发货

1 月 22 日，青岛市华光百货公司向本公司订购男休闲鞋 100 双、男凉鞋 100 双。双方协商订购价为男休闲鞋 650 元，男凉鞋 450 元。本公司于 22 日开具销售专用发票(ZY185204)，对方于当日提男休闲鞋 100 双，男凉鞋尚未提货。

实验指导

普通销售业务(二)主要是开票直接发货或者先开票后发货的销售业务，这两类业务都可以直接开具发票，系统根据发票自动生成发货单，并根据发货单参照生成销售出库单。这两类业务可以是现销业务，也可以是赊销业务。如果存货采用先进先出法核算，也可以随时结转销售成本。

普通销售业务(二)需要直接由手工开具发票，因此，必须将销售管理系统的“普通销售必有订单”选项取消，同时取消库存管理系统的“销售生成出库单”选项，即可手工开具销售发票。

1. 第 1 笔销售业务

本笔业务属于开票直接发货的普通销售业务，可以直接开具销售专用发票，由销售发票生成销售发货单、销售出库单，确认收入、收取价税款。

(1) 设置销售选项

操作步骤 (微课视频：sy05020101)

① 在销售管理系统中，执行“设置”|“销售选项”命令，打开“销售选项”对话框。

② 取消“销售生成出库单”选中标记，如图 5-36 所示。

图 5-36 修改销售选项—取消“销售生成出库单”

③ 单击“确定”按钮。

(2) 销售开票并现结

操作步骤　(微课视频：sy05020102)

① 执行“销售开票”|“销售专用发票”命令，进入“销售专用发票”窗口。

② 单击“增加”按钮，打开“发票参照发货单”对话框，单击“取消”按钮，关闭该对话框，进入“销售专用发票”窗口。

③ 手工输入发票的表头和表体信息：业务类型为“普通销售”，销售类型为“批发销售”，客户为“001 北京燕莎百货公司”，开票日期为 2020 年 1 月 20 日，发票号为 ZY185201；明辉鞋仓女凉鞋 100 双，无税单价 400 元。全部信息输入后，单击“保存”按钮。

④ 单击“现结”按钮，打开“现结”窗口，输入结算方式为“转账支票”(ZZ0011278)，全额支付。

⑤ 单击“确定”按钮。发票上自动显示“现结”标志，单击“复核”按钮，如图 5-37 所示。

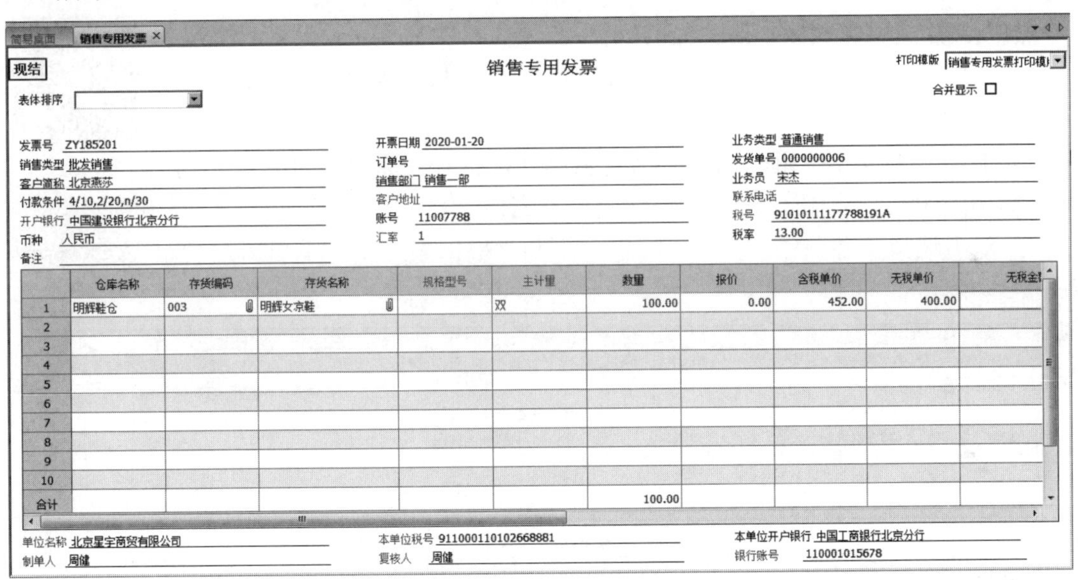

图 5-37　手工输入销售专用发票并现结、复核

(3) 在销售管理系统中查看销售发货单

操作步骤　(微课视频：sy05020103)

① 执行“销售发货”|“发货单”命令，进入“发货单”窗口。

② 单击“➡|”末张按钮，系统根据复核后的销售专用发票，自动生成一张已经审核的销售发货单，如图 5-38 所示。

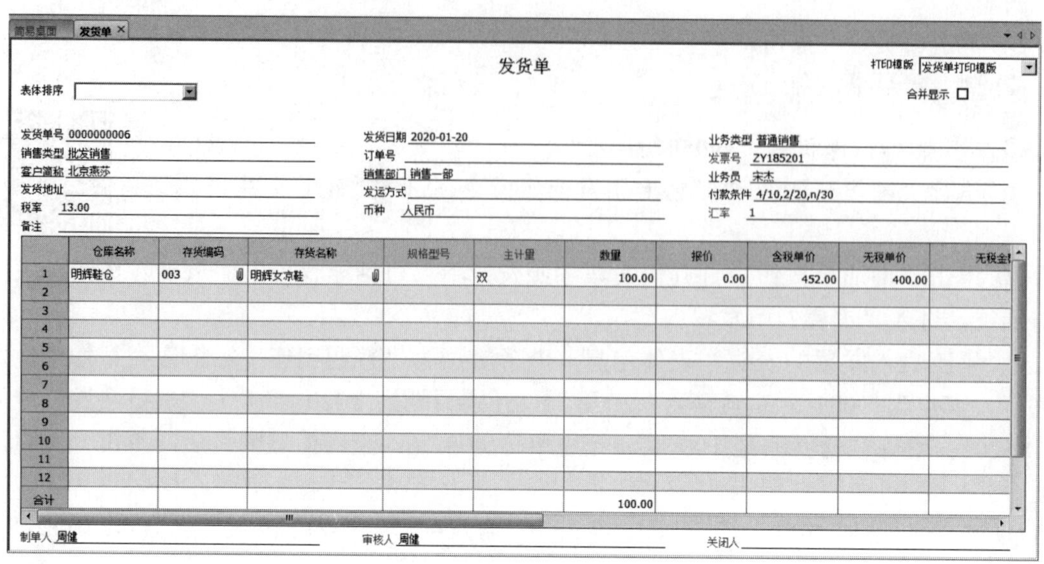

图 5-38 根据销售发票生成的发货单

(4) 在库存管理系统中根据发货单生成销售出库单

操作步骤 (微课视频：sy05020104)

① 在库存管理系统中，执行“出库业务”|“销售出库单”命令，进入“销售出库单”窗口。

② 单击“生单”按钮，选择“销售生单”，打开“查询条件选择”对话框。单击“确定”按钮，进入“销售生单”窗口。

③ 双击选择要参照的发货单，取消右上角“根据累计出库单更新发货单”选中标记，如图 5-39 所示。

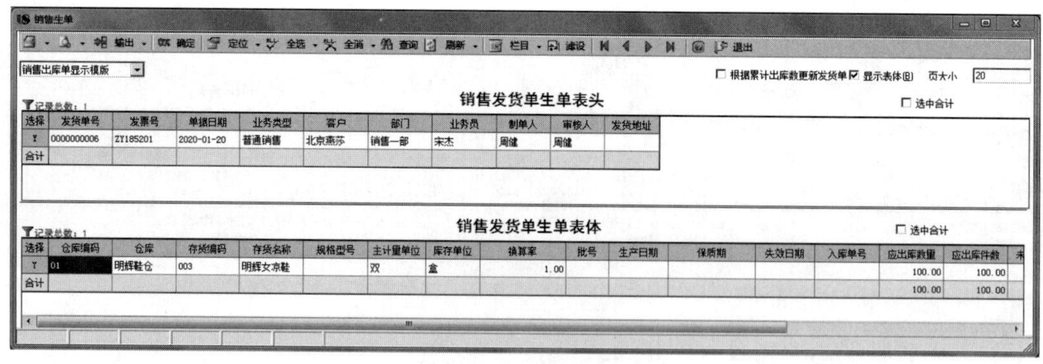

图 5-39 销售生单

④ 单击“OK 确定”按钮，系统根据选择的发货单生成一张未保存的销售出库单。单击“保存”按钮，再单击“审核”按钮，如图 5-40 所示。

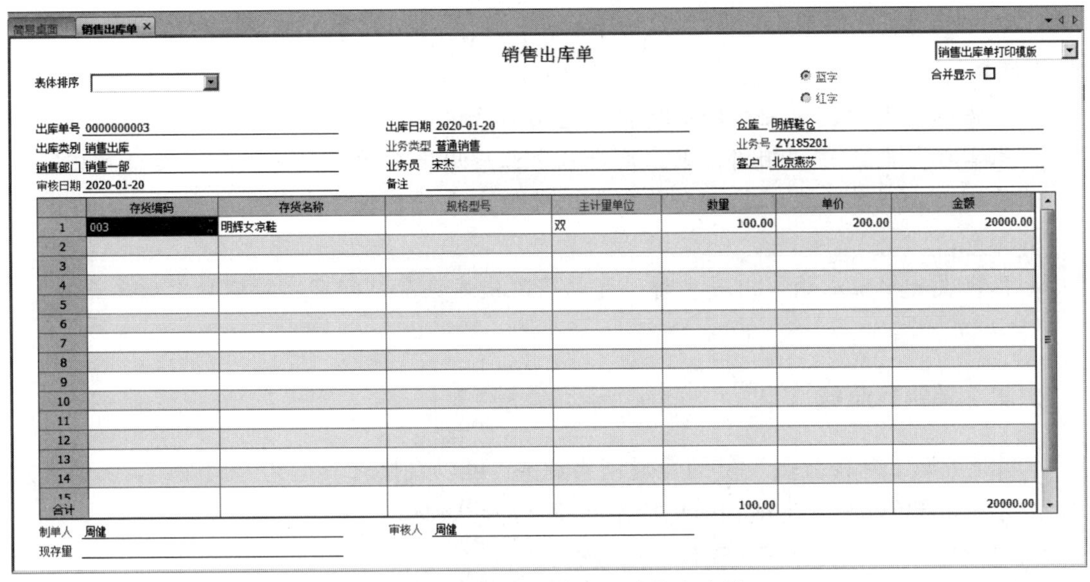

简易桌面　销售出库单

销售出库单

销售出库单打印模版

表体排序

◉ 蓝字　○ 红字　合并显示 □

出库单号 0000000003　出库日期 2020-01-20　仓库 明辉鞋仓

出库类别 销售出库　业务类型 普通销售　业务号 ZY185201

销售部门 销售一部　业务员 宋杰　客户 北京燕莎

审核日期 2020-01-20　备注

	存货编码	存货名称	规格型号	主计量单位	数量	单价	金额
1	003	明辉女凉鞋		双	100.00	200.00	20000.00
合计					100.00		20000.00

制单人 周健　审核人 周健

现存量

图 5-40　根据发货单生成销售出库单

(5) 在应收款管理系统审核销售专用发票并制单

操作步骤　(微课视频：sy05020105)

① 在应收款管理系统中，执行“应收单据处理”|“应收单据审核”命令，对已现结发票进行审核。

② 执行“制单处理”命令，选择“现结制单”，生成收款凭证，如图 5-41 所示。

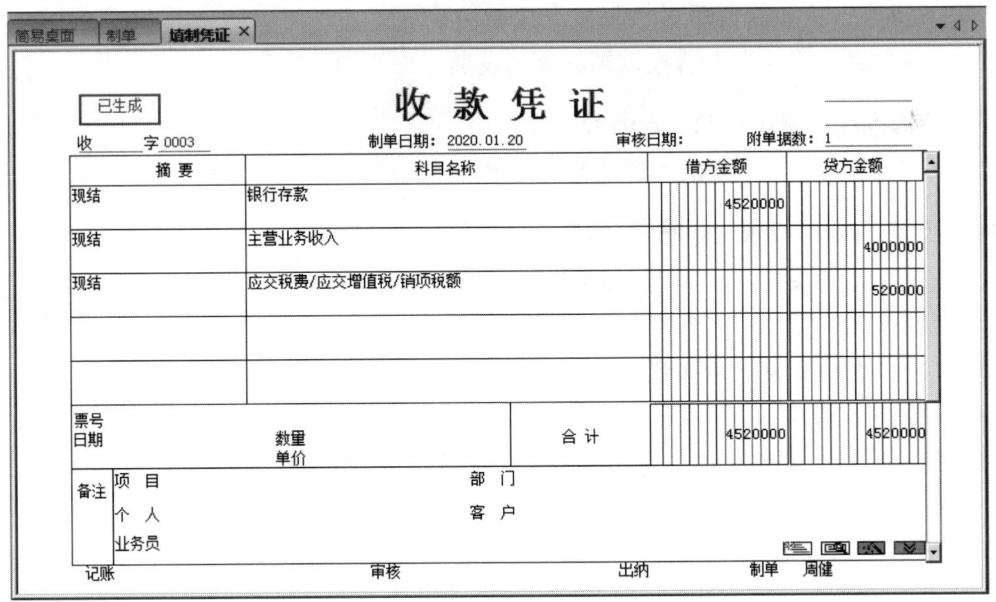

简易桌面　制单　填制凭证

已生成

收款凭证

收　字 0003　制单日期：2020.01.20　审核日期：　附单据数：1

摘要	科目名称	借方金额	贷方金额
现结	银行存款	4520000	
现结	主营业务收入		4000000
现结	应交税费/应交增值税/销项税额		520000
票号 日期　数量 单价	合计	4520000	4520000

备注　项目　部门

个人　客户

业务员

记账　审核　出纳　制单 周健

图 5-41　现结制单

提示：

- 根据销售专用发票生成的发货单信息不能修改，发货单日期为操作业务日期。如果需要与发票日期相同，则注册进入企业应用平台的日期应该与发票日期相同，否则，发货单日期不等于发票日期。其他由系统自动生成的单据或凭证日期也是如此。
- 根据发货单生成销售出库单时，可以修改出库数量，即可以处理分次出库业务。

2. 第 2 笔销售业务

本笔业务属于开票直接发货的普通销售业务，可以直接开具销售专用发票，由销售发票生成销售发货单，分次生成销售出库单，确认应收账款。

(1) 在销售管理系统中开具销售专用发票

操作步骤　(微课视频：sy05020201)

① 在销售管理系统中，执行“销售开票”|“销售专用发票”命令，进入“销售专用发票”窗口。

② 单击“增加”按钮，关闭“选择发货单”对话框。手工输入发票的表头和表体信息：发票号为 ZY185202，业务类型为“普通销售”，销售类型为“批发销售”，客户为“上海明兴贸易公司”；兰宇箱包仓男士钱包 300 个，无税单价 200 元。全部信息输入后，单击“保存”按钮，再单击“复核”按钮。

(2) 在销售管理系统中查看根据销售专用发票生成的销售发货单

操作步骤(略)　(微课视频：sy05020202)

(3) 在库存管理系统中分批生成销售出库单

操作步骤　(微课视频：sy05020203)

① 在库存管理系统中，执行“出库业务”|“销售出库单”命令，进入“销售出库单”窗口。

② 单击“生单”下三角按钮，选中“销售生单”，参照发货单生成一张未保存的销售出库单。

③ 修改出库数量为 150。单击“保存”按钮，再单击“审核”按钮，如图 5-42 所示。

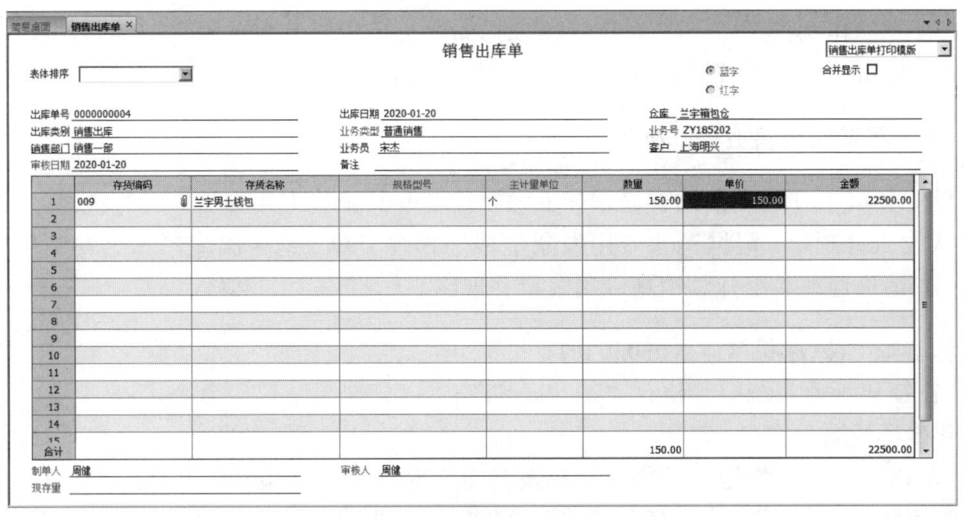

图 5-42　分次生成销售出库单

(4) 在应收款管理系统中审核应收单据并制单

操作步骤　(微课视频：sy05020204)

① 启动应收款管理系统，执行“应收单据处理”|“应收单据审核”命令，审核销售专用发票。

② 执行“制单处理”命令，选择“发票制单”，生成转账凭证，然后单击“保存”按钮。

(5) 在库存管理系统第2次出库

操作步骤 (微课视频：sy05020205)

① 22日，在库存管理系统中，执行“出库业务”|“销售出库单”命令，进入“销售出库单”窗口。

② 单击“生单”按钮，选择“销售生单”，打开“查询条件选择”对话框。单击“确定”按钮，进入“销售生单”窗口。

③ 选中要参照的发货单，发货单表体记录中的存货未出库数量为150，如图5-43所示。

销售生单

销售发货单生单表头

选择	发货单号	发票号	单据日期	业务类型	客户	部门	业务员	制单人	审核人	发货地址
Y	0000000007	ZY185202	2020-01-20	普通销售	上海明兴	销售一部	宋杰	周健	周健	
合计										

销售发货单生单表体

选择	仓库编码	仓库	存货编码	存货名称	规格型号	主计量单位	库存单位	换算率	批号	生产日期	保质期	失效日期	入库单号	应出库数量	应出库件数	未出库数量
Y	02	兰宇箱包仓	009	兰宇男士钱包		个	包	10.00						300.00	30.00	150.00
合计														300.00	30.00	150.00

图 5-43　第2次出库参照发货单

④ 单击“OK 确定”按钮，系统根据选择的发货单生成一张未保存的销售出库单，数量为 150。单击“保存”按钮，再单击“审核”按钮。

3. 第 3 笔普通销售业务的处理

本笔业务属于开票现销的普通销售业务，需要开具销售专用发票，进行现结，根据应收单确认收入并制单。根据销售专用发票生成销售发货单、销售出库单和结转销售成本。

(1) 在销售管理系统开具销售专用发票并现结

操作步骤　(微课视频：sy05020301)

① 在销售管理系统中，执行“销售开票”|“销售专用发票”命令，进入“销售专用发票”窗口。

② 单击“增加”按钮，关闭“选择发货单”对话框。手工输入发票的表头和表体信息：业务类型为“普通销售”，销售类型为“批发销售”，客户为“郑州丹尼斯百货公司”，开票日期为 2020 年 1 月 22 日，发票号为 ZY185203；明辉鞋仓女休闲鞋 200 双，无税单价 650 元。全部信息输入后，单击“保存”按钮。

③ 单击“现结”按钮，打开“现结”窗口，输入结算方式为“电汇”(DH001899)，结算金额为 146 900 元，输入完毕，单击“确定”按钮。

④ 发票上自动显示“现结”字样，单击“复核”按钮，如图 5-44 所示。

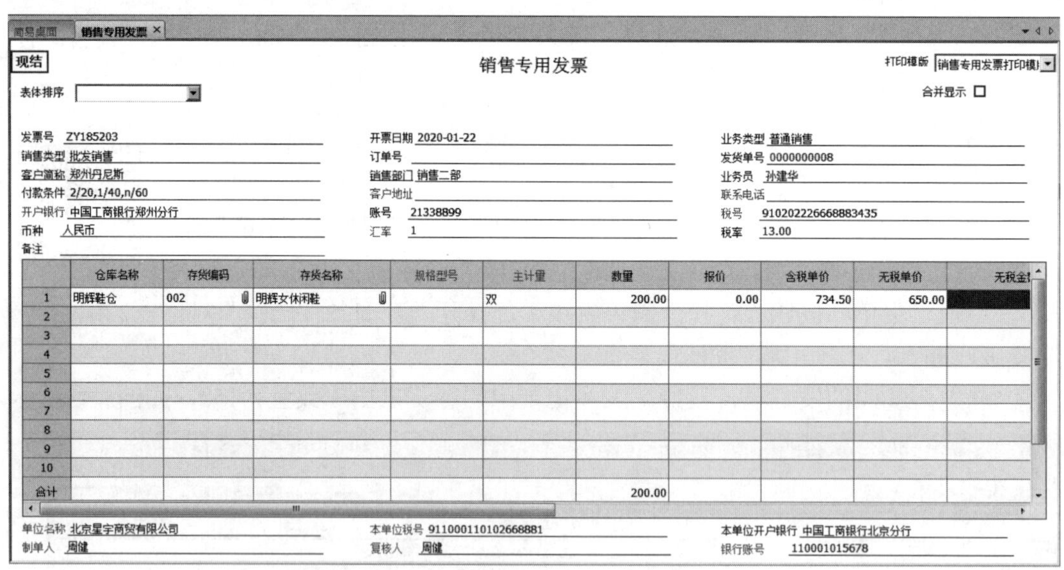

简易桌面　销售专用发票

现结

销售专用发票

打印模版 销售专用发票打印模

表体排序

合并显示 □

发票号 ZY185203　　开票日期 2020-01-22　　业务类型 普通销售
销售类型 批发销售　　订单号　　发货单号 0000000008
客户简称 郑州丹尼斯　　销售部门 销售二部　　业务员 孙建华
付款条件 2/20,1/40,n/60　　客户地址　　联系电话
开户银行 中国工商银行郑州分行　　账号 21338899　　税号 910202226668883435
币种 人民币　　汇率 1　　税率 13.00
备注

	仓库名称	存货编码	存货名称	规格型号	主计量	数量	报价	含税单价	无税单价	无税金
1	明辉鞋仓	002	明辉女休闲鞋		双	200.00	0.00	734.50	650.00	
2										
3										
4										
5										
6										
7										
8										
9										
10										
合计						200.00				

单位名称 北京星宇商贸有限公司　　本单位税号 911000110102668881　　本单位开户银行 中国工商银行北京分行
制单人 周健　　复核人 周健　　银行账号 110001015678

图 5-44　第 3 笔业务销售专用发票

(2) 在应收款管理系统中审核销售发票并现结制单

操作步骤(略)　(微课视频：sy05020302)

(3) 在销售管理系统中查看销售发货单　**(微课视频：sy05020303)**

在销售管理系统中，执行“销售发货”|“发货单”命令，进入“发货

单”窗口。系统根据复核后的销售专用发票，自动生成一张已经审核的销售发货单。

(4) 在库存管理系统中生成销售出库单

操作步骤 (微课视频：sy05020304)

① 在库存管理系统中，执行“出库业务”|“销售出库单”命令，进入“销售出库单”窗口。

② 单击“生单”按钮，选择“销售生单”，根据上述发货单生成一张未保存的销售出库单。单击“保存”按钮，再单击“审核”按钮。

(5) 在存货核算系统中进行单据记账、结转销售成本

操作步骤 (微课视频：sy05020305)

① 在存货核算系统中，执行“业务核算”|“正常单据记账”命令，对本笔业务销售专用发票进行记账。

② 执行“财务核算”|“生成凭证”命令，进入“生成凭证”窗口。选择“销售专用发票”生成结转销售成本的凭证，如图 5-45 所示。单击“退出”按钮。

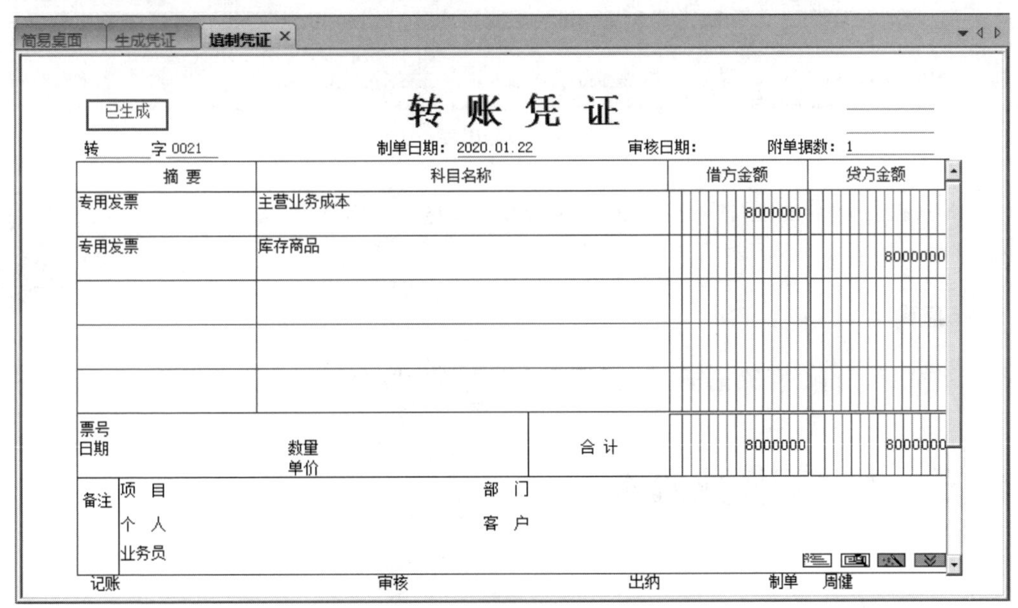

简易桌面 生成凭证 填制凭证

已生成

转 账 凭 证

转 字 0021 制单日期：2020.01.22 审核日期： 附单据数：1

摘 要	科目名称	借方金额	贷方金额
专用发票	主营业务成本	8000000	
专用发票	库存商品		8000000
票号 日期 数量 单价	合 计	8000000	8000000

备注 项 目 部 门

个 人 客 户

业务员

记账 审核 出纳 制单 周健

图 5-45 第 3 笔业务结转销售成本凭证

4. 第 4 笔普通销售业务

本笔业务属于开票后部分提货的普通销售业务，需要开具销售专用发票、生成发货单、销售出库单，确认应收账款并制单。

请学员自行练习。流程提示如下。

(1) 在销售管理系统中开具销售专用发票并复核 **(微课视频：sy05020401)**

(2) 在销售管理系统中查看销售发货单 **(微课视频：sy05020402)**

(3) 在库存管理系统中生成销售出库单 **(微课视频：sy05020403)**

在参照发货单生单时，只选择男休闲鞋出库，如图 5-46 所示。

销售生单

销售出库单显示模版　　□ 根据累计出库数更新发货单 ☑ 显示表体(B)　页大小 20

销售发货单生单表头　　□ 选中合计

记录总数：1

选择	发货单号	发票号	单据日期	业务类型	客户	部门	业务员	制单人	审核人	发货地址
Y	0000000009	ZY185204	2020-01-22	普通销售	青岛华光	销售二部	孙建华	周健	周健	
合计										

销售发货单生单表体　　□ 选中合计

记录总数：2

选择	仓库编码	仓库	存货编码	存货名称	规格型号	主计量单位	库存单位	换算率	批号	生产日期	保质期	失效日期	入库单号	应出库数量	应出库件数	未出库数量	代管供应
Y	01	明辉鞋仓	005	明辉男休闲鞋		双	盒	1.00						100.00	100.00	100.00	
	01	明辉鞋仓	006	明辉男京鞋		双	盒	1.00						100.00	100.00	100.00	
合计														200.00	200.00	200.00	

图 5-46　部分出库

(4) 在应收款管理系统中审核销售专用发票并制单 **(微课视频：sy05020404)**

5. 账套输出

全部完成后，将账套输出至“5-2 普通销售业务二”文件夹中。

实验三　销售退货业务

实验准备

已经完成第 5 章实验二的操作，或者引入“5-2 普通销售业务二”账套备份数据。以 111 操作员(密码为 1)的身份进行销售退货业务处理。

重新设置销售选项为“销售生成出库单”。 **(微课视频：sy050300)**

实验内容

- 尚未出库的退货

- 已发货未开票退货
- 已收款的退货
- 已结转销售成本退货

实验资料

1. 尚未出库的退货业务

1月24日，青岛市华光百货公司提出退回明辉男凉鞋100双，无税单价450元(本月22日已经开票、生成发货单，但尚未出库)。我方同意，开具红字销售专用发票，票号ZY185301。

2. 已发货未开票退货业务

1月24日，向上海明兴贸易公司发出宏丰商务机10部，无税单价为4 200元。

1月25日，对方因为质量问题全部退货(收到，入手机仓)。本公司同意退货。该批手机于1月24日发货，尚未开具发票。

3. 已收款的退货业务

1月25日，北京燕莎百货公司要求退货，退回明辉女凉鞋10双(明辉鞋仓)，无税单价400元。该女凉鞋已于本月20日开具销售专用发票并收款。本公司同意退货，开具红字销售专用发票，票号ZY185303，同时办理退款手续(开出一张现金支票XJ010)。

4. 已收款并结转销售成本的退货业务

1月25日，郑州丹尼斯百货公司因质量问题要求退回明辉女休闲鞋20双，无税单价650元。该休闲鞋已于本月22日开具销售专用发票并收款，22日发货并结转销售成本(单位成本400元)。本公司同意退货，开具红字销售专用发票，票号ZY185304，同时办理退款手续(电汇DH001999)，金额14 690元，当日收到退回的女休闲鞋。

实验指导

销售退货业务包括普通销售退货和委托代销退货业务的处理，分为开具发票前退货和开具发票后退货、委托代销结算前退货和委托代销结算后退货。不同阶段发生的退货业务其业务处理不完全相同。

先发货后开票业务模式下的退货处理流程

① 填制退货单，审核该退货单。

② 根据退货单生成红字销售出库单，传递至库存管理系统。

③ 填制红字销售发票，复核后的红字销售发票自动传递至应收款管理系统。

④ 红字销售发票经审核，形成红字应收款。

⑤ 红字销售出库单在存货核算系统中记账，进行成本处理。

开票直接发货退货业务处理流程

① 填制红字销售发票，复核后自动生成退货单(或先录退货单，再参照生成红字发票)。

② 生成红字销售出库单。

③ 复核后的红字销售发票自动传递至应收款管理系统，审核后，形成红字应收款。

④ 审核后的红字出库单在存货核算系统中记账，进行成本处理。

1. 第 1 笔退货业务的处理

本笔业务属于先开票后发货的普通销售业务，已经给对方开出发货单，但尚未出库，因此，退货时，需要输入退货单，开具红字专用销售发票。由于尚未生成销售出库单，所以，不必生成红字销售出库单。

(1) 在销售管理系统中填制并审核退货单

操作步骤　(微课视频：sy05030101)

① 在销售管理系统中，执行“销售发货”|“退货单”命令，进入“退货单”窗口。

② 单击“增加”按钮，打开“查询条件选择-退货单参照发货单”对话框。单击“取消”按钮返回。

③ 手工填制一张退货单，销售类型选择“销售退回”；客户选择“青岛华光”，存货“006 明辉男凉鞋”，数量“－100”，无税单价“450”，单击“保存”按钮。

④ 单击“审核”按钮，如图 5-47 所示。

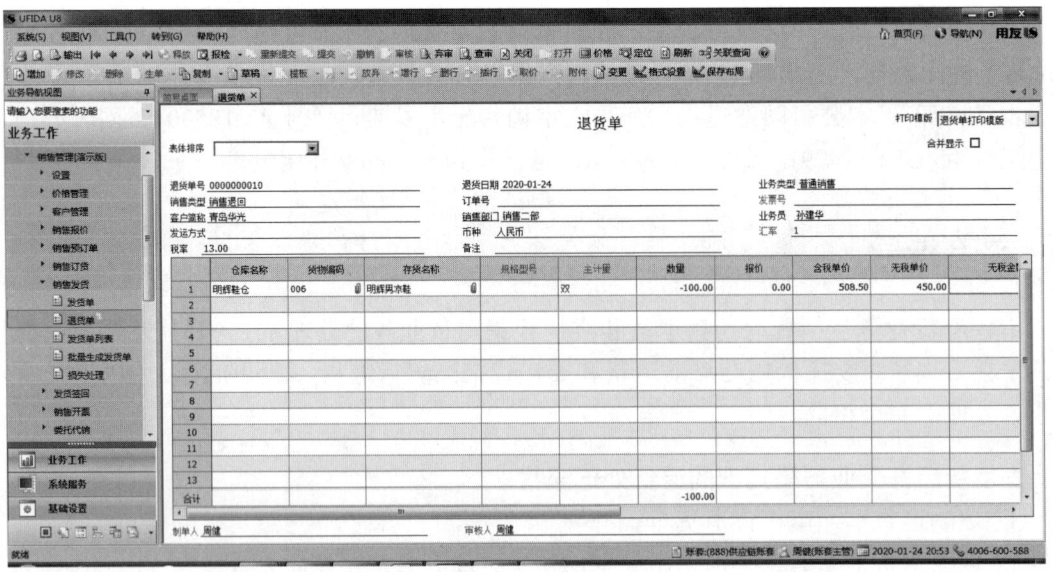

图 5-47　退货单

(2) 在销售管理系统中生成并复核红字专用销售发票

操作步骤 (微课视频：sy05030102)

① 执行“销售开票”|“红字专用销售发票”命令，进入“红字销售专用发票”窗口。

② 单击“增加”按钮，打开“查询条件选择-发票参照发货单”对话框。发货单类型选择“红字记录”，如图 5-48 所示。单击“确定”按钮，进入“参照生单”窗口。

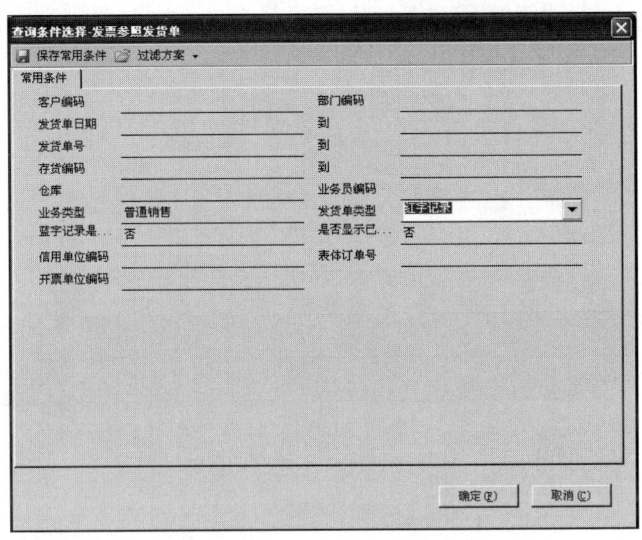

图 5-48　红字发票参照退货单

③ 单击“全选”按钮，单击“OK 确定”按钮，生成红字销售专用发票。补充录入发票号，单击“保存”按钮。

④ 单击“复核”按钮，如图 5-49 所示。

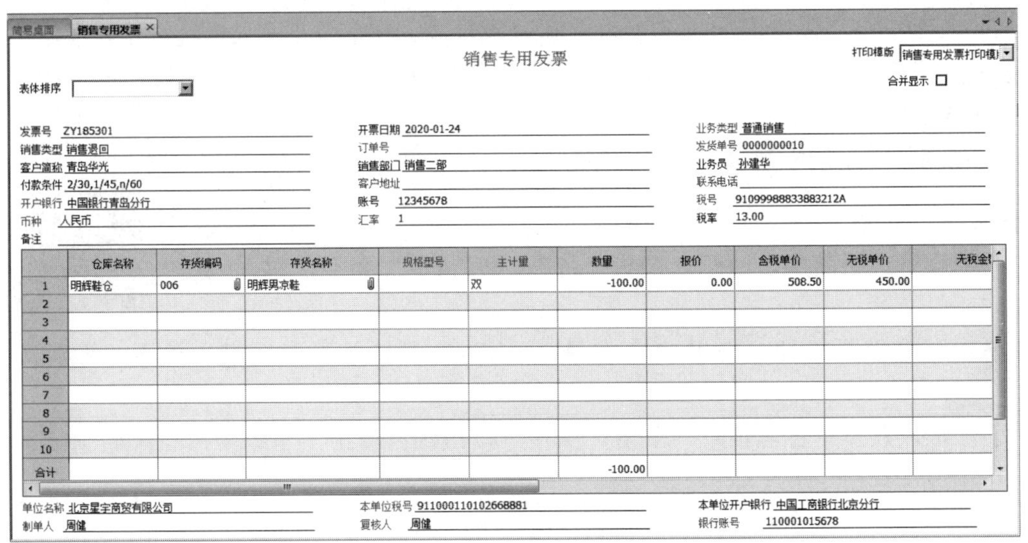

	仓库名称	存货编码	存货名称	规格型号	主计量	数量	报价	含税单价	无税单价	无税金
1	明辉鞋仓	006	明辉男凉鞋		双	-100.00	0.00	508.50	450.00	
2										
3										
4										
5										
6										
7										
8										
9										
10										
合计						-100.00				

图 5-49　红字销售专用发票

(3) 在应收款管理系统中审核红字销售专用发票并制单

操作步骤 (微课视频：sy05030103)

① 在应收款管理系统中，执行“应收单据处理”|“应收单据审核”命令，对红字销售专用发票进行审核。

② 执行“制单处理”命令，选择发票制单，系统生成一张红字凭证，单击“保存”按钮，如图 5-50 所示。

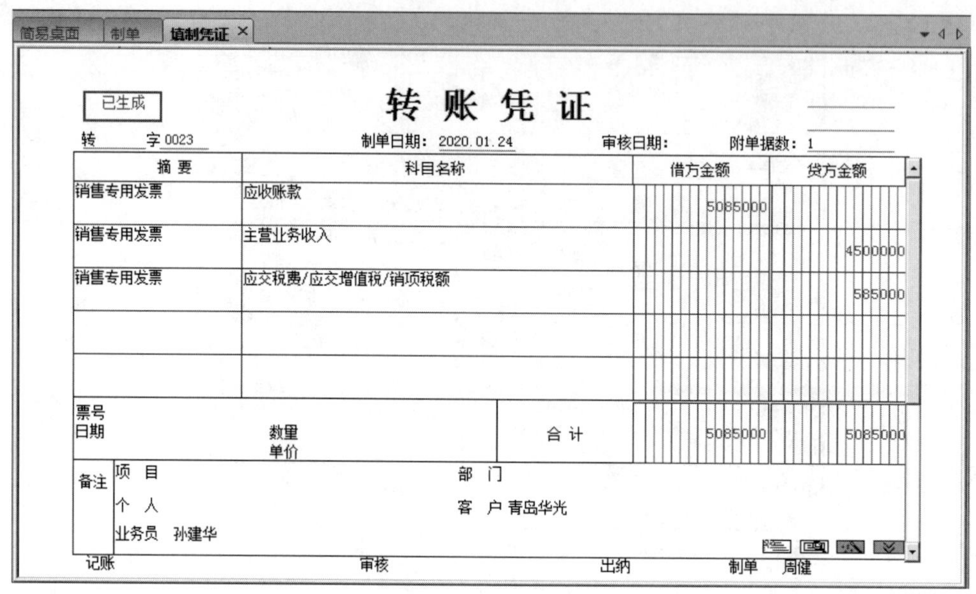

图 5-50 红字凭证

2. 第 2 笔销售退货业务

本笔业务属于已经发货但尚未开票的全额退货业务。首先需要输入销售订单，根据销售订单生成发货单，系统自动生成销售出库单；退货后需要输入退货单，系统根据退货单自动生成红字销售出库单。

(1) 在销售管理系统中填制发货单并审核

操作步骤 (微课视频：sy05030201)

① 在销售管理系统中，执行“销售发货”|“发货单”命令，进入“发货单”窗口。

② 单击“增加”按钮，打开“查询条件选择-参照订单”对话框。单击“取消”按钮。

③ 手工录入发货单各项信息，单击“保存”按钮，再单击“审核”按钮，如图 5-51 所示。

(2) 在库存管理系统中对自动生成的销售出库单进行审核

操作步骤 **(微课视频：sy05030202)**

① 在库存管理系统中，执行“出库业务”|“销售出库单”命令，进入“销售出库单”窗口。

② 单击“➡|”按钮，找到根据发货单生成的销售出库单，单击“审核”按钮。

发货单

打印模版 发货单打印模版

表体排序　　合并显示 ☐

发货单号 0000000011　发货日期 2020-01-24　业务类型 普通销售
销售类型 批发销售　订单号　发票号
客户简称 上海明兴　销售部门 销售一部　业务员 宋杰
发货地址　发运方式　付款条件
税率 13.00　币种 人民币　汇率 1
备注

	仓库名称	存货编码	存货名称	规格型号	主计量	数量	报价	含税单价	无税单价	无税金
1	手机仓	014	宏丰商务机		部	10.00	0.00	4746.00	4200.00	
2										
3										
4										
5										
6										
7										
8										
9										
10										
11										
12										
合计						10.00				

制单人 周健　审核人 周健　关闭人

图 5-51　手工录入发货单

(3) 在销售管理系统中填制退货单并审核

操作步骤 **(微课视频：sy05030203)**

① 1月25日，在销售管理系统中，执行“销售发货”|“退货单”命令，进入“退货单”窗口。

② 单击“增加”按钮，打开“查询条件选择-退货单参照发货单”窗口。单击“确定”按钮，进入“参照生单”窗口。

③ 选择上海明兴贸易公司1月24日的发货单，单击“确定”按钮，系统自动生成退货单，修改销售类型为“销售退回”，单击“保存”按钮，再单击“审核”按钮，如图5-52所示。

退货单

打印模版 退货单打印模版

表体排序　　合并显示 ☐

退货单号 0000000012　退货日期 2020-01-25　业务类型 普通销售
销售类型 销售退回　订单号　发票号
客户简称 上海明兴　销售部门 销售一部　业务员 宋杰
发运方式　币种 人民币　汇率 1
税率 13.00　备注

	仓库名称	货物编码	存货名称	规格型号	主计量	数量	报价	含税单价	无税单价	无税金
1	手机仓	014	宏丰商务机		部	-10.00	0.00	4746.00	4200.00	
2										
3										
4										
5										
6										
7										
8										
9										
10										
11										
12										
13										
合计						-10.00				

制单人 周健　审核人 周健

图 5-52　退货单

(4) 在库存管理系统中生成红字销售出库单并审核

操作步骤 (微课视频：sy05030204)

① 在库存管理系统中，执行“出库业务”|“销售出库单”命令，进入“销售出库单”窗口。

② 单击“➡|”按钮，找到根据上海明兴贸易公司 25 日的发货单生成的红字销售出库单，单击“审核”按钮，审核销售出库单。

提示：

- 退货单上的存货数量应该为负数。
- 退货单可以参照销售订单、发货单生成，也可以直接手工输入。
- 退货单可以参照一张或多张发货单记录生成，如果销售选项设置为“普通销售必有订单”，则退货单必须参照原发货单或订单生成。
- 参照销售订单生成的退货单或手工输入的退货单可以生成红字发票。
- 参照发货单生成的退货单直接冲减原发货单数量，因而该退货单无法生成红字销售发票，但该退货单可以在“发货单列表”中查询。
- 如果销售选项中设置了“销售生成出库单”，则发货单审核时自动生成销售出库单；退货单审核时自动生成红字销售出库单。

3. 第 3 笔销售退货业务

本笔退货业务属于开票直接销售的退货业务，并且已经现结收取款项。因此，根据原始业务即实验二中的第 1 笔业务的处理，本笔业务需要手工输入退货单、开具或生成红字专用销售发票、生成红字销售出库单、冲减收入和收取的款项。

(1) 在销售管理系统中填制并审核退货单 **(微课视频：sy05030301)**

在销售管理系统中，执行“销售发货”|“退货单”命令，手工填制一张退货单。销售类型选择“销售退回”，存货“003 明辉女凉鞋”，数量“-10”，无税单价为 400 元，单击“审核”按钮。

(2) 在销售管理系统中生成红字专用销售发票并复核

操作步骤 (微课视频：sy05030302)

① 执行“销售开票”|“红字专用销售发票”命令，进入“红字销售专用发票”窗口。

② 单击“增加”按钮，打开“查询条件选择-发票参照发货单”对话框。发货单类型选择“红字记录”。单击“确定”按钮，进入“参照生单”窗口。

③ 选择要参照的发货单，单击“OK 确定”按钮，生成红字专用销售发票。补充录入发票号，单击“保存”按钮。

④ 单击“现结”按钮，打开“现结”对话框。输入结算方式为“现金支票”，结算号为 XJ010，并输入负数结算金额即退款金额(−4 520 元)，如图 5-53 所示。单击“确定”按钮。

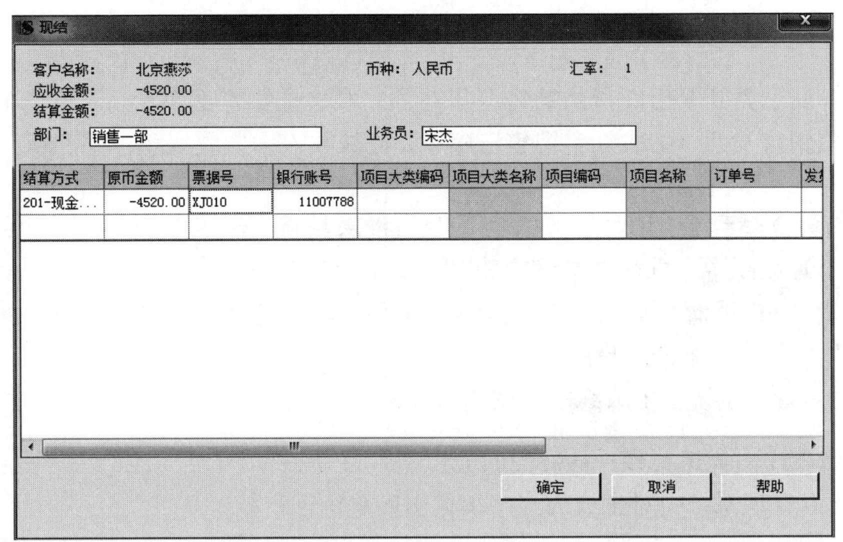

图 5-53 销售退款现结

⑤ 单击“复核”按钮。

(3) 在库存管理系统中生成红字销售出库单并审核 **(微课视频：sy05030303)**

在库存管理系统中，执行“出库业务”|“销售出库单”命令，进入“销售出库单”窗口。找到根据退货单生成的红字销售出库单，单击“审核”按钮。

(4) 在应收款管理系统中审核红字销售专用发票并制单

操作步骤 (微课视频：sy05030304)

① 启动应收款管理系统，执行“应收单据处理”|“应收单据审核”命令，对已现结红字销售专用发票进行审核。

② 执行“制单处理”命令，选择“现结制单”，根据红字销售专用发票自动生成一张红字收款凭证，如图 5-54 所示。

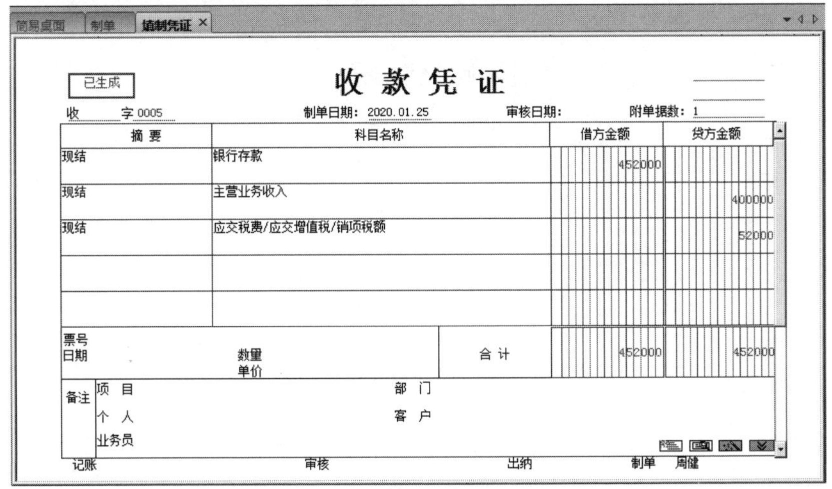

图 5-54 第 3 笔退货业务红字凭证

4. 第 4 笔退货业务的处理

本笔业务属于先开票后发货的销售退货业务。本笔业务需要手工输入退货单、开具或生成红字专用销售发票、生成红字销售出库单、冲减收入和应收账款，并冲销已经结转的销售成本。

(1) 在销售管理系统中填制退货单并审核 **(微课视频：sy05030401)**

在销售管理系统中，执行“销售发货”|“退货单”命令，手工填制一张退货单，存货“002 明辉女休闲鞋”，数量“－20”，无税单价“650”元，单击“保存”按钮，再单击“审核”按钮。

(2) 在销售管理系统中生成红字专用销售发票，现结并复核

操作步骤(略) (微课视频：sy05030402)

(3) 在库存管理系统中对生成的红字销售出库单进行审核

操作步骤(略) (微课视频：sy05030403)

(4) 在应收款管理系统中审核现结红字销售专用发票并进行现结制单

操作步骤(略) (微课视频：sy05030404)

(5) 在存货核算系统中记账并生成冲销结转成本凭证

操作步骤 (微课视频：sy05030405)

① 在存货核算系统中，执行“业务核算”|“正常单据记账”命令，打开“查询条件选择”对话框。单击“确定”按钮，进入“未记账单据一览表”窗口。

② 选择明辉鞋仓女休闲鞋销售专用发票记录行，单击“记账”按钮，系统弹出“记账成功”信息提示框，单击“确定”按钮返回。

③ 执行“财务核算”|“生成凭证”命令，选择“销售专用发票”，自动生成一张红字凭证，冲销已结转的销售成本，如图 5-55 所示。

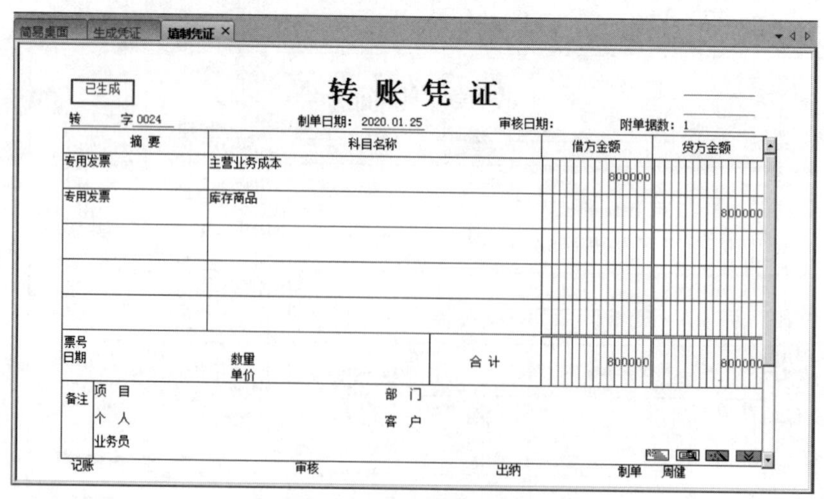

图 5-55 冲销结转销售成本凭证

5. 账套输出

全部完成后，将账套输出至“5-3 销售退货业务”文件夹中。

实验四 直运销售业务

实验准备

已经完成第 5 章实验三的操作，或者引入“5-3 销售退货业务”账套备份数据。以 111 操作员(密码为 1)的身份登录进行直运销售业务处理。

实验内容

- 直运销售业务处理

实验资料

1. 直运销售订货

1 月 25 日，北京燕莎百货公司向本公司订购宏丰学生机、宏丰商务机各 20 部，报价分别为 2 200 元和 4 200 元。

2. 直运采购

1 月 25 日，本公司向北京宏丰电子科技公司订购宏丰学生机、宏丰商务机各 20 部，单价分别为 1 800 元和 3 700 元。要求本月 26 日将货物直接发给北京燕莎百货公司。

3. 直运采购发票

1 月 26 日，本公司收到北京宏丰电子科技公司的专用发票，发票号为 ZY185401。发票载明宏丰学生机、宏丰商务机各 20 部，单价分别为 1 800 元和 3 700 元，增值税税率为 13%。货物已经发给北京燕莎百货公司。

4. 直运销售发票

1 月 26 日，本公司给北京燕莎百货公司开具销售专用发票(发票号 ZY185402)，发票载明宏丰学生机、宏丰商务机各 20 部，单价分别为 2 200 元和 4 200 元，增值税税率为 13%，款项尚未收到。

5. 直运单据记账并结转成本

将以上直运业务单据记账并结转成本。

实验指导

直运业务是指商品无须入库即可完成的购销业务。客户向本公司订购商品，双方签订购销合同；本公司向供应商采购客户所需商品，与供应商签订采购合同；供应商直接将商品发运给客户，结算时，由购销双方分别与企业结算。直运业务包括直运销售业务与直运采购业务，没有实物的出入库，货物流向是直接从供应商到客户，财务结算通过直运销售发票、直运采购发票进行。

直运销售的存货一般为大型机械、设备等不宜运输的存货，本实验仅以手机为模拟案例。

1. 直运销售订货

操作步骤　(微课视频：sy050401)

① 在销售管理系统中，执行“销售订货”|“销售订单”命令，进入“销售订单”窗口。

② 单击“增加”按钮，修改业务类型为“直运销售”，输入其他内容，保存并审核该销售订单，如图 5-56 所示。

简易桌面　销售订单

销售订单

打印模版 销售订单打印模版

表体排序　　合并显示 □

订单号 0000000003　订单日期 2020-01-25　业务类型 直运销售

销售类型 批发销售　客户简称 北京燕莎　付款条件 4/10,2/20,n/30

销售部门 销售一部　业务员 宋杰　税率 13.00

币种 人民币　汇率 1　备注

	存货编码	存货名称	规格型号	主计量	数量	报价	含税单价	无税单价	无税金额
1	013	宏丰学生机		部	20.00	2200.00	2486.00	2200.00	44000.00
2	014	宏丰商务机		部	20.00	4200.00	4746.00	4200.00	84000.00
3									
4									
5									
6									
7									
8									
9									
10									
11									
12									
13									
14									
合计					40.00				128000.00

制单人 周健　审核人 周健　关闭人

图 5-56　直运销售订单

2. 直运采购订货

操作步骤　(微课视频：sy050402)

① 在采购管理系统中，执行“采购订货”|“采购订单”命令，进入“采购订单”窗口。

② 单击“增加”按钮，选择业务类型为“直运采购”。单击“生单”按钮，选择“销售订单”，打开“查询条件选择-销售订单列表过滤”对话框。

③ 单击“确定”按钮，进入“拷贝并执行”窗口。选择要参照的直运销售订单，单击“OK 确定”按钮返回“采购订单”窗口。

④ 选择供应商“北京宏丰”；输入原币单价1 800和3 700，修改计划到货日期为“2020-01-26”，保存并审核该张采购订单，如图5-57所示。

简易桌面 | 采购订单

采购订单

打印模版 8174 采购订单打印模版

表体排序　　合并显示 □

业务类型 直运采购　订单日期 2020-01-25　订单编号 0000000005
采购类型 厂商采购　供应商 北京宏丰　部门 采购部
业务员 吴小蕾　税率 13.00　付款条件
币种 人民币　汇率 1　备注

	存货编码	存货名称	规格型号	主计量	数量	换算率	采购单位	件数	原币含税单价	原币单价	原币金额	原币税额	原币价税合计	税率
1	013	宏丰学生机		部	20.00	0.00			2034.00	1800.00	36000.00	4680.00	40680.00	13.0
2	014	宏丰商务机		部	20.00	0.00			4181.00	3700.00	74000.00	9620.00	83620.00	13.0
3														
4														
5														
6														
7														
8														
9														
10														
11														
12														
13														
14														
合计					40.00						110000.00	14300.00	124300.00	

制单人 周健　审核人 周健　变更人

现存量

图 5-57　直运采购订单

3. 直运采购发票

操作步骤　(微课视频：sy050403)

① 在采购管理系统中，执行“采购发票”|“专用采购发票”命令，进入“专用发票”窗口。

② 单击“增加”按钮，修改业务类型为“直运采购”。单击“生单”按钮，选择“采购订单”，打开“查询条件选择-采购订单列表过滤”窗口。

③ 单击“确定”按钮，进入“拷贝并执行”窗口。选择要参照的直运采购订单，单击“OK 确定”按钮，返回“专用发票”窗口。

④ 补充录入发票号 ZY185401，单击“保存”按钮，如图 5-58 所示。

4. 开具直运销售发票，确认应收

(1) 开具直运销售发票

操作步骤　(微课视频：sy05040401)

① 在销售管理系统中，执行“销售开票”|“销售专用发票”命令，进

入“销售专用发票”窗口。

② 单击“增加”按钮，打开“查询条件选择-发票参照发货单”对话框，单击“取消”按钮。

③ 选择业务类型为“直运销售”，单击“生单”按钮选择“参照订单”，打开“查询条件选择-参照订单”对话框。选择客户“001 北京燕莎百货公司”，单击“确定”按钮，进入“参照生单”窗口。

④ 选择要参照的直运销售订单，单击“OK 确定”按钮，生成销售专用发票。修改发票号为 ZY185402。单击“保存”按钮，再单击“复核”按钮，确认直运销售业务完成，如图 5-59 所示。

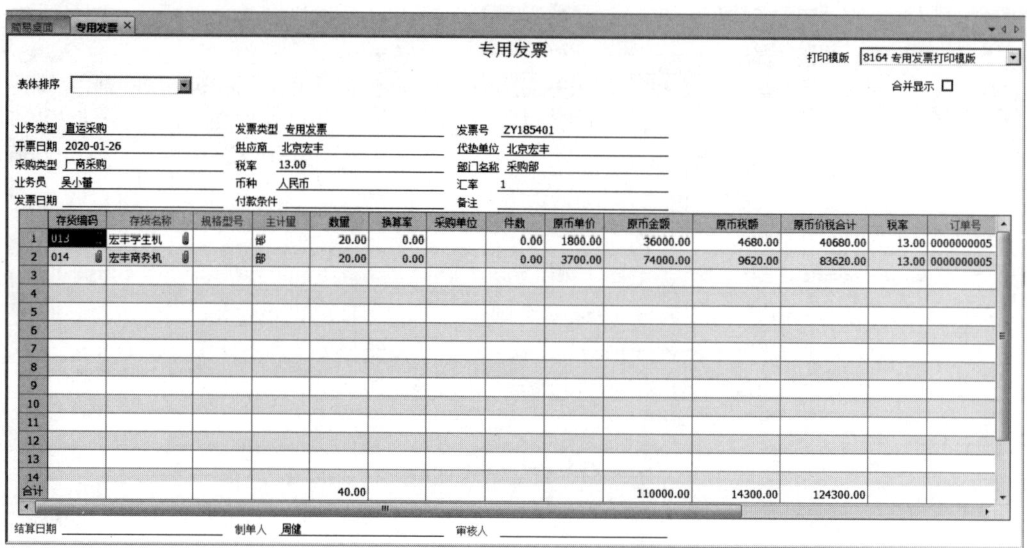

简易桌面 专用发票

专用发票

打印模版 8164 专用发票打印模版

表体排序

合并显示 □

业务类型 直运采购　发票类型 专用发票　发票号 ZY185401
开票日期 2020-01-26　供应商 北京宏丰　代垫单位 北京宏丰
采购类型 厂商采购　税率 13.00　部门名称 采购部
业务员 吴小蕾　币种 人民币　汇率 1
发票日期　付款条件　备注

	存货编码	存货名称	规格型号	主计量	数量	换算率	采购单位	件数	原币单价	原币金额	原币税额	原币价税合计	税率	订单号
1	013	宏丰学生机		部	20.00	0.00		0.00	1800.00	36000.00	4680.00	40680.00	13.00	0000000005
2	014	宏丰商务机		部	20.00	0.00		0.00	3700.00	74000.00	9620.00	83620.00	13.00	0000000005
3														
4														
5														
6														
7														
8														
9														
10														
11														
12														
13														
14														
合计					40.00					110000.00	14300.00	124300.00		

结算日期　制单人 周健　审核人

图 5-58　直运采购专用发票

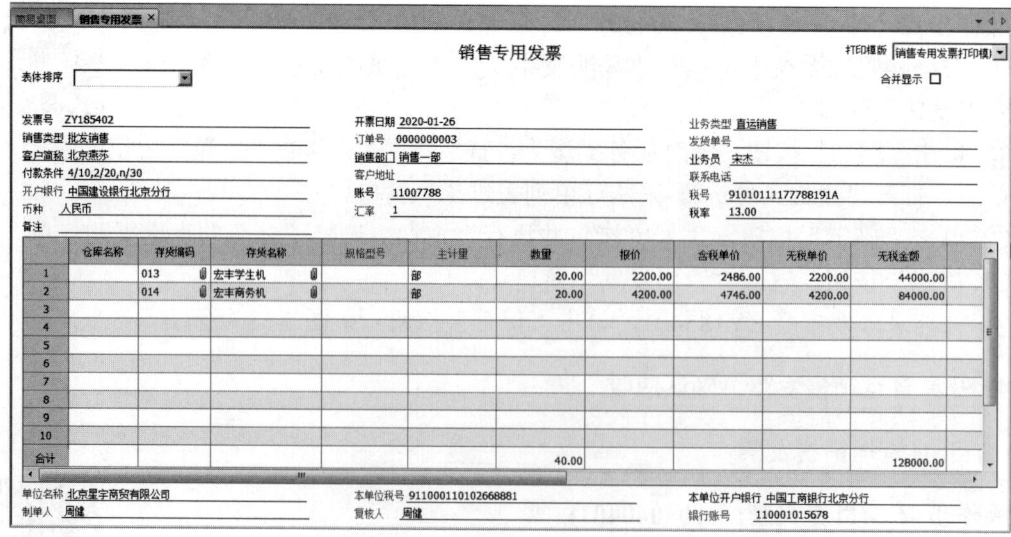

简易桌面 销售专用发票

销售专用发票

打印模版 销售专用发票打印模

表体排序

合并显示 □

发票号 ZY185402　开票日期 2020-01-26　业务类型 直运销售
销售类型 批发销售　订单号 0000000003　发货单号
客户简称 北京燕莎　销售部门 销售一部　业务员 宋杰
付款条件 4/10,2/20,n/30　客户地址　联系电话
开户银行 中国建设银行北京分行　账号 11007788　税号 91010111177788191A
币种 人民币　汇率 1　税率 13.00
备注

	仓库名称	存货编码	存货名称	规格型号	主计量	数量	报价	含税单价	无税单价	无税金额
1		013	宏丰学生机		部	20.00	2200.00	2486.00	2200.00	44000.00
2		014	宏丰商务机		部	20.00	4200.00	4746.00	4200.00	84000.00
3										
4										
5										
6										
7										
8										
9										
10										
合计						40.00				128000.00

单位名称 北京星宇商贸有限公司　本单位税号 911000110102668881　本单位开户银行 中国工商银行北京分行
制单人 周健　复核人 周健　银行账号 110001015678

图 5-59　直运销售专用发票

提示：

- 对于直运业务的销售订单、采购订单、采购发票、销售发票，其采购类型为直运采购，销售类型为直运销售。
- 如果选择了“直运销售必有订单”，则直运销售发票和直运采购发票都只能参照销售订单生成发票；如果需要手工开具发票，则应先取消“直运销售必有订单”，同时还必须删掉销售订单。
- 如果在销售选项中没有设置“直运销售必有订单”，在销售管理系统中没有输入销售订单，则该直运模式下直运采购发票和直运销售发票可以互相参照。
- 如果在销售选项中没有设置“直运销售必有订单”，但是已经输入销售订单，则仍然需要按照“直运销售必有订单”模式的数据流程进行操作。
- 直运销售与直运采购发票上都不能输入仓库。
- 直运销售发票不可以录入受托代销属性的存货。
- 一张直运销售发票可以对应多张直运采购发票，可以拆单、拆记录。
- 一张直运采购发票可以对应多张直运销售发票，可以拆单、拆记录。

(2) 确认直运业务应收账款

操作步骤 (微课视频：sy05040402)

① 在应收款管理系统中，执行“应收单据处理”|“应收单据审核”命令，审核直运销售发票。

② 执行“制单处理”命令，选择“发票制单”，生成直运销售凭证；修改凭证类型为“转账凭证”，单击“保存”按钮，如图5-60所示。

简易桌面 | 制单 | 填制凭证

已生成

转 账 凭 证

转 字 0025　　制单日期：2020.01.26　　审核日期：　　附单据数：1

摘 要	科目名称	借方金额	贷方金额
销售专用发票	应收账款	14464000	
销售专用发票	主营业务收入		12800000
销售专用发票	应交税费/应交增值税/销项税额		1664000
票号 日期	数量 单价	合 计 14464000	14464000

备注　项 目　　部 门

个 人　　客 户 北京燕莎

业务员 宋杰

记账　　审核　　出纳　　制单 周健

图5-60 确认直运业务应收

提示：

- 直运采购业务生成的直运采购发票在应付款管理系统中审核，但不能在此制单，其制单操作在存货核算系统中进行。
- 直运销售业务生成的直运销售发票在应收款管理系统中审核并制单，其销售成本的结转需要在存货核算系统中进行。

5. 直运单据记账并结转成本

已经审核的直运采购发票和直运销售发票需要在存货核算系统记账后，才能结转直运采购成本和直运销售成本。

操作步骤　(微课视频：sy050405)

① 在应付款管理系统中，执行“应付单据处理”|“应付单据审核”命令，审核直运采购发票。

② 在存货核算系统中，执行“业务核算”|“直运销售记账”命令，打开“直运采购发票核算查询条件”对话框，如图 5-61 所示。

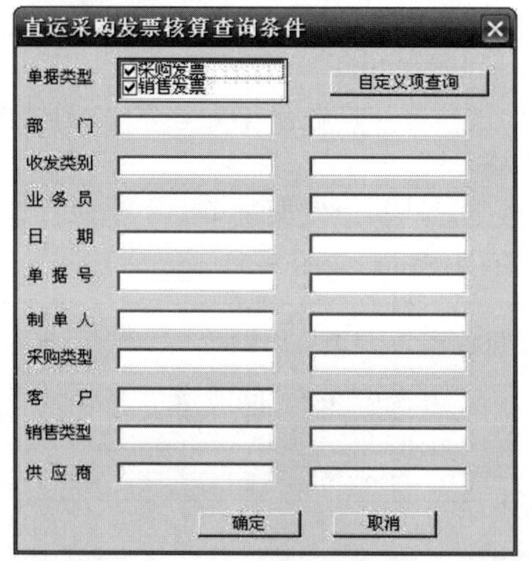

图 5-61　“直运采购发票核算查询条件”对话框

③ 选择要记账的单据类型，单击“确定”按钮，进入“直运销售记账”窗口，如图 5-62 所示。

④ 选择要记账的单据记录，单击“记账”按钮，已记账单据不在界面中显示。

⑤ 执行“财务核算”|“生成凭证”命令，进入“生成凭证”窗口。

⑥ 单击“选择”按钮，打开“查询条件”对话框。选择“(25)直运采购发票”和“(26)直运销售发票”，单击“确定”按钮，进入“选择单据”窗口。选择要生成凭证的单据，单击“确定”按钮，返回“生成凭证”窗口。将科目补充完整，凭证类别选择“转 转账凭证”，如图 5-63 所示。

简易桌面 | 未记账单据一览表

直运销售记账

记录总数：4

选择	日期	单据号	存货编码	存货名称	规格型号	收发类别	单据类型	数量	单价	金额	存货自由项1
	2020-01-26	ZY185401	013	宏丰学生机		采购入库	采购发票	20.00	1,800.00	36,000.00	
	2020-01-26	ZY185401	014	宏丰商务机		采购入库	采购发票	20.00	3,700.00	74,000.00	
	2020-01-26	ZY185402	013	宏丰学生机		销售出库	专用发票	20.00			
	2020-01-26	ZY185402	014	宏丰商务机		销售出库	专用发票	20.00			
小计								80.00		110,000.00	

图 5-62 “直运销售记账”窗口

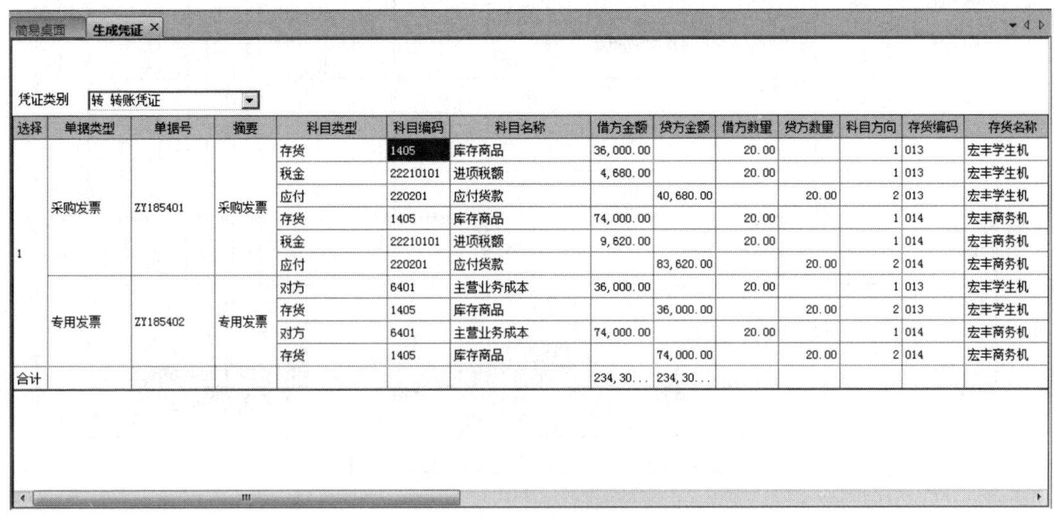

简易桌面 | 生成凭证

凭证类别 转 转账凭证

选择	单据类型	单据号	摘要	科目类型	科目编码	科目名称	借方金额	贷方金额	借方数量	贷方数量	科目方向	存货编码	存货名称
1	采购发票	ZY185401	采购发票	存货	1405	库存商品	36,000.00		20.00		1	013	宏丰学生机
				税金	22210101	进项税额	4,680.00		20.00		1	013	宏丰学生机
				应付	220201	应付货款		40,680.00		20.00	2	013	宏丰学生机
				存货	1405	库存商品	74,000.00		20.00		1	014	宏丰商务机
				税金	22210101	进项税额	9,620.00		20.00		1	014	宏丰商务机
				应付	220201	应付货款		83,620.00		20.00	2	014	宏丰商务机
	专用发票	ZY185402	专用发票	对方	6401	主营业务成本	36,000.00		20.00		1	013	宏丰学生机
				存货	1405	库存商品		36,000.00		20.00	2	013	宏丰学生机
				对方	6401	主营业务成本	74,000.00		20.00		1	014	宏丰商务机
				存货	1405	库存商品		74,000.00		20.00	2	014	宏丰商务机
合计							234,30...	234,30...					

图 5-63 直运生成凭证

⑦ 单击“生成”按钮，生成直运销售结转成本凭证，单击“保存”按钮，如图 5-64 所示。

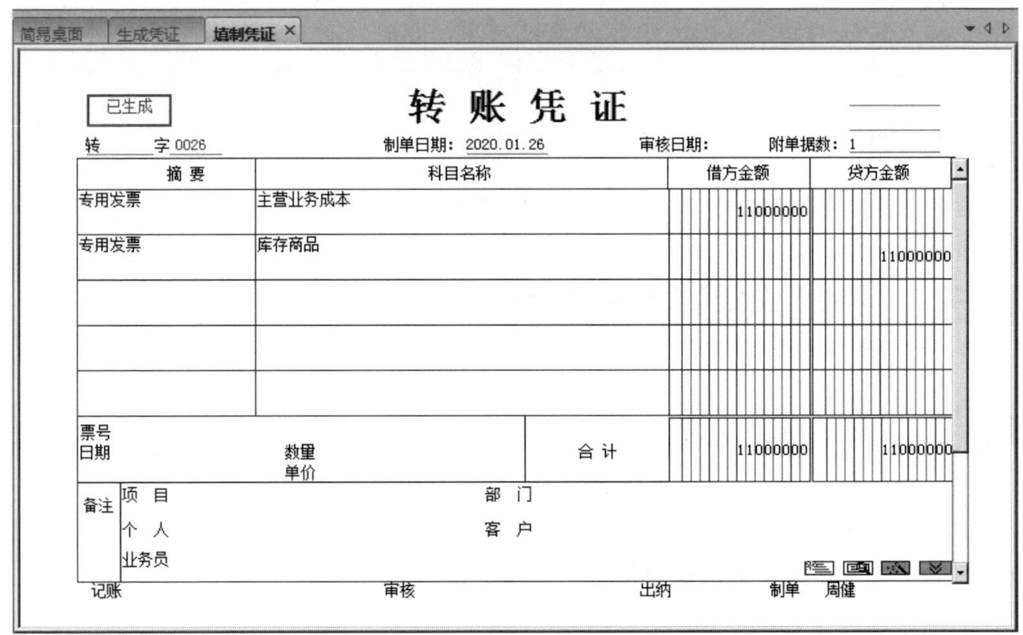

简易桌面 | 生成凭证 | 填制凭证

已生成

转 账 凭 证

转 字 0026　　制单日期：2020.01.26　　审核日期：　　附单据数：1

摘 要	科目名称	借方金额	贷方金额
专用发票	主营业务成本	11000000	
专用发票	库存商品		11000000
票号 日期	数量 单价　　合 计	11000000	11000000

备注　项 目　　部 门
　　　个 人　　客 户
　　　业务员

记账　　审核　　出纳　　制单 周健

图 5-64 根据直运销售发票生成的出库凭证

⑧ 单击“▶下张”按钮，生成直运采购凭证，如图 5-65 所示。

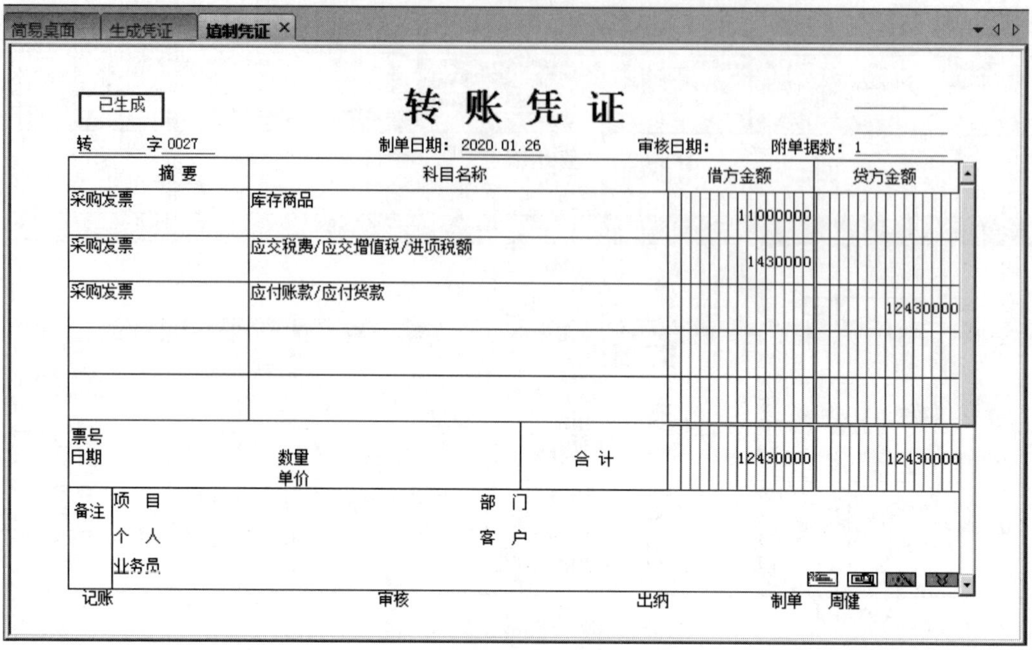

简易桌面 | 生成凭证 | 填制凭证 ×

已生成

转 账 凭 证

转 字 0027　　制单日期：2020.01.26　　审核日期：　　附单据数：1

摘 要	科目名称	借方金额	贷方金额
采购发票	库存商品	11000000	
采购发票	应交税费/应交增值税/进项税额	1430000	
采购发票	应付账款/应付货款		12430000
票号 日期　数量 单价	合 计	12430000	12430000

备注　项 目　　部 门

个 人　　客 户

业务员

记账　　审核　　出纳　　制单 周健

图 5-65　根据直运采购发票生成的凭证

提示：

- 根据直运采购发票生成的直运销售发票，必须在直运采购发票记账后再对直运销售发票记账。
- 根据直运采购发票或直运销售发票记入明细账时，仓库和所属部门均为空。

6. 账套备份

全部完成后，将账套输出至“5-4 直运销售”文件夹中。

实验五　分期收款销售业务

实验准备

已经完成第 5 章实验四的操作，或者引入“5-4 直运销售”账套备份数据。以 111 操作员(密码为 1)的身份登录 888 账套进行分期收款销售业务处理。

实验内容

- 填制分期收款销售订单
- 生成分期收款发货单
- 开具分期收款销售发票
- 确认收入和应收账款
- 账套输出

实验资料

1. 分期收款销售业务 1

1月26日，上海明兴贸易公司向本公司订购300个兰宇女士钱包、150个男士钱包，本公司报价均为205元。经双方协商，以200元成交，双方签订销售合同。双方约定，一次发货，分3期收款。当日全部发货。

1月26日，本公司开具销售专用发票(ZY185501)，确认价税款。

1月27日，收到上海明兴贸易公司电汇(DH0215555)，支付第1期款项33 900元。

2. 分期收款销售业务 2

1月27日，上海明兴贸易公司向本公司订购10部宏丰商务机，无税单价4 200元，双方签订销售合同，合同约定分两次收款。

1月28日，本公司给上海明兴贸易公司发出10部宏丰商务机，本公司开具销售专用发票(ZY185502)，并结转销售成本。28日收到上海明兴贸易公司的电汇(DH0216666)，金额23 730元，系支付第1期分期收款业务的款项。

实验指导

分期收款销售业务是指将货物一次发给客户，分期收回货款。分期收款销售业务的订货、发货、出库、开票等处理与普通销售业务相同，只是业务类型应选择“分期收款”。分期收款开具销售发票时，结转销售成本。

分期收款销售业务的处理流程如下。

① 销售管理系统——填制并审核分期收款订单。

② 销售管理系统——生成分期收款发货单。

③ 销售管理系统——生成分期收款发票。

④ 应收款管理系统——确认分期收款销售收入。

⑤ 库存管理系统——生成分期收款出库单。

⑥ 存货核算系统——发票记账并结转成本。

1. 第 1 笔分期收款业务处理

(1) 输入分期收款销售订单

操作步骤　(微课视频：sy05050101)

① 在销售管理系统中，执行“销售订货”|“销售订单”命令，进入“销售订单”窗口。

② 单击“增加”按钮，选择业务类型为“分期收款”，销售类型为“批发销售”，输入表头和表体的其他信息。单击“保存”按钮。

③ 单击“审核”按钮，如图 5-66 所示。

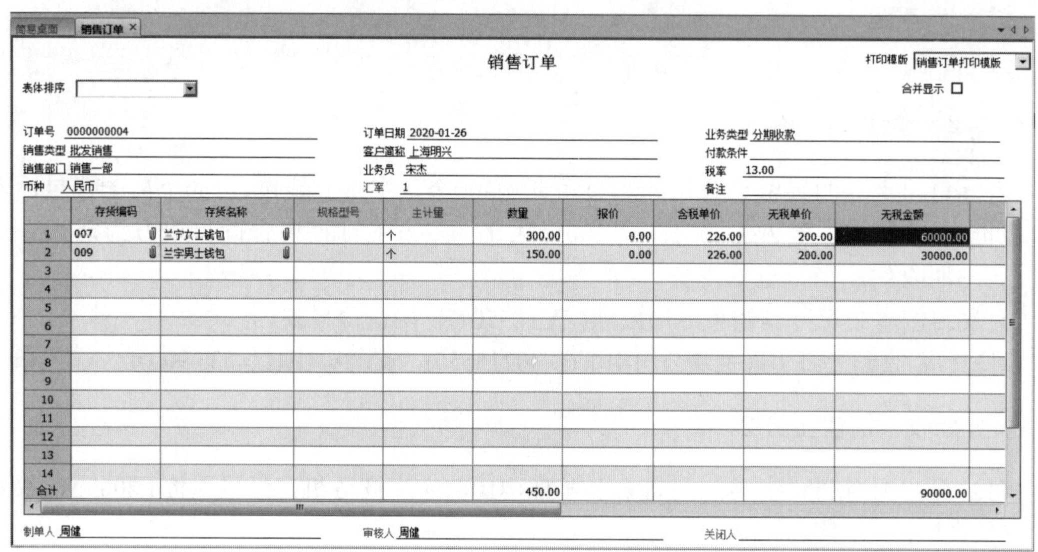

图 5-66　分期收款销售订单

(2) 根据订单生成分期收款发货单

操作步骤　(微课视频：sy05050102)

① 执行“销售发货”|“发货单”命令，进入“发货单”窗口。

② 单击“增加”按钮，打开“查询条件选择-参照订单”对话框。单击“取消”按钮。

③ 选择业务类型为“分期收款”，单击“订单”按钮，打开“查询条件选择-参照订单”对话框。单击“确定”按钮，进入“参照生单”窗口。

④ 选择上海明兴贸易公司的订单，单击“OK 确定”按钮，生成销售发货单。输入仓库为“兰宇箱包仓”。单击“保存”按钮，再单击“审核”按钮，如图 5-67 所示。

(3) 生成分期收款销售出库单

操作步骤　(微课视频：sy05050103)

① 在库存管理系统中，执行“出库业务”|“销售出库单”命令，进入“销售出库单”窗口。

② 找到根据分期收款发货单生成的销售出库单，单击“审核”按钮。

发货单

表体排序

打印模版 发货单打印模版

合并显示 □

发货单号 0000000015　发货日期 2020-01-26　业务类型 分期收款

销售类型 批发销售　订单号 0000000004　发票号

客户简称 上海明兴　销售部门 销售一部　业务员 宋杰

发货地址　发运方式　付款条件

税率 13.00　币种 人民币　汇率 1

备注

	仓库名称	存货编码	存货名称	规格型号	主计量	数量	报价	含税单价	无税单价	无税金额
1	兰宇箱包仓	007	兰宇女士钱包		个	300.00	0.00	226.00	200.00	
2	兰宇箱包仓	009	兰宇男士钱包		个	150.00	0.00	226.00	200.00	
3										
4										
5										
6										
7										
8										
9										
10										
11										
12										
合计						450.00				

制单人 周健　审核人 周健　关闭人

图 5-67　分期收款发货单

(4) 开具分期收款发票

操作步骤　(微课视频：sy05050104)

① 执行“销售开票”|“销售专用发票”命令，进入“销售专用发票”窗口。

② 单击“增加”按钮，打开“查询条件选择-发票参照发货单”对话框。选择业务类型为“分期收款”，如图 5-68 所示，单击“确定”按钮，进入“参照生单”窗口。

查询条件选择-发票参照发货单

保存常用条件　过滤方案

常用条件

客户编码		部门编码	
发货单日期		到	
发货单号		到	
存货编码		到	
仓库		业务员编码	
业务类型	分期收款	发货单类型	蓝字记录
蓝字记录是...	否	是否显示已...	否
信用单位编码		表体订单号	
开票单位编码			

确定(E)　取消(C)

图 5-68　选择业务类型为“分期收款”

③ 选择客户为“上海明兴贸易公司”的本笔业务的发货单，单击“确定”按钮，生成销售发票，补充录入发票号 ZY185501。修改完毕单击“保存”按钮，再单击“复核”按钮。

(5) 确认销售收入

操作步骤　(微课视频：sy05050105)

① 在应收款管理系统中，执行“应收单据处理”|“应收单据审核”命令，审核分期收款销售专用发票。

② 执行“制单处理”命令，选择“发票制单”，生成分期收款确认收入凭证，如图 5-69 所示。

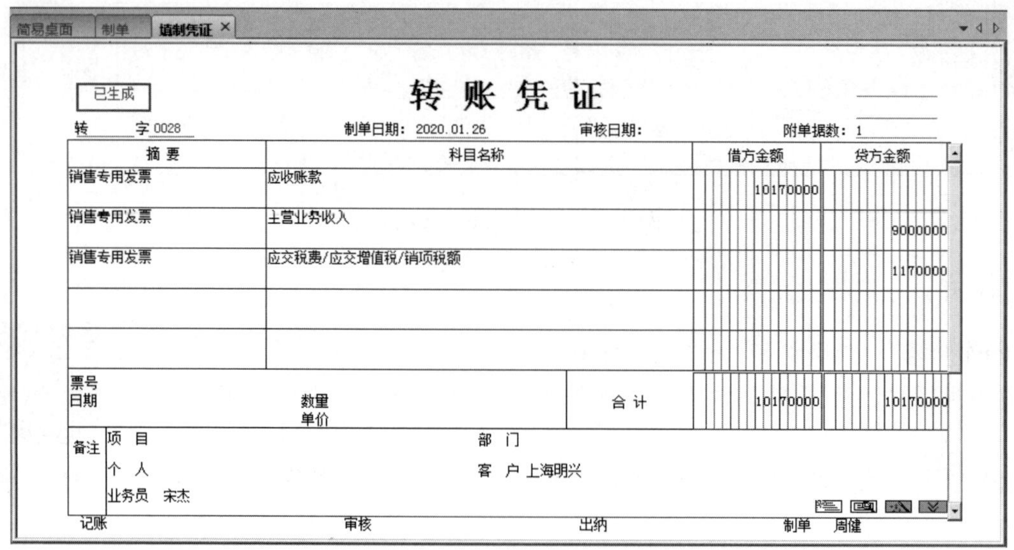
简易桌面　制单　填制凭证

已生成

转账凭证

转　字 0028　制单日期：2020.01.26　审核日期：　附单据数：1

摘要	科目名称	借方金额	贷方金额
销售专用发票	应收账款	10170000	
销售专用发票	主营业务收入		9000000
销售专用发票	应交税费/应交增值税/销项税额		1170000
票号 日期　数量 单价	合计	10170000	10170000

备注　项目　部门

个人　客户 上海明兴

业务员 宋杰

记账　审核　出纳　制单 周健

图 5-69　分期收款确认收入凭证

提示：

- 以分期收款销售方式发出商品、开具销售专用发票并确认收入后，应该立即结转销售成本。由于本实验中的兰宇钱包采用全月加权平均法核算成本，因此，只有在月末才能结转销售成本，故此例中不涉及销售成本的结转。
- 分期收款销售业务成本的结转与普通销售业务类似，有关单据需要在存货核算系统中记账后，才能结转销售成本。

(6) 收款并核销应收

操作步骤　(微课视频：sy05050106)

① 在应收款管理系统中，执行“收款单据处理”|“收款单据录入”命令，进入“收款单”窗口。

② 单击“增加”按钮，输入结算方式为电汇，客户为“上海明兴贸易公司”，结算

金额为 33 900 元，票据号“DH0215555”。单击“保存”按钮，如图 5-70 所示。

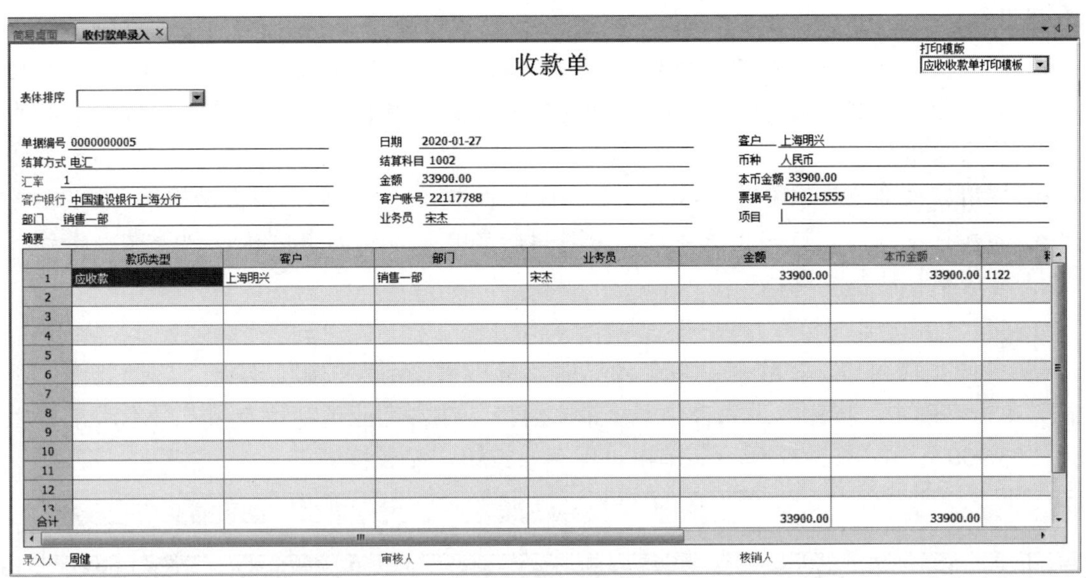

图 5-70　收款单

③ 单击“审核”按钮，系统弹出“立即制单吗？”信息提示框。单击“是”按钮，系统自动生成一张收款凭证，单击“保存”按钮，如图 5-71 所示。

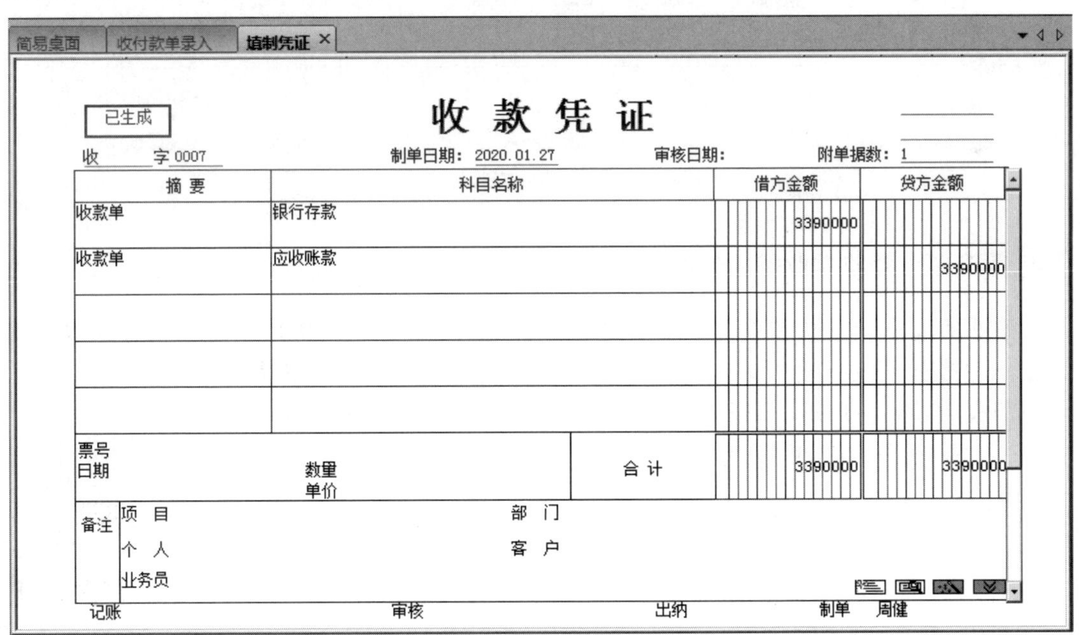

图 5-71　收款凭证

提示：

- 分期收款销售如果采用多次发货，一次收取货款，则在应收款管理系统中输入收款单后，还需要进行核销处理，即对同一客户的应收单和收款单进行核销，以冲销应收账款。
- 核销应收单与收款单时可以采用手工核销的方法，也可以采用自动核销的方法。
- 如果存货采用先进先出法等可以随时结转销售成本的核算方法，则每次出库后，应该结转销售成本。

④ 关闭当前窗口。在收付款单录入界面，单击“核销”按钮，打开“核销条件”对话框，单击“确定”按钮，进入“单据核销”窗口。在本笔业务销售专用发票本次结算栏输入“33 900”，如图 5-72 所示。单击“保存”按钮，完成核销。

简易桌面 | 收付款单录入 | 单据核销

单据日期	单据类型	单据编号	客户	款项类型	结算方式	币种	汇率	原币金额	原币余额	本次结算金额	订单号
2020-01-27	收款单	0000000005	上海明兴	应收款	电汇	人民币	1.00000000	33,900.00	33,900.00	33,900.00	
合计								33,900.00	33,900.00	33,900.00	

单据日期	单据类型	单据编号	到期日	客户	币种	原币金额	原币余额	可享受折扣	本次结算	订单号
2020-01-20	销售专用发票	ZY185202	2020-01-20	上海明兴	人民币	67,800.00	67,800.00	0.00		
2020-01-26	销售专用发票	ZY185501	2020-01-26	上海明兴	人民币	101,700.00	101,700.00	0.00	33,900.00	0000000004
合计						169,500.00	169,500.00	0.00	33,900.00	

图 5-72　核销部分应收账款

2. 第 2 笔分期收款业务的处理

本笔业务属于分期收款业务，本期签订分期收款销售合同，因此需要输入分期收款销售订单，生成分期收款发货单；同时开具分期收款发票并现结，确认第 1 次收入并制单，生成分期收款销售出库单，并结转销售成本。

(1) 在销售管理系统中录入分期收款销售订单并审核

操作步骤(略)　(微课视频：sy05050201)

(2) 在销售管理系统中参照分期收款订单生成发货单并审核

操作步骤(略)　(微课视频：sy05050202)

(3) 在库存管理系统中生成销售出库单并审核

操作步骤(略)　(微课视频：sy05050203)

(4) 在存货核算系统中记账并结转销售成本

操作步骤 (微课视频：sy05050204)

① 在存货核算系统中，执行“业务核算”|“发出商品记账”命令，打开“查询条件选择”对话框。

② 选择业务类型为“分期收款”，单据类型为“发货单”，如图 5-73 所示。

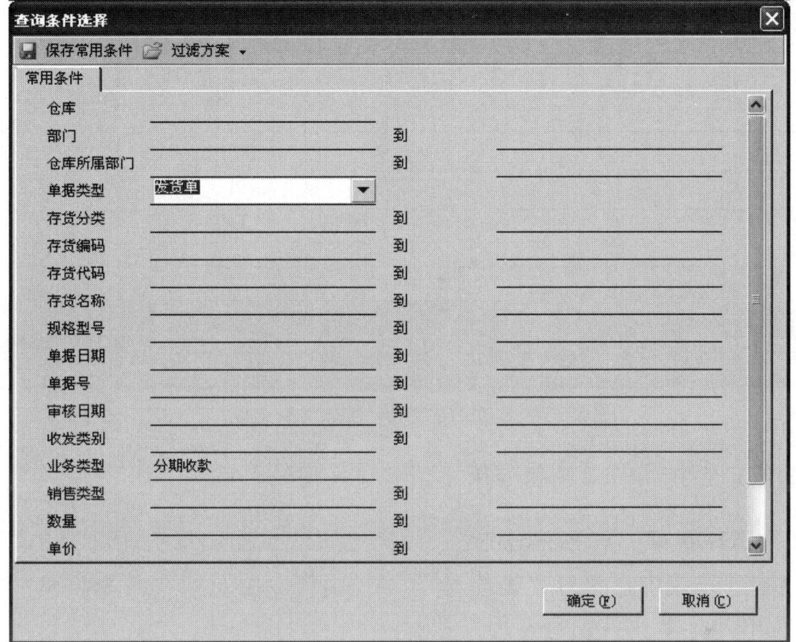

图 5-73 发出商品“查询条件选择”对话框

③ 单击“确定”按钮，进入“未记账单据一览表”窗口，选择手机仓 2020 年 1 月 28 日的发货单，如图 5-74 所示。单击“记账”按钮。

简易桌面 未记账单据一览表

发出商品记账

记录总数：3

选择	日期	单据号	仓库名称	收发类别	存货编码	存货代码	存货名称	规格型号	单据类型	计量单位	数量	单价
	2020-01-26	0000000015	兰宇箱包仓	销售出库	007		兰宇女士钱包		发货单	个	300.00	
	2020-01-26	0000000015	兰宇箱包仓	销售出库	009		兰宇男士钱包		发货单	个	150.00	
Y	2020-01-28	0000000016	手机仓	销售出库	014		宏丰商务机		发货单	部	10.00	
小计											460.00	

图 5-74 “未记账单据一览表”窗口

④ 执行“财务核算”|“生成凭证”命令，单击“选择”按钮，打开“查询条件”对话框。选择“05 分期收款发出商品发货单”，单击“确定”按钮，进入“未生成凭证单据一览表”窗口，选择手机仓 2020 年 1 月 28 日的发货单，单击“确定”按钮，进入“生

成凭证”窗口。

⑤ 选择“转账凭证”，单击“生成”按钮，生成结转成本凭证。保存凭证，如图 5-75 所示。

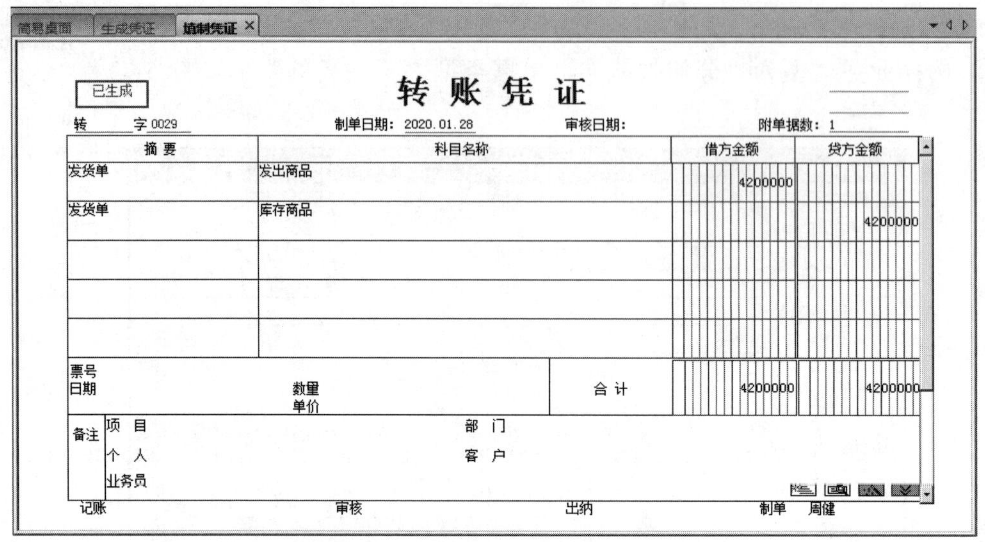

图 5-75　分期收款结转销售成本凭证

(5) 在销售管理系统中开具销售专用发票并进行现结

操作步骤　(微课视频：sy05050205)

① 在销售管理系统中，执行“销售开票”|“销售专用发票”命令，参照分期收款发货单开具本业务销售专用发票。

② 单击“现结”按钮，输入现结结算信息，结算应收金额的 50%，如图 5-76 所示。

③ 单击“确定”按钮，再单击“复核”按钮。

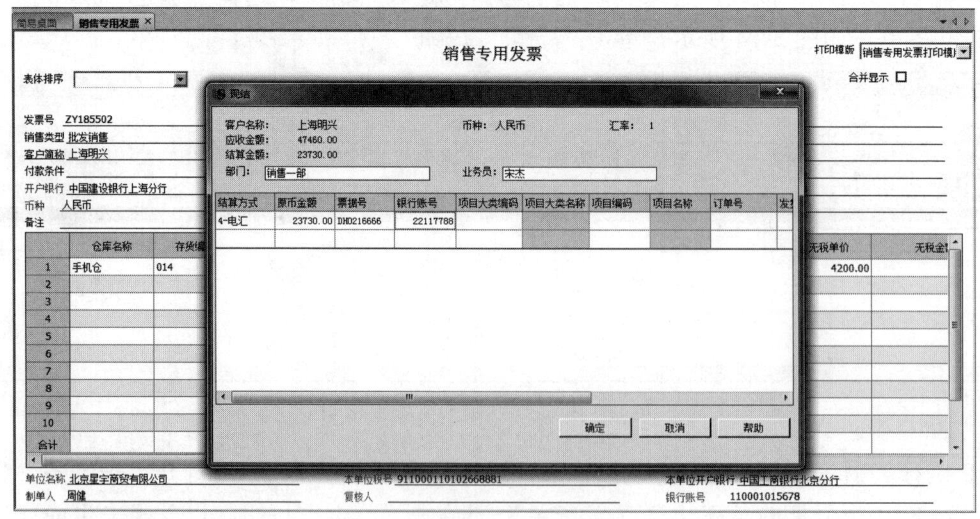

图 5-76　分期收款现结

(6) 在应收款管理系统中审核销售发票并进行现结制单

操作步骤 (微课视频：sy05050206)

① 在应收款管理系统中，执行“应收单据处理”|“应收单据审核”命令，对已现结销售专用发票进行审核。

② 执行“制单处理”命令，选择“现结制单”，生成收款凭证，如图 5-77 所示。

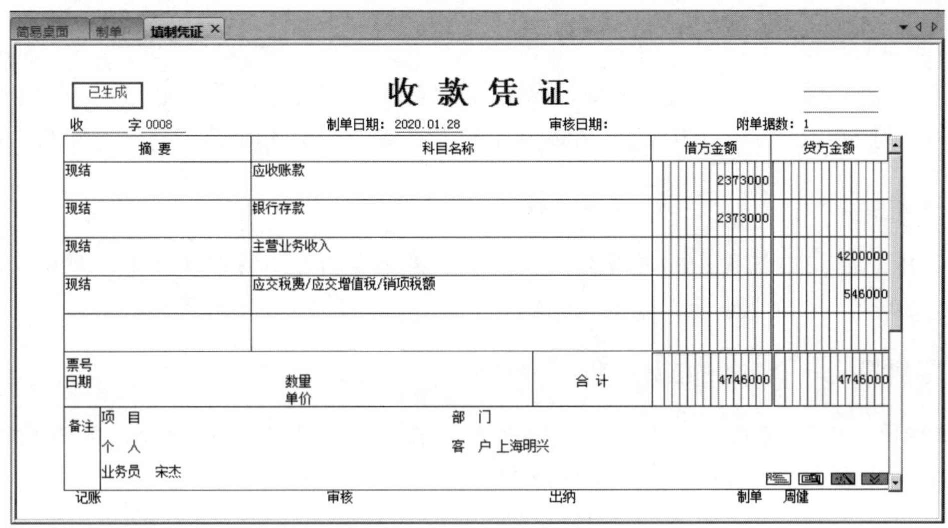

摘要	科目名称	借方金额	贷方金额
现结	应收账款	2373000	
现结	银行存款	2373000	
现结	主营业务收入		4200000
现结	应交税费/应交增值税/销项税额		546000
票号 日期	数量 单价 合计	4746000	4746000

图 5-77 分期收款现结制单

3. 账套输出

全部完成后，将账套输出至“5-5 分期收款”文件夹中。

实验六 零售日报业务

实验准备

已经完成第 5 章实验五的操作，或者引入“5-5 分期收款”账套备份数据。以 111 操作员(密码为 1)的身份登录 888 账套进行零售日报业务处理。

实验内容

- 填制销售日报
- 生成销售发货单
- 生成销售出库单
- 确认、收取销售款项

- 确认销售成本
- 账套输出

实验资料

1. 零售日报——先进先出法核算存货

1月28日，门市部累计向零散客户销售明辉鞋仓明辉女休闲鞋200双，单价650元；明辉男休闲鞋50双，单价650元；明辉男凉鞋100双，单价450元。全部为赊销。

2. 零售日报——全月平均法核算存货

1月28日，门市部累计向零散客户销售兰宇箱包仓的女士钱包200个，单价200元；男士钱包30个，单价220元。全部为赊销。

3. 零售日报——售价法核算存货

1月28日，门市部累计向零散客户销售手机仓中的宏丰学生机10部，单价2 500元。全部为现销(现金支票XJ112255)，金额28 250元，款项全额收讫。

实验指导

零售日报业务即是零售业务，是处理商业企业将商品销售给零售客户的销售业务。零售业务是根据相应的销售票据，按日汇总数据，然后通过零售日报进行处理。

零售日报业务的处理流程如图5-78所示。

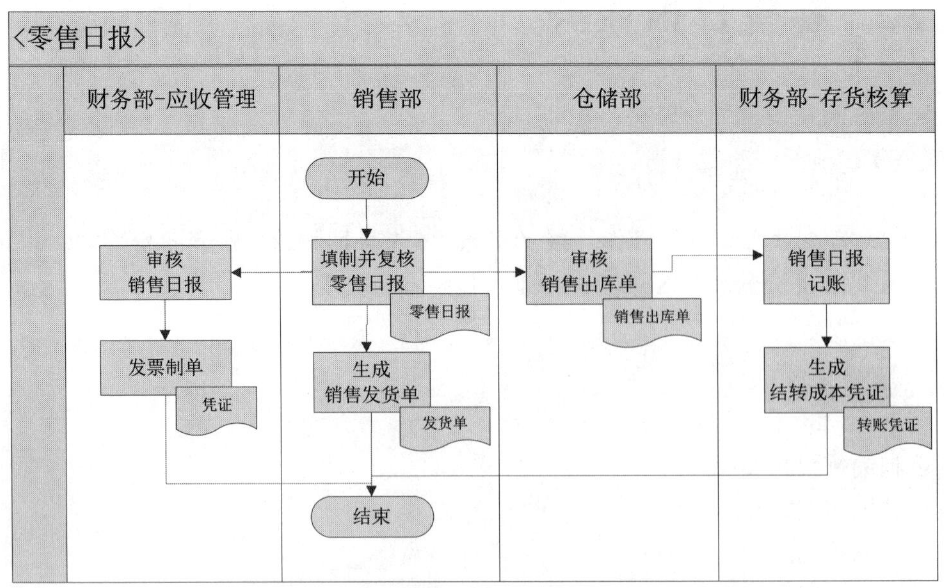

图5-78　零售日报业务的处理流程

1. 第 1 笔零售业务的处理

本笔业务需要在销售管理系统中填制、复核零售日报，生成销售发货单；在库存管理系统中审核销售出库单，在存货核算系统中对零售日报记账并确认销售成本；在应收款管理系统中审核零售日报并确认收入和应收款项。

(1) 在销售管理系统中填制并复核零售日报

操作步骤 (微课视频：sy05060101)

① 在销售管理系统中，执行“零售日报”|“零售日报”命令，进入“零售日报”窗口。

② 单击“增加”按钮，选择销售类型“门市零售”，客户“零散客户”，输入其他各项信息。单击“保存”按钮，再单击“复核”按钮，如图 5-79 所示。

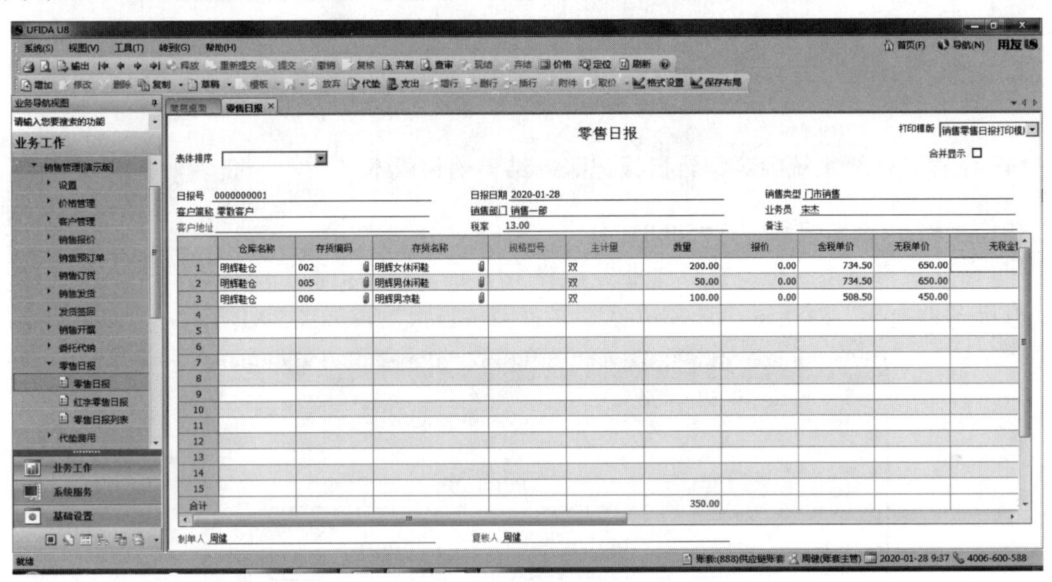

图 5-79 零售日报

(2) 在销售管理系统中根据复核后的零售日报自动生成发货单

操作步骤 (微课视频：sy05060102)

执行“销售发货”|“发货单”命令，进入“发货单”窗口，系统已经根据复核后的零售日报自动生成了发货单。

(3) 在库存管理系统中根据复核后的零售日报生成销售出库单

操作步骤 (微课视频：sy05060103)

在库存管理系统中，执行“出库业务”|“销售出库单”命令，找到根据零售日报生成的销售出库单，单击“审核”按钮，如图 5-80 所示。

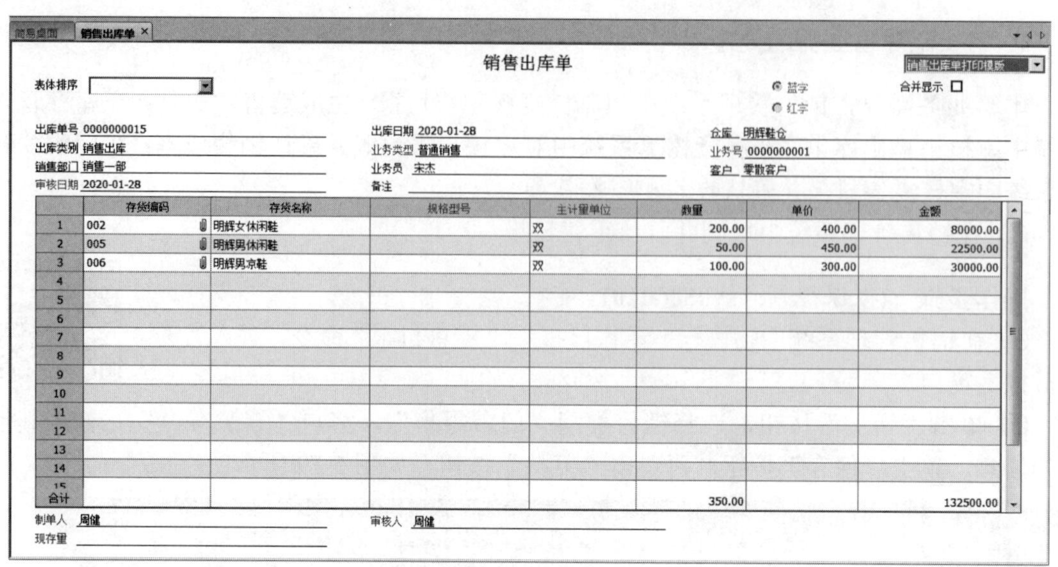

图 5-80　销售出库单

(4) 在存货核算系统中对销售日报记账，结转销售成本

操作步骤　(微课视频：sy05060104)

① 在存货核算系统中，执行“业务核算”|“正常单据记账”命令，打开“查询条件选择”对话框。选择单据类型“销售日报”，如图5-81所示。

查询条件选择
保存常用条件　过滤方案
常用条件
仓库 明辉鞋仓
部门 到
仓库所属部门 到
单据类型 销售日报
存货编码 到
存货代码 到
存货名称 到
规格型号 到
单据号 到
单据日期 到
收发类别 到
业务类型
数量 到
单价 到
金额 到
包含未开发… 是　包含未审核… 是
负结存时销… 否　出库单上所… 否
确定(E)　取消(C)

图 5-81　选择零售日报记账

② 单击“确定”按钮，进入“未记账单据一览表”窗口。选择明辉鞋仓的零售日报记账。

③ 执行“财务核算”|“生成凭证”命令，单击“选择”按钮，打开“查询条件”对话框。选择“销售日报”合成生成凭证，如图 5-82 所示。

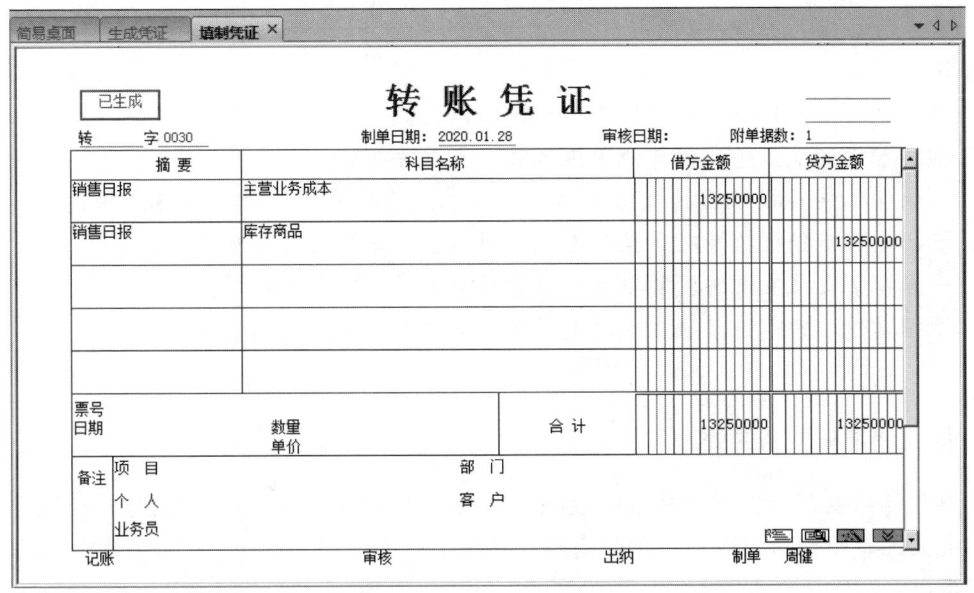

简易桌面 | 生成凭证 | 填制凭证

已生成

转 账 凭 证

转 字 0030 制单日期：2020.01.28 审核日期： 附单据数：1

摘要	科目名称	借方金额	贷方金额
销售日报	主营业务成本	13250000	
销售日报	库存商品		13250000
票号 日期	数量 单价 合计	13250000	13250000

备注 项目 部门

个人 客户

业务员

记账 审核 出纳 制单 周健

图 5-82　零售结转销售成本凭证

(5) 在应收款管理系统中审核销售零售日报并制单

操作步骤　(微课视频：sy05060105)

① 在应收款管理系统中，执行“应收单据处理”|“应收单据审核”命令，审核销售零售日报。

② 执行“制单处理”命令，选择“发票制单”，生成零售日报确认收入的凭证，如图 5-83 所示。

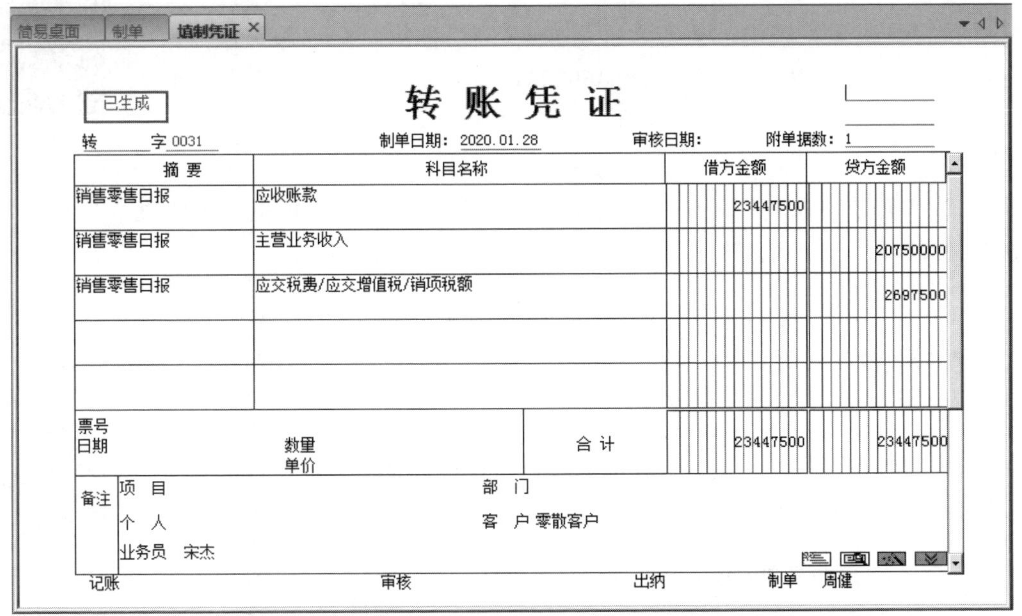

简易桌面 | 制单 | 填制凭证

已生成

转 账 凭 证

转 字 0031 制单日期：2020.01.28 审核日期： 附单据数：1

摘要	科目名称	借方金额	贷方金额
销售零售日报	应收账款	23447500	
销售零售日报	主营业务收入		20750000
销售零售日报	应交税费/应交增值税/销项税额		2697500
票号 日期	数量 单价 合计	23447500	23447500

备注 项目 部门

个人 客户 零散客户

业务员 宋杰

记账 审核 出纳 制单 周健

图 5-83　零售确认收入凭证

提示：

- 新增销售零售日报时默认税率为零，可以修改。
- 销售零售日报不能参照其他单据生成，只能手工输入。
- 在销售零售日报界面的表体中右击，可以查看保存后的销售零售日报的存货现存量、当前单据收款情况、预估毛利、对应发货单、对应出库单等。
- 一张零售日报生成的发货单可以分仓库生成多张销售出库单。
- 根据复核后的零售日报生成的发货单不能修改、删除，只能查询。

2. 第 2 笔零售业务的处理

本笔业务需要在销售管理系统中填制、复核零售日报，生成销售发货单；在库存管理系统中生成并审核销售出库单；在存货核算系统中对零售日报记账；在应收款管理系统中审核零售日报，确认收入并收款。

操作步骤

(1) 在销售管理系统中，执行“零售日报”|“零售日报”命令，填制零售日报并复核　**(微课视频：sy05060201)**

(2) 在库存管理系统中，执行“出库业务”|“销售出库单”命令，审核销售出库单　**(微课视频：sy05060202)**

(3) 在存货核算系统中，执行“业务核算”|“正常单据记账”命令，选择销售日报记账　**(微课视频：sy05060203)**

提示：

由于兰宇箱包仓采用的是全月一次加权平均计算成本，在此先不结转成本，待期末处理后再行结转。

(4) 在应收款管理系统中，执行“应收单据处理”|“应收单据审核”命令，审核销售零售日报

在应收款管理系统中，执行“制单处理”命令，生成确认零售收入凭证。**(微课视频：sy05060204)**

3. 第 3 笔零售业务的处理

本笔业务需要在销售管理系统中填制、复核零售日报，生成销售发货单，在库存管理

系统中审核销售出库单；在应收款管理系统中审核零售日报，确认收入并收款。

(1) 在销售管理系统中填制零售日报并现结

操作步骤 (微课视频：sy05060301)

① 在销售管理系统中，执行“零售日报”|“零售日报”命令，填制零售日报并保存。

② 单击“现结”按钮，进行现结处理。

③ 单击“复核”按钮，对零售日报进行复核。

(2) 在库存管理系统中，执行“出库业务”|“销售出库单”命令，审核销售出库单 **(微课视频：sy05060302)**

(3) 在存货核算系统中，执行“业务核算”|“正常单据记账”命令，选择销售日报记账 **(微课视频：sy05060303)**

(4) 在应收款管理系统中，执行“应收单据处理”|“应收单据审核”命令，选择“包含已现结发票”单据审核，审核销售零售日报

在应收款管理系统中，执行“制单处理”命令，选择“现结”制单，生成确认零售收入、收取款项的凭证。 **(微课视频：sy05060304)**

4. 账套输出

全部完成后，将账套输出至“5-6 零售日报”文件夹中。

实验七 销售账表统计分析

实验准备

已经完成第5章实验六的操作，或者引入“5-6 零售日报”账套备份数据。以111操作员(密码为1)的身份登录888账套进行销售账表查询与分析。

实验内容

- 查询本月销售统计表
- 查询本月发货统计表
- 查询本月销售综合统计表
- 查询本月销售收入明细账
- 查询本月销售成本明细账
- 对本月销售结构进行分析

- 销售毛利分析
- 商品销售市场分析
- 对本月销售情况进行综合分析

实验指导

销售管理系统通过“报表”菜单的各种账表提供多角度、多方位的综合查询和分析。销售管理系统可以查询和分析统计表、明细账、销售分析和综合分析。只有商业版的账套才能使用“综合分析”功能，否则，“综合分析”菜单不可见。

1. 查询本月销售统计表

销售管理系统提供的销售统计表能够查询销售金额、折扣、成本、毛利等数据，其中存货成本数据来源于存货核算系统；销售金额、折扣来自于销售管理系统的各种销售发票，包括蓝字发票、红字发票和销售日报等。

操作步骤 (微课视频：sy050701)

① 在销售管理系统中，执行“报表”|“统计表”|“销售统计表”命令，打开“查询条件选择”对话框。

② 单击“确定”按钮，显示销售统计表，如图 5-84 所示。

简易桌面 销售统计表

销售统计表

开票日期： 2020-01-01 2020-01-31 结算日期 2020-01-01 2020-01-31

部门名称	业务员名称	存货名称	数量	单价	金额	税额	价税合计	折扣	成本	毛利	毛
销售二部	孙建华	宏丰商务机	45.00	4,200.00	189,000.00	24,570.00	213,570.00	5,085.00		189,000.00	
销售二部	孙建华	明辉男凉鞋									
销售二部	孙建华	明辉男休闲鞋	100.00	650.00	65,000.00	8,450.00	73,450.00			65,000.00	
销售二部	孙建华	兰宇男士钱包	300.00	200.00	60,000.00	7,800.00	67,800.00			60,000.00	
销售二部	孙建华	明辉女休闲鞋	180.00	650.00	117,000.00	15,210.00	132,210.00		72,000.00	45,000.00	
销售一部	宋杰	宏丰商务机	20.00	4,200.00	84,000.00	10,920.00	94,920.00		74,000.00	10,000.00	
销售一部	宋杰	宏丰学生机	20.00	2,200.00	44,000.00	5,720.00	49,720.00		36,000.00	8,000.00	
销售一部	宋杰	明辉男凉鞋	150.00	450.00	67,500.00	8,775.00	76,275.00		45,000.00	22,500.00	
销售一部	宋杰	明辉女凉鞋	90.00	400.00	36,000.00	4,680.00	40,680.00			36,000.00	
销售一部	宋杰	明辉女休闲鞋	100.00	650.00	65,000.00	8,450.00	73,450.00		40,000.00	25,000.00	
销售一部	宋杰	明辉女正装鞋	100.00	500.00	50,000.00	6,500.00	56,500.00		35,000.00	15,000.00	
销售一部	宋杰	宏丰学生机	10.00	2,500.00	25,000.00	3,250.00	28,250.00		18,000.00	7,000.00	
销售一部	宋杰	兰宇男士钱包	30.00	220.00	6,600.00	858.00	7,458.00			6,600.00	
销售一部	宋杰	兰宇女士钱包	200.00	200.00	40,000.00	5,200.00	45,200.00			40,000.00	
销售一部	宋杰	明辉男凉鞋	100.00	450.00	45,000.00	5,850.00	50,850.00		30,000.00	15,000.00	
销售一部	宋杰	明辉男休闲鞋	50.00	650.00	32,500.00	4,225.00	36,725.00		22,500.00	10,000.00	
销售一部	宋杰	明辉女休闲鞋	200.00	650.00	130,000.00	16,900.00	146,900.00		80,000.00	50,000.00	
销售一部	宋杰	宏丰商务机	10.00	4,200.00	42,000.00	5,460.00	47,460.00			42,000.00	
销售一部	宋杰	兰宇男士钱包	450.00	200.00	90,000.00	11,700.00	101,700.00	847.50		90,000.00	
销售一部	宋杰	兰宇女士钱包	300.00	200.00	60,000.00	7,800.00	67,800.00	1,695.00		60,000.00	

数据 图表 共20条 共20组，共1页

图 5-84　销售统计表

2. 查询本月发货统计表

销售管理系统提供的发货统计表可以统计存货的期初、发货、开票和结存等各项业务数据。其中根据发货单和退货单统计发货数量，根据销售发票、零售日报及其对应的红字发票统计结算数据。

操作步骤 (微课视频：sy050702)

① 在销售管理系统中，执行“报表”|“统计表”|“发货统计表”命令，打开“查询条件选择”对话框。

② 单击“确定”按钮，显示发货统计表，如图5-85所示。

发货统计表

日期： 2020-01-01 2020-01-31

部门	客户	业务员	存货名称	期初数量	期初金额	期初税额	期初价税合计	期初折扣	发货数量	发货金额	发货税额	发货价税合计
销售二部	青岛市华光百货公司	孙建华	宏丰商务机						45.00	189,000.00	24,570.00	213,570.00
销售二部	青岛市华光百货公司	孙建华	明辉男休闲鞋						100.00	65,000.00	8,450.00	73,450.00
销售二部	(小计)青岛市华光百货…								145.00	254,000.00	33,020.00	287,020.00
销售二部	郑州丹尼斯百货公司	孙建华	兰宇男士钱包	300.00	60,000.00	7,800.00	67,800.00					
销售二部	郑州丹尼斯百货公司	孙建华	明辉女休闲鞋						180.00	117,000.00	15,210.00	132,210.00
销售二部	(小计)郑州丹尼斯百货…			300.00	60,000.00	7,800.00	67,800.00		180.00	117,000.00	15,210.00	132,210.00
(小计)…				300.00	60,000.00	7,800.00	67,800.00		325.00	371,000.00	48,230.00	419,230.00
销售一部	北京燕莎百货公司	宋杰	明辉男凉鞋	150.00	67,500.00	8,775.00	76,275.00					
销售一部	北京燕莎百货公司	宋杰	明辉女凉鞋						90.00	36,000.00	4,680.00	40,680.00
销售一部	北京燕莎百货公司	宋杰	明辉女休闲鞋						100.00	65,000.00	8,450.00	73,450.00
销售一部	北京燕莎百货公司	宋杰	明辉女正装鞋						100.00	50,000.00	6,500.00	56,500.00
销售一部	(小计)北京燕莎百货公司			150.00	67,500.00	8,775.00	76,275.00		290.00	151,000.00	19,630.00	170,630.00
销售一部	零散客户	宋杰	宏丰学生机						10.00	25,000.00	3,250.00	28,250.00
销售一部	零散客户	宋杰	兰宇男士钱包						30.00	6,600.00	858.00	7,458.00
销售一部	零散客户	宋杰	兰宇女士钱包						200.00	40,000.00	5,200.00	45,200.00
销售一部	零散客户	宋杰	明辉男凉鞋						100.00	45,000.00	5,850.00	50,850.00
销售一部	零散客户	宋杰	明辉男休闲鞋						50.00	32,500.00	4,225.00	36,725.00
销售一部	零散客户	宋杰	明辉女休闲鞋						200.00	130,000.00	16,900.00	146,900.00
销售一部	(小计)零散客户								590.00	279,100.00	36,283.00	315,383.00
销售一部	上海明兴贸易公司	宋杰	宏丰商务机						10.00	42,000.00	5,460.00	47,460.00

共18条 共2组，共1页

图5-85 发货统计表

3. 查询本月销售综合统计表

销售管理系统提供的销售综合统计表可以查询企业的订货、发货、开票、出库和回款等统计数据。它综合了销售订单、销售发货单、销售发票和销售出库单的相关信息。

操作步骤 (微课视频：sy050703)

① 在销售管理系统中，执行“报表”|“统计表”|“销售综合统计表”命令，打开“查询条件选择”对话框。

② 单击“确定”按钮，显示销售综合统计表，如图5-86所示。

4. 查询本月销售收入明细账

销售管理系统提供的销售收入明细账可以查询各类销售发票(包括销售调拨单、零售日报、红字发票)的明细数据。与销售收入统计表相比，销售收入明细账提供的销售发票的查询信息更为详尽，包括票号、日期、数量、单价、对应的凭证号等，可以兼顾会计和业务的不同需要。

操作步骤 (微课视频：sy050704)

① 执行“报表”|“明细表”|“销售收入明细账”命令，打开“查询条件选择”对话框。

② 单击“确定”按钮，显示销售收入明细账，如图5-87所示。

销售综合统计表

日期： 2020-01-01 2020-01-31

日期	部门	客户	业务员	单据类型	订单号	订货数量	订货金额	订货价税合计	订货折扣	发货单号	发货数	发货金额	发货价税合
2020/1/15	销售一部	北京燕莎百货公司	宋杰	现结									
2020/1/15	销售一部	北京燕莎百货公司	宋杰	销售专用发票									
(小计)2020…													
2020/1/16	销售二部	青岛市华光百货公司	孙建华	销售订单	0000000001	45.00	189,000.00	213,570.00	5,085.00				
2020/1/16	销售二部	郑州丹尼斯百货公司	孙建华	销售专用发票									
(小计)2020…						45.00	189,000.00	213,570.00	5,085.00				
2020/1/17	销售一部	北京燕莎百货公司	宋杰	销售订单	0000000002	650.00	400,000.00	452,000.00					
(小计)2020…						650.00	400,000.00	452,000.00					
2020/1/18	销售二部	青岛市华光百货公司	孙建华	销售出库单									
2020/1/18	销售二部	青岛市华光百货公司	孙建华	销售专用发票									
2020/1/18	销售二部	青岛市华光百货公司	孙建华	发货单						0000000004	45.00	189,000.00	213,570.00
2020/1/18	销售一部	北京燕莎百货公司	宋杰	现结									
2020/1/18	销售一部	北京燕莎百货公司	宋杰	销售出库单									
2020/1/18	销售一部	北京燕莎百货公司	宋杰	销售专用发票									
2020/1/18	销售一部	北京燕莎百货公司	宋杰	销售专用发票									
2020/1/18	销售一部	北京燕莎百货公司	宋杰	发货单						0000000005	200.00	115,000.00	129,950.00
(小计)2020…											245.00	304,000.00	343,520.00
2020/1/20	销售一部	北京燕莎百货公司	宋杰	现结									
2020/1/20	销售一部	北京燕莎百货公司	宋杰	销售出库单									
2020/1/20	销售一部	北京燕莎百货公司	宋杰	销售专用发票									

数据 图表 共64条 共11组，共2页 1

图 5-86 销售综合统计表

销售收入明细账

日期： 2020-01-01 2020-01-31 部门： 客户 ： 到

业务员：

年	月	日	销售类型	单据类型	发票号	存货名称	数量	无税单价	含税单价	金额	税额	价税合计	折扣
2020	1	15	批发销售	销售专用发票	ZY185101	明辉男凉鞋	150.00	450.00	508.50	67,500.00	8,775.00	76,275.00	
2020	1	16	批发销售	销售专用发票	ZY185102	兰宇男士钱包	300.00	200.00	226.00	60,000.00	7,800.00	67,800.00	
2020	1	18	批发销售	销售专用发票	ZY185103	宏丰商务机	45.00	4,200.00	4,746.00	189,000.00	24,570.00	213,570.00	5,085.00
2020	1	18	批发销售	销售专用发票	ZY185104	明辉女休闲鞋	100.00	650.00	734.50	65,000.00	8,450.00	73,450.00	
2020	1	18	批发销售	销售专用发票	ZY185105	明辉女正装鞋	100.00	500.00	565.00	50,000.00	6,500.00	56,500.00	
2020	1	20	批发销售	销售专用发票	ZY185201	明辉女凉鞋	100.00	400.00	452.00	40,000.00	5,200.00	45,200.00	
2020	1	20	批发销售	销售专用发票	ZY185202	兰宇男士钱包	300.00	200.00	226.00	60,000.00	7,800.00	67,800.00	
2020	1	22	批发销售	销售专用发票	ZY185203	明辉女休闲鞋	200.00	650.00	734.50	130,000.00	16,900.00	146,900.00	
2020	1	22	批发销售	销售专用发票	ZY185204	明辉男凉鞋	100.00	450.00	508.50	45,000.00	5,850.00	50,850.00	
2020	1	22	批发销售	销售专用发票	ZY185204	明辉男休闲鞋	100.00	650.00	734.50	65,000.00	8,450.00	73,450.00	
2020	1	24	销售退回	销售专用发票	ZY185301	明辉男凉鞋	-100.00	450.00	508.50	-45,000.00	-5,850.00	-50,850.00	
2020	1	25	销售退回	销售专用发票	ZY185303	明辉女凉鞋	-10.00	400.00	452.00	-4,000.00	-520.00	-4,520.00	
2020	1	25	销售退回	销售专用发票	ZY185304	明辉女休闲鞋	-20.00	650.00	734.50	-13,000.00	-1,690.00	-14,690.00	
2020	1	26	批发销售	销售专用发票	ZY185402	宏丰商务机	20.00	4,200.00	4,746.00	84,000.00	10,920.00	94,920.00	
2020	1	26	批发销售	销售专用发票	ZY185402	宏丰学生机	20.00	2,200.00	2,486.00	44,000.00	5,720.00	49,720.00	
2020	1	26	批发销售	销售专用发票	ZY185501	兰宇男士钱包	150.00	200.00	226.00	30,000.00	3,900.00	33,900.00	847.50
2020	1	26	批发销售	销售专用发票	ZY185501	兰宇女士钱包	300.00	200.00	226.00	60,000.00	7,800.00	67,800.00	1,695.00
2020	1	28	门市销售	销售零售日报	0000000001	明辉男凉鞋	100.00	450.00	508.50	45,000.00	5,850.00	50,850.00	
2020	1	28	门市销售	销售零售日报	0000000001	明辉男休闲鞋	50.00	650.00	734.50	32,500.00	4,225.00	36,725.00	
2020	1	28	门市销售	销售零售日报	0000000001	明辉女休闲鞋	200.00	650.00	734.50	130,000.00	16,900.00	146,900.00	

数据 图表 共24条 共1组，共1页

图 5-87 销售收入明细账

5. 查询本月销售成本明细账

销售管理系统提供的销售成本明细账可以查询各种销售存货的销售成本情况。销售出库单、出库调整单、销售发票提供销售成本明细账的数据来源。销售成本明细账比销售收入统计表提供的存货销售成本的信息更为详尽，可以兼顾会计和业务的不同需要。如果没有启用总账系统和存货核算系统，则无法查询销售成本明细账。

操作步骤 (微课视频：sy050705)

① 执行“报表”|“明细表”|“销售成本明细账”命令，打开“查询条件选择”对话框。

② 单击“确定”按钮，显示销售成本明细账，如图5-88所示。

简易桌面 销售成本明细账

销售成本明细账

记账日期：

单据日期： 2020-01-01 2020-01-31

会计月	部门	客户	业务员	单据号	数量	单价	成本
1	销售二部	郑州丹尼斯百货公司	孙建华	ZY185203	200.00	400.00	80,000.00
1	销售二部	郑州丹尼斯百货公司	孙建华	ZY185304	-20.00	400.00	-8,000.00
1	(小计)销售二部				180.00	400.00	72,000.00
1	销售一部	北京燕莎百货公司	宋杰	ZY185101	150.00	300.00	45,000.00
1	销售一部	北京燕莎百货公司	宋杰	ZY185104	100.00	400.00	40,000.00
1	销售一部	北京燕莎百货公司	宋杰	ZY185105	100.00	350.00	35,000.00
1	销售一部	北京燕莎百货公司	宋杰	ZY185402	40.00	2,750.00	110,000.00
1	销售一部	零散客户	宋杰	0000000001	350.00	378.57	132,500.00
1	销售一部	零散客户	宋杰	0000000002	230.00		
1	销售一部	零散客户	宋杰	0000000003	10.00	1,800.00	18,000.00
1	(小计)销售一部				980.00	388.27	380,500.00
(小计)1					1,160.00	390.09	452,500.00
总计					1,160.00	390.09	452,500.00

数据 图表 共9条 共1组，共1页

图5-88 销售成本明细账

6. 销售结构分析

销售结构分析可以按照不同的分组条件，如客户、业务员、存货等对任意时间段的销售构成情况进行分析。按照存货分别可以统计发出的货物占整个发货数量的百分比、各类发出货物的销售收入占全部销售收入的百分比、发出货物的销售额占销售总金额的百分比等数据。在这种条件下，还可以分析货物是否滞销。

操作步骤 (微课视频：sy050706)

① 执行“报表”|“销售分析”|“销售结构分析”命令，打开“查询条件选择”对话框。

② 单击“确定”按钮，显示销售结构分析表，如图5-89所示。

7. 销售毛利分析

销售管理系统提供的销售毛利分析可以统计货物在不同期间的毛利变动及其影响原因。

操作步骤 (微课视频：sy050707)

① 执行“报表”|“销售分析”|“销售毛利分析”命令，打开“查询条件选择”对话框。

② 单击“确定”按钮，显示销售毛利分析表，如图5-90所示。

销售结构分析

日期：2020-01-01　2020-01-29

客户	存货名称	发货数量	发货数量%	发货金额	发货金额%	退货数量	退货数量%	退货金额	退货金额%	销售数量	销售数量%	销售金额	销售金额%	销售收入
北京燕莎百货公司	宏丰商务机									20.00	0.81%	94,920.00	6.73%	84,000.0
北京燕莎百货公司	宏丰学生机									20.00	0.81%	49,720.00	3.52%	44,000.0
北京燕莎百货公司	明辉男凉鞋									150.00	6.11%	76,275.00	5.41%	67,500.0
北京燕莎百货公司	明辉女凉鞋	90.00	4.58%	40,680.00	3.63%	-10.00	7.14%	-4,520.00	3.85%	90.00	3.67%	40,680.00	2.88%	36,000.0
北京燕莎百货公司	明辉女休闲鞋	100.00	5.09%	73,450.00	6.55%					100.00	4.07%	73,450.00	5.21%	65,000.0
北京燕莎百货公司	明辉女正装鞋	100.00	5.09%	56,500.00	5.03%					100.00	4.07%	56,500.00	4.00%	50,000.0
零散客户	宏丰学生机	10.00	0.51%	28,250.00	2.52%					10.00	0.41%	28,250.00	2.00%	25,000.0
零散客户	兰宇男士钱包	30.00	1.53%	7,458.00	0.66%					30.00	1.22%	7,458.00	0.53%	6,600.0
零散客户	兰宇女士钱包	200.00	10.18%	45,200.00	4.03%					200.00	8.15%	45,200.00	3.20%	40,000.0
零散客户	明辉男凉鞋	100.00	5.09%	50,850.00	4.53%					100.00	4.07%	50,850.00	3.60%	45,000.0
零散客户	明辉男休闲鞋	50.00	2.54%	36,725.00	3.27%					50.00	2.04%	36,725.00	2.60%	32,500.0
零散客户	明辉女休闲鞋	200.00	10.18%	146,900.00	13.09%					200.00	8.15%	146,900.00	10.41%	130,000.0
青岛市华光百货…	宏丰商务机	45.00	2.29%	213,570.00	19.03%					45.00	1.83%	213,570.00	15.14%	189,000.0
青岛市华光百货…	明辉男凉鞋					-100.00	71.43%	-50,850.00	43.27%					
青岛市华光百货…	明辉男休闲鞋	100.00	5.09%	73,450.00	6.55%					100.00	4.07%	73,450.00	5.21%	65,000.0
上海明兴贸易公司	宏丰商务机	10.00	0.51%	47,460.00	4.23%	-10.00	7.14%	-47,460.00	40.38%	10.00	0.41%	47,460.00	3.36%	42,000.0
上海明兴贸易公司	兰宇男士钱包	450.00	22.90%	101,700.00	9.06%					450.00	18.33%	101,700.00	7.21%	90,000.0
上海明兴贸易公司	兰宇女士钱包	300.00	15.27%	67,800.00	6.04%					300.00	12.22%	67,800.00	4.81%	60,000.0
郑州丹尼斯百货…	兰宇男士钱包									300.00	12.22%	67,800.00	4.81%	60,000.0
郑州丹尼斯百货…	明辉女休闲鞋	180.00	9.16%	132,210.00	11.78%	-20.00	14.29%	-14,690.00	12.50%	180.00	7.33%	132,210.00	9.37%	117,000.0

数据　图表　　共20条 共20组，共1页

图 5-89　销售结构分析表

销售毛利分析

前期：　本期：

部门	存货名称	前期				本期				数量增减及成本影响	
		前期数量	前期售价	前期成本	前期毛利	本期数量	本期售价	本期成本	本期毛利	毛利	前期金额
销售二部	宏丰商务机					45.00	4,200.00		189,000.00	189,000.00	
销售二部	兰宇男士钱包					300.00	200.00		60,000.00	60,000.00	
销售二部	明辉男凉鞋										
销售二部	明辉男休闲鞋					100.00	650.00		65,000.00	65,000.00	
销售二部	明辉女休闲鞋					180.00	650.00	400.00	45,000.00	45,000.00	
(小计)销…						625.00	689.60	400.00	359,000.00	359,000.00	
销售一部	宏丰商务机					30.00	4,200.00	2,466.67	52,000.00	52,000.00	
销售一部	宏丰学生机					30.00	2,300.00	1,800.00	15,000.00	15,000.00	
销售一部	兰宇男士钱包					480.00	201.25		96,600.00	96,600.00	
销售一部	兰宇女士钱包					500.00	200.00		100,000.00	100,000.00	
销售一部	明辉男凉鞋					250.00	450.00	300.00	37,500.00	37,500.00	
销售一部	明辉男休闲鞋					50.00	650.00	450.00	10,000.00	10,000.00	
销售一部	明辉女凉鞋					90.00	400.00		36,000.00	36,000.00	
销售一部	明辉女休闲鞋					300.00	650.00	400.00	75,000.00	75,000.00	
销售一部	明辉女正装鞋					100.00	500.00	350.00	15,000.00	15,000.00	
(小计)销…						1,830.00	446.78	5,766.67	437,100.00	437,100.00	
总计						2,455.00	508.59	6,166.67	796,100.00	796,100.00	

数据　图表　　共14条 共2组，共1页

图 5-90　销售毛利分析表

8. 商品销售市场分析

销售管理系统的市场分析可以反映某一时间区间内部门或业务员所负责的客户或地区的销售及其回款情况，还可以反映已发货未开票的比例情况等。

操作步骤　(微课视频：sy050708)

① 执行“报表”|“销售分析”|“市场分析”命令，打开“查询条件选择”窗口。

② 单击“确定”按钮，显示商品销售市场分析表，如图 5-91 所示。

简易桌面　市场分析

市场分析

时间：　2020-01-01　2020-01-29

客户	发货金额	发货金额%	发货价税合计	发货价税合计%	开票金额	开票金额%	开票价税合计	开票价税合计%	应收余额	应收金额%
北京燕莎百货公司	151,000.00	15.20%	170,630.00	15.20%	346,500.00	27.75%	391,545.00	27.75%	201,140.00	20.06%
零散客户	279,100.00	28.10%	315,383.00	28.10%	279,100.00	22.35%	315,383.00	22.35%	287,133.00	28.63%
青岛市华光百货公司	254,000.00	25.58%	287,020.00	25.58%	254,000.00	20.34%	287,020.00	20.34%	287,520.00	28.67%
上海明兴贸易公司	192,000.00	19.33%	216,960.00	19.33%	192,000.00	15.38%	216,960.00	15.38%	159,330.00	15.89%
郑州丹尼斯百货公司	117,000.00	11.78%	132,210.00	11.78%	177,000.00	14.18%	200,010.00	14.18%	67,800.00	6.76%
总计	993,100.00	100.00%	1,122,203···	100.00%	1,248,600···	100.00%	1,410,918.00	100.00%	1,002,923···	100.00%

数据　图表　　共5条 共5组，共1页

图 5-91　商品销售市场分析表

9. 综合分析

销售综合分析可以分为动销分析、商品周转率分析、畅适销分析和经营状况分析等。

(1) 动销分析

动销分析可以按商品、部门分析任意时间段销售货物中的动销率及其未动销货物的时间构成。

操作步骤　(微课视频：sy05070901)

① 执行“报表”|“综合分析”|“动销分析”命令，打开“查询条件选择”对话框。

② 单击“确定”按钮，显示动销分析表，如图 5-92 所示。

简易桌面　动销分析

动销分析

日期：

存货名称	规格型号	经营品种数	动销品种	未动销品种	动销率
明辉女正装鞋		1.00	1.00		100.00%
明辉女休闲鞋		1.00	1.00		100.00%
明辉女凉鞋		1.00		1.00	
明辉男正装鞋		1.00		1.00	
明辉男休闲鞋		1.00	1.00		100.00%
明辉男凉鞋		1.00	1.00		100.00%
兰宇女士钱包		1.00	1.00		100.00%
兰宇女士单肩包		1.00		1.00	
兰宇男士钱包		1.00	1.00		100.00%
兰宇男士手提包		1.00		1.00	
伊梦普通机		1.00		1.00	
伊梦商务机		1.00		1.00	
宏丰学生机		1.00	1.00		100.00%
宏丰商务机		1.00	1.00		100.00%
总计		14.00	8.00	6.00	57.14%

数据　　共14条 共1页

图 5-92　动销分析表

(2) 商品周转率分析

商品周转率分析功能是分析某时间范围内某部门所经营商品的周转速度。如果选择周转率类别为发货周转率，则周转指发货周转；如果选择周转率类别为销售周转率，则周转指销售周转。

操作步骤 (微课视频：sy05070902)

① 执行“报表”|“综合分析”|“商品周转率分析”命令，打开“查询条件选择”窗口。

② 分析年度“2020”，分析日期“2020-01-01”到“2020-01-31”，单击“确定”按钮，显示商品周转率分析表，如图 5-93 所示。

简易桌面 | 商品周转率分析

商品周转率分析

日期： 2020-01-01 2020-01-31

存货名称	规格型号	周转数量	周转次数	周转天数	月周转次数
明辉女正装鞋		100.00	0.34	90.00	0.33
明辉女休闲鞋		480.00	0.57	54.54	0.55
明辉女凉鞋		90.00	0.14	224.45	0.13
明辉男正装鞋					
明辉男休闲鞋		150.00	0.77	40.17	0.75
明辉男凉鞋		250.00	2.30	13.50	2.22
兰宇女士钱包		500.00	1.80	17.20	1.74
兰宇女士单肩包					
兰宇男士钱包		780.00	1.57	19.74	1.52
兰宇男士手提包					
伊梦普通机					
伊梦商务机					
宏丰学生机		30.00	1.10	28.17	1.07
宏丰商务机		75.00	1.48	21.01	1.43
总计		2,455.00	10.07	508.78	9.74

数据 共14条 共1页

图 5-93 商品周转率分析表

提示：

- 销售管理系统的综合分析只能在商业版中使用，即新建账套时选择“企业类型”为“商业”；而且销售管理系统与存货核算系统联合使用时，才可以使用综合分析功能。
- 周转率分析还可以在“条件过滤”窗口中选择“发货周转率”进行查询。
- 综合分析中的畅适销分析和经营状况分析的查询方法与其他分析方法类似。

探究与挑战

1. 为什么有的存货在销售的同时可以结转销售成本，而有些存货不能，原因何在？
2. 参照分期收款流程描述和其他销售业务流程图，画出第 2 笔分期收款业务流程图。
3. 你理解销售选项“销售生成出库单”的作用了吗？

第6章

库存管理

功能概述

用友 U8 库存管理主要是对企业存货的出入库及结存数量进行管理。库存管理可以单独使用，也可以与采购管理、销售管理、存货核算集成使用。

库存管理的主要功能包括以下几项：

(1) 日常收发存业务处理

库存管理系统的主要功能是对采购管理系统、销售管理系统及库存管理系统填制的各种出入库单据进行审核，并对存货的出入库数量进行管理。

除管理采购业务、销售业务形成的入库和出库业务外，还可以处理仓库间的调拨业务、盘点业务、组装拆卸业务、形态转换业务等。

(2) 库存控制

库存管理系统支持批次跟踪、保质期管理、受托代销商品管理、不合格品管理、现存量(可用量)管理、安全库存管理，对超储、短缺、呆滞积压、超额领料等情况进行报警。

(3) 库存账簿及统计分析

库存管理系统可以提供出入库流水账、库存台账、受托代销商品备查簿、委托代销商品备查簿、呆滞积压存货备查簿供用户查询，同时提供各种统计汇总表。

实验目的与要求

本章应从了解库存管理各种出入库业务、盘点业务和一些特殊业务等入手，进而了解库存管理与采购管理、销售管理、存货核算模块之间的关系。通过本章的学习，加深对 U8 库存管理系统的认识，了解企业中库存管理的重要作用。

教学建议

建议本章讲授 2 课时，上机操作练习 2 课时。

实验一　调拨与盘点

实验准备

已经完成第 1～5 章的所有实验内容，或引入“5-6 零售日报”账套备份数据，以 111 操作员(密码为 1)的身份登录 888 账套进行调拨与盘点业务处理。

实验内容

- 调拨业务处理
- 盘点业务处理

实验资料

1. 仓库调拨—转出

1 月 28 日，由于明辉鞋仓漏水，将所有女正装鞋转移到兰宇箱包仓，以方便维修，由仓储部负责。

2. 仓库盘点

1 月 30 日，仓储部李莉对明辉鞋仓中的所有存货进行盘点，仓库中的实际数量如表 6-1 所示。

表 6-1　仓库中的实际数量

仓库名称	存货名称	主计量单位	辅计量单位	换算率	分类名称	现存数量
明辉鞋仓	明辉女休闲鞋	双	箱	20.00	鞋	520
明辉鞋仓	明辉女凉鞋	双	箱	20.00	鞋	600
明辉鞋仓	明辉男正装鞋	双	箱	20.00	鞋	280
明辉鞋仓	明辉男休闲鞋	双	箱	20.00	鞋	50
明辉鞋仓	明辉男凉鞋	双	箱	20.00	鞋	100

3. 存货盘点

1 月 30 日，仓储部对兰宇箱包仓中的存货兰宇男士钱包进行盘点，该钱包的实际库存数量为 22 个。经核查，兰宇男士钱包的参考成本为 150 元/个。

实验指导

调拨指存货在仓库之间或部门之间变迁的业务。在同一个业务日期，相同地转入仓库并且相同地转出仓库的所有存货可以填列在一张调拨单上完成调拨业务的账面调动。

1. 第 1 笔业务处理

(1) 在库存管理系统中填制调拨单并审核

操作步骤 (微课视频：sy06010101)

① 在库存管理系统中，执行“调拨业务”|“调拨单”命令，进入“调拨单”窗口。

② 单击“增加”按钮，输入转出仓库“01 明辉鞋仓”、转入仓库“02 兰宇箱包仓”、出库类别“其他出库”、入库类别“其他入库”。

③ 选择存货“001 明辉女正装鞋”，调拨单底部显示明辉女正装鞋现存量为“250”，在“数量”中输入“250”，单击“保存”按钮。

④ 单击“审核”按钮，审核调拨单，如图 6-1 所示。

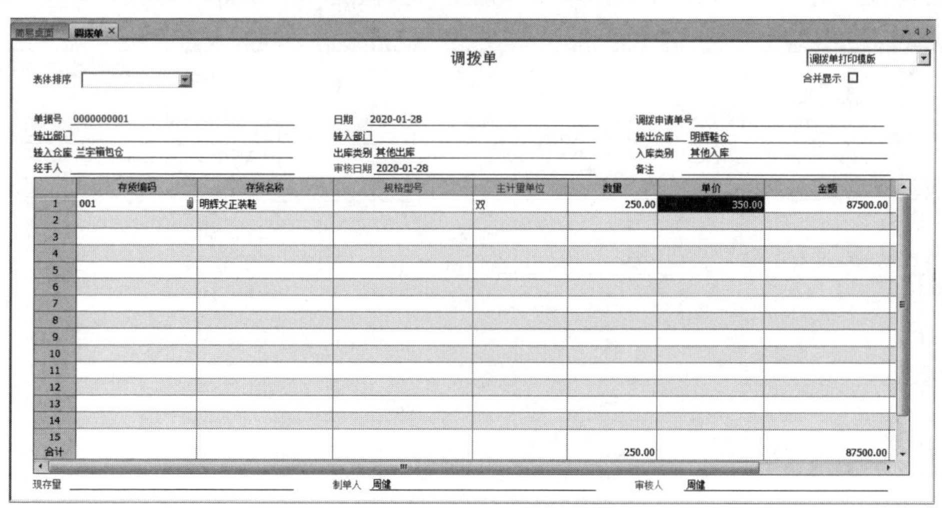

图 6-1 填制调拨单并审核

(2) 在库存管理系统中审核调拨单生成的其他出入库单

操作步骤 (微课视频：sy06010102)

① 在库存管理系统中，执行“入库业务”|“其他入库单”命令，进入“其他入库单”窗口。

② 单击“➡|”末张按钮，找到调拨单生成的其他入库单。单击“审核”按钮，弹出“该单据审核成功。”信息提示框，单击“确定”按钮返回，如图6-2所示。

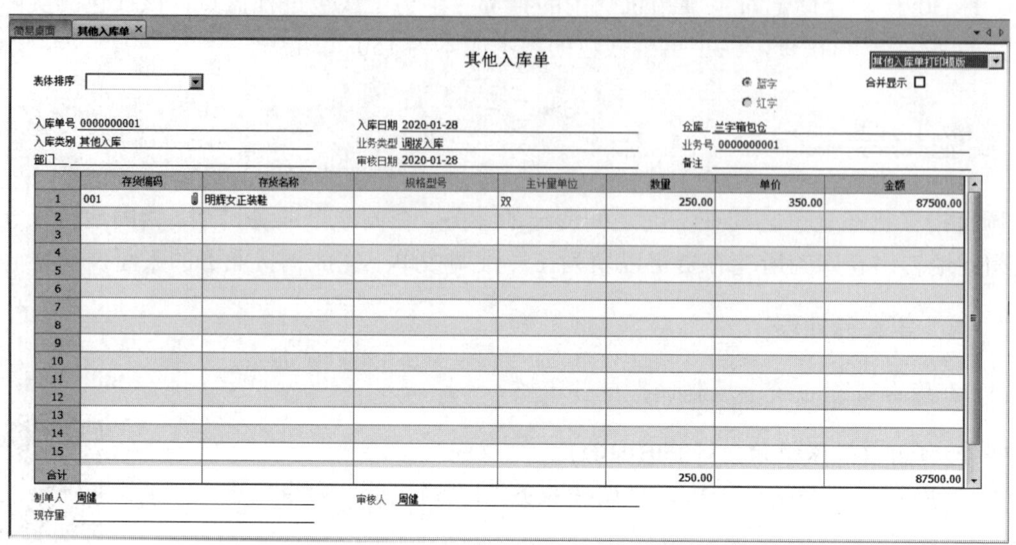

图 6-2　审核调拨单生成的其他入库单

③ 在库存管理系统中，执行“出库业务”|“其他出库单”命令，进入“其他出库单”窗口。

④ 单击“➡|”末张按钮，找到调拨单生成的其他出库单。单击“审核”按钮，弹出“该单据审核成功。”信息提示框，单击“确定”按钮返回，如图 6-3 所示。

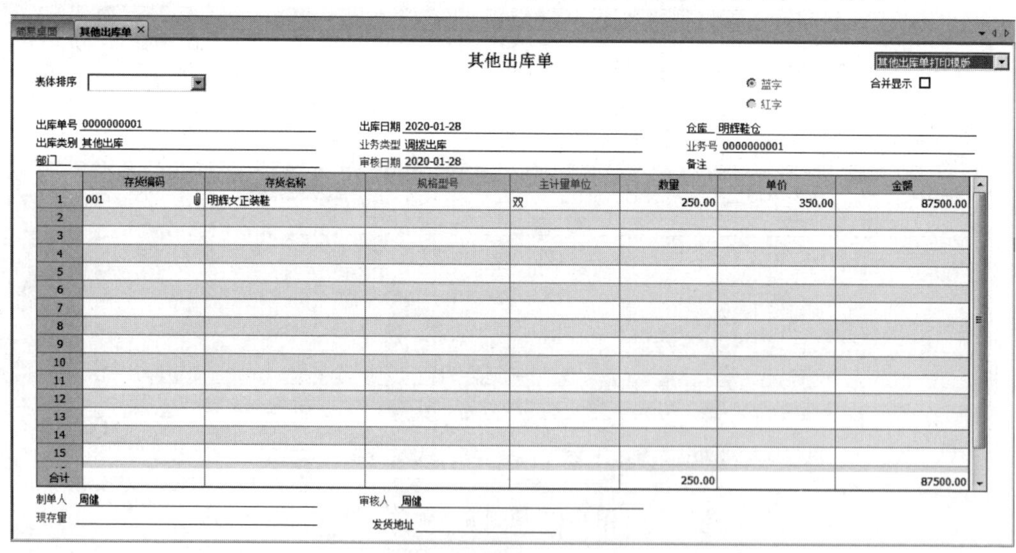

图 6-3　调拨单生成的其他出库单

(3) 在存货核算系统中进行特殊单据记账

操作步骤　(微课视频：sy06010103)

① 在存货核算系统中，执行“业务核算”|“特殊单据记账”命令，打

开“特殊单据记账条件”对话框。

② 选择单据类型为“调拨单”。此处出库单金额应该来自于存货核算，建议选择“出库单上系统已填写的金额记账时重新计算”复选框，如图 6-4 所示。

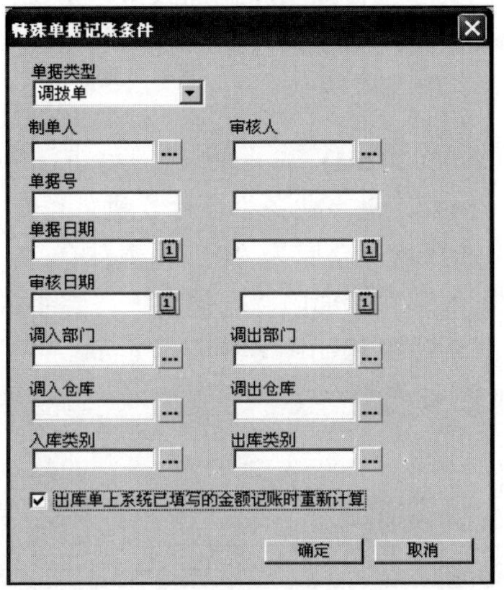

图 6-4 “特殊单据记账条件”对话框

③ 单击“确定”按钮，进入“未记账单据一览表”窗口，特殊单据记账如图 6-5 所示。

简易桌面 未记账单据一览表

特殊单据记账

记录总数：1

选择	单据号	单据日期	转入仓库	转出仓库	转入部门	转出部门	经手人	审核人	制单人
	0000000001	2020-01-28	兰宇箱包仓	明辉鞋仓				周健	周健
小计									

图 6-5 特殊单据记账

如果要对该调拨单记账，可在表体中双击“选择”列再单击“记账”按钮。本例暂不记账。

提示：

- 在期初存货核算模块中设置存货按照仓库核算，那么此处转出仓库和转入仓库必须输入。
- 为了便于账表统计，需要选择出库类别和入库类别。
- 审核之后系统自动根据调出或调入，生成其他出库单和对应的其他入库单。如果调拨单被弃审，那么相应地其他出入库单自动被删除。
- 如果调拨单上转出部门和转入部门不同，即为部门之间的调拨业务。

2. 第 2 笔业务处理

盘点是指将仓库中存货的实物数量和账面数量进行核对。根据记录的所有业务得到账面数量，在手工录入仓库中，实际库存数量即盘点数量，系统根据它们之间的差异，通过填制盘点单，判断盘亏或盘盈，再自动生成其他出入库单。

(1) 在库存管理中填制盘点单并审核

操作步骤 (微课视频：sy06010201)

① 在库存管理系统中，执行“盘点业务”命令，进入“盘点单”窗口。

② 单击“增加”按钮，选择盘点仓库为“01 明辉鞋仓”，出入库类别分别为“盘亏出库”和“盘盈入库”，部门“仓储部”，经手人“李莉”。

③ 单击“盘库”按钮，系统提示如图 6-6 所示。

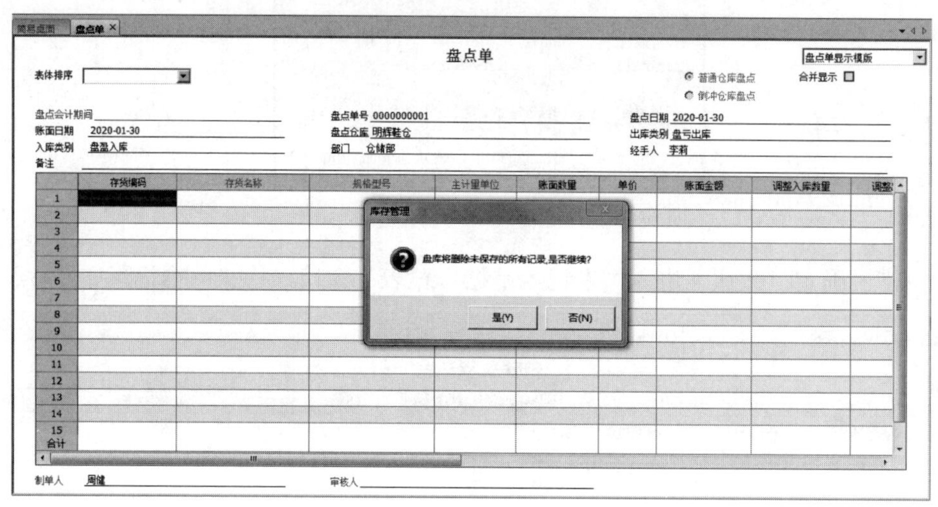

图 6-6 选择“盘库”系统提示

④ 单击“是”按钮，打开“盘点处理”对话框。选择“按仓库盘点”单选按钮，如图 6-7 所示。

⑤ 单击“确认”按钮，系统自动将该仓库中存货和存货在该仓库中的账面数量逐一列出。按照实际盘点情况输入盘点数量。

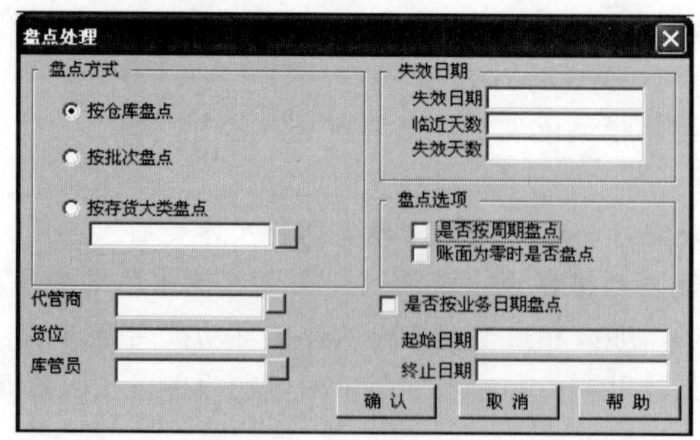

图 6-7 “盘点处理”对话框

⑥ 单击“保存”按钮，保存该盘点单，如图 6-8 所示。

简易桌面　盘点单

盘点单

表体排序　　　　　盘点单打印模版

◉ 普通仓库盘点　合并显示 ☐

○ 倒冲仓库盘点

盘点会计期间　　盘点单号 0000000001　　盘点日期 2020-01-30

账面日期 2020-01-30　　盘点仓库 明辉鞋仓　　出库类别 盘亏出库

入库类别 盘盈入库　　部门 仓储部　　经手人 李莉

备注

	存货编码	存货名称	规格型号	主计量单位	账面数量	单价	账面金额	调整入库数量	调整出库数量	账面调节数量	盘点数量
1	002	明辉女休闲鞋		双	520.00			0.00	0.00	520.00	520.00
2	003	明辉女凉鞋		双	610.00			0.00	0.00	610.00	600.00
3	004	明辉男正装鞋		双	280.00			0.00	0.00	280.00	280.00
4	005	明辉男休闲鞋		双	50.00			0.00	0.00	50.00	50.00
5	006	明辉男凉鞋		双	100.00			0.00	0.00	100.00	100.00
6											
7											
8											
9											
10											
11											
12											
13											
14											
15											
合计					1560.00			0.00	0.00	1560.00	1550.00

制单人 周健　　审核人

图 6-8　输入盘点数量

⑦ 单击“审核”按钮，系统弹出“该单据审核成功。”信息提示框，单击“确定”按钮返回。

提示：

- 必须先选择仓库才能执行“盘库”或选择存货。
- 账面数量：系统根据存货自动带出，不得修改。
- 盘点数量：默认与账面数量一致。如果实际盘点数量与账面数量不一致，则根据实际盘点数量修改盘点数量一栏。
- 调整入库数量和出库数量：指从账面日到盘点日期间的出入库数量。
- 存货可以设置盘点周期和盘点时间，盘点时可以按周期进行盘点。

(2) 在库存管理中审核根据盘点单生成的其他出库单

操作步骤　(微课视频：sy06010202)

① 在盘点单上如果有盘亏的存货，则在库存管理系统中，执行“出库业务”|“其他出库单”命令，进入“其他出库单”窗口。

② 单击“➡|”末张按钮，找到盘点单生成的其他出库单。单击“审核”按钮，弹出“该单据审核成功。”信息提示框，单击“确定”按钮返回，如图 6-9 所示。

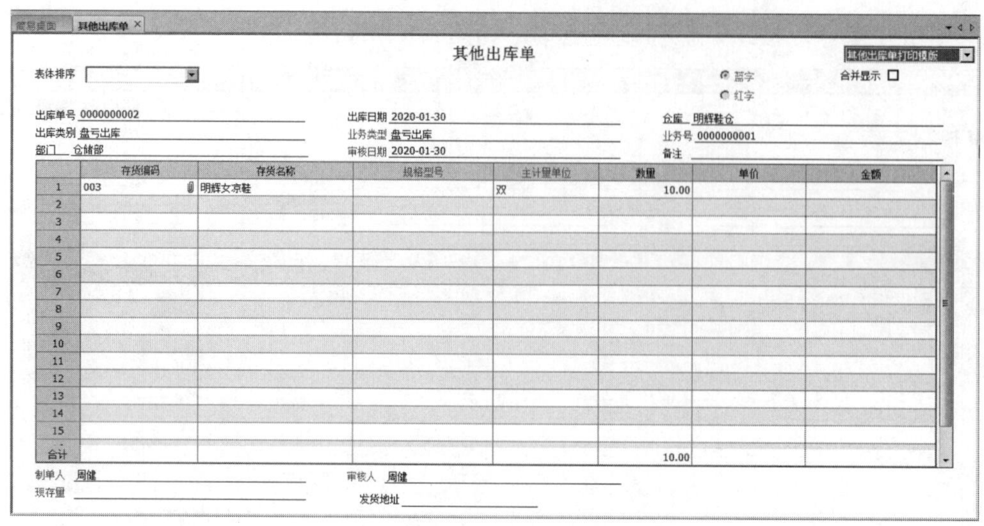

其他出库单

表体排序　　蓝字　红字　　合并显示

出库单号 0000000002　　出库日期 2020-01-30　　仓库 明辉鞋仓

出库类别 盘亏出库　　业务类型 盘亏出库　　业务号 0000000001

部门 仓储部　　审核日期 2020-01-30　　备注

	存货编码	存货名称	规格型号	主计量单位	数量	单价	金额
1	003	明辉女凉鞋		双	10.00		
合计					10.00		

制单人 周健　　审核人 周健

现存量　　发货地址

图 6-9　审核盘点单生成的其他出库单

(3) 在存货核算系统中对其他出库单进行记账生成凭证

操作步骤　(微课视频：sy06010203)

① 执行“业务核算”|“正常单据记账”命令，打开“查询条件选择”对话框。

② 选择仓库“01 明辉鞋仓”，单击“确定”按钮，进入“正常单据记账列表”窗口。

③ 选中盘亏出库形成的其他出库单记录，单击“记账”按钮，系统弹出“记账成功。”信息提示框，单击“确定”按钮返回。

④ 执行“财务核算”|“生成凭证”命令，对盘点单生成的其他出库单生成凭证，如图 6-10 所示。

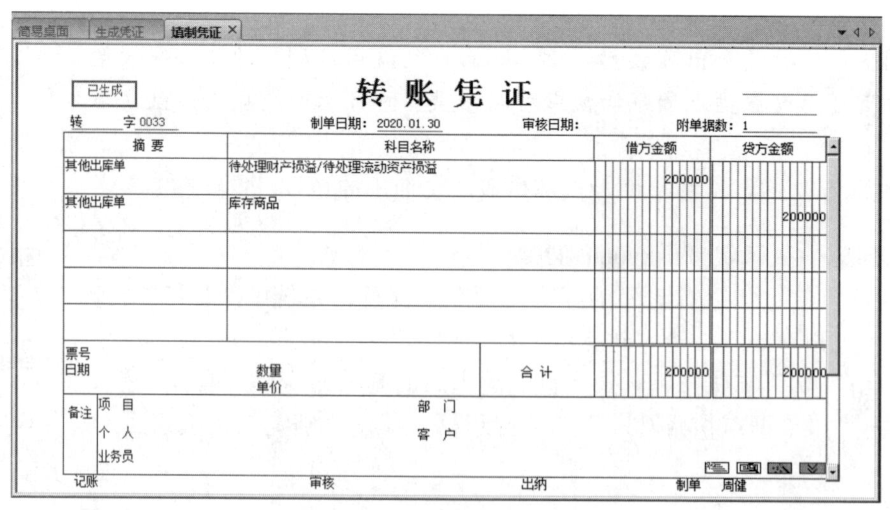

已生成

转 账 凭 证

转 字 0033　　制单日期：2020.01.30　　审核日期：　　附单据数：1

摘要	科目名称	借方金额	贷方金额
其他出库单	待处理财产损溢/待处理流动资产损溢	200000	
其他出库单	库存商品		200000
票号 日期	数量 单价　合计	200000	200000

备注　项目　部门　个人　客户　业务员

记账　审核　出纳　制单 周健

图 6-10　盘亏出库凭证

3. 第3笔业务处理

本例为针对某种存货进行盘点。

(1) 在库存管理中填制盘点单并审核

操作步骤　(微课视频：sy06010301)

① 在库存管理系统中，执行“盘点业务”命令，进入“盘点单”窗口。

② 单击“增加”按钮，选择盘点仓库为“02 兰宇箱包仓”，出入库类别分别为“盘亏出库”和“盘盈入库”。在表体中选择存货“009 兰宇男士钱包”，系统自动显示出该存货的账面数量，在“盘点数量”中输入兰宇男士钱包仓中的实际存储数量22，单击“保存”按钮，如图6-11所示。

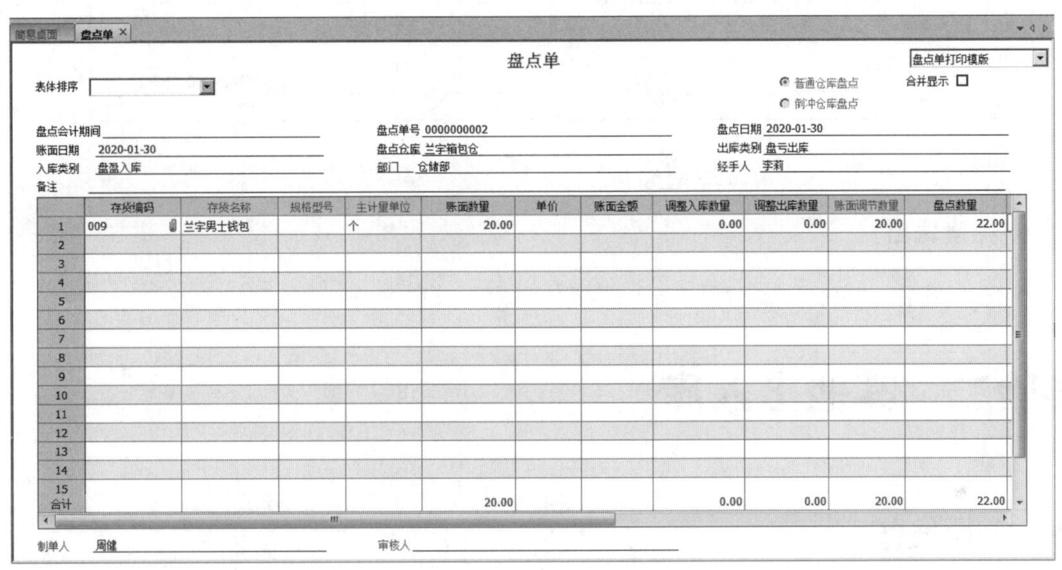

盘点单

表体排序　　盘点单打印模版　　◉ 普通仓库盘点　○ 倒冲仓库盘点　　合并显示 □

盘点会计期间　　盘点单号 0000000002　　盘点日期 2020-01-30

账面日期 2020-01-30　　盘点仓库 兰宇箱包仓　　出库类别 盘亏出库

入库类别 盘盈入库　　部门 仓储部　　经手人 李莉

备注

	存货编码	存货名称	规格型号	主计量单位	账面数量	单价	账面金额	调整入库数量	调整出库数量	账面调节数量	盘点数量
1	009	兰宇男士钱包		个	20.00			0.00	0.00	20.00	22.00
2											
3											
4											
5											
6											
7											
8											
9											
10											
11											
12											
13											
14											
15											
合计					20.00			0.00	0.00	20.00	22.00

制单人 周健　　审核人

图6-11　盘点单

③ 单击“审核”按钮，弹出“该单据审核成功。”信息提示框。单击“确定”按钮返回。关闭盘点单界面。

(2) 在库存管理中审核根据盘点单生成的其他入库单

操作步骤(略)　(微课视频：sy06010302)

(3) 在存货核算系统中修改盘盈入库存货单价、记账并生成凭证

操作步骤　(微课视频：sy06010303)

① 在存货核算系统中，执行“日常业务”|“其他入库单”命令，进入“其他入库单”窗口。单击“修改”按钮，补充录入兰宇男士钱包的单价为“150”，单击“保存”按钮。

② 执行“业务核算”|“正常单据记账”命令，对盘盈生成的其他入库单进行记账。

③ 执行“财务核算”|“生成凭证”命令，对盘盈入库的其他入库单生成凭证，如图6-12所示。

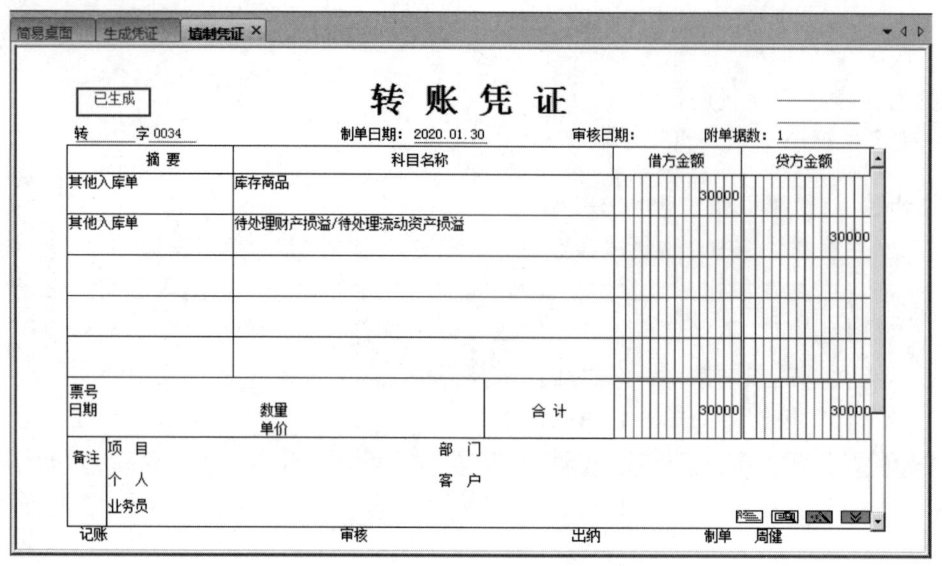

图 6-12　盘盈入库凭证

4. 账套输出

全部完成后，将账套输出至“6-1 调拨与盘点”文件夹中。

实验二　其他出入库

实验准备

已经完成第 6 章实验一，或引入“6-1 调拨与盘点”账套备份数据，以 111 操作员(密码为 1)的身份登录 888 账套进行其他出入库业务处理。

实验内容

- 其他入库处理
- 其他出库处理

实验资料

1. 存货损耗处理

1 月 30 日，经查由于仓库管理员李莉保管不善，造成明辉鞋仓中 5 双明辉女凉鞋严重损坏，无法出售。经领导批示，损失由李莉承担，明辉女凉鞋参考成本为200元/双。

2. 收到赠品

1月30日，北京兰宇箱包有限公司研发了新款“女士时尚手包”，单价为880元，赠送给星宇商贸公司10个，入兰宇箱包仓。

实验指导

1. 第1笔业务处理

(1) 在库存管理系统填制其他出库单并审核

操作步骤 (微课视频：sy06020101)

① 在库存管理系统中，执行“出库业务”|“其他出库单”命令，进入“其他出库单”窗口。

② 单击“增加”按钮，选择仓库为“01 明辉鞋仓”；出库类别为“其他出库”；存货名称为“003 明辉女凉鞋”；输入数量为“5”、单价“200”等信息，单击“保存”按钮，如图6-13所示。

③ 单击“审核”按钮，审核该“其他出库单”。

简易桌面 其他出库单

其他出库单

其他出库单打印模版

表体排序　　◉ 蓝字 ○ 红字　　合并显示 □

出库单号 0000000003　出库日期 2020-01-30　仓库 明辉鞋仓

出库类别 其他出库　业务类型 其他出库　业务号

部门　审核日期　备注

	存货编码	存货名称	规格型号	主计量单位	数量	单价	金额
1	003	明辉女凉鞋		双	5.00	200.00	1000.00
2							
3							
4							
5							
6							
7							
8							
9							
10							
11							
12							
13							
14							
15							
合计					5.00		1000.00

制单人 周健　审核人

现存量　发货地址

图6-13 新增其他出库单

(2) 在存货核算系统中对其他出库单记账并生成凭证

操作步骤 (微课视频：sy06020102)

① 在存货核算系统中，执行“业务核算”|“正常单据记账”命令，选择“01 明辉鞋仓”，单据类型为“其他出库单”，收发类别为“205-其他出库”，如图6-14所示。

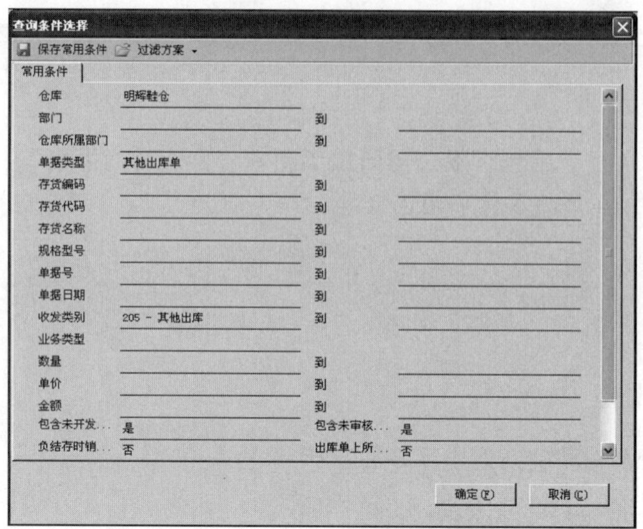

图 6-14　正常单据记账过滤

② 单击“确定”按钮，进入“未记账单据一览表”窗口。

③ 选择该单据，单击“记账”按钮。

④ 执行“财务核算”|“生成凭证”命令，选择其他出库单生成凭证，补充录入对方科目为“1221 其他应收款”，生成凭证如图 6-15 所示。

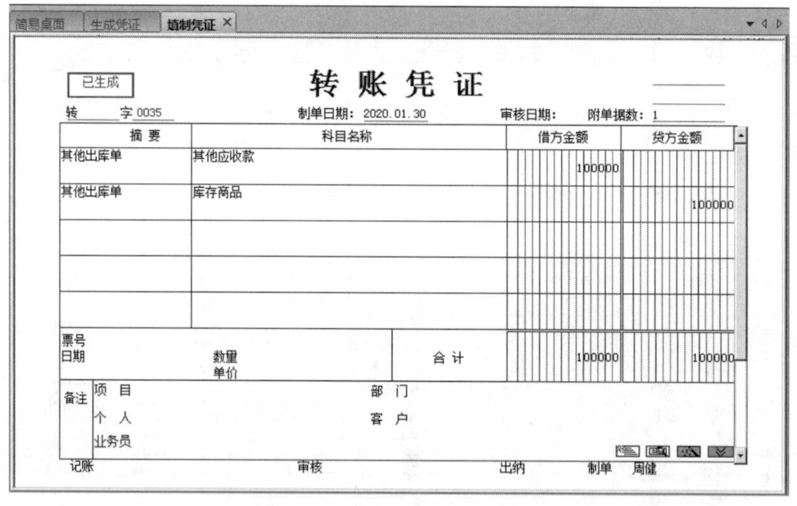

图 6-15　其他出库生成凭证

2. 第 2 笔其他业务的处理

操作步骤

(1) 增加存货“017 女士时尚手包”

操作步骤　(微课视频：sy06020201)

① 在企业应用平台基础设置选项卡中，执行“基础档案”|“存货”|

“存货档案”命令，进入“存货档案”窗口。

② 选择存货分类“箱包”，增加存货“017 女士时尚手包”，计量单位组“03-换算2 组”，销项税率和进项税率均为“13%”，存货属性选择“内销”“外购”，如图 6-16 所示。

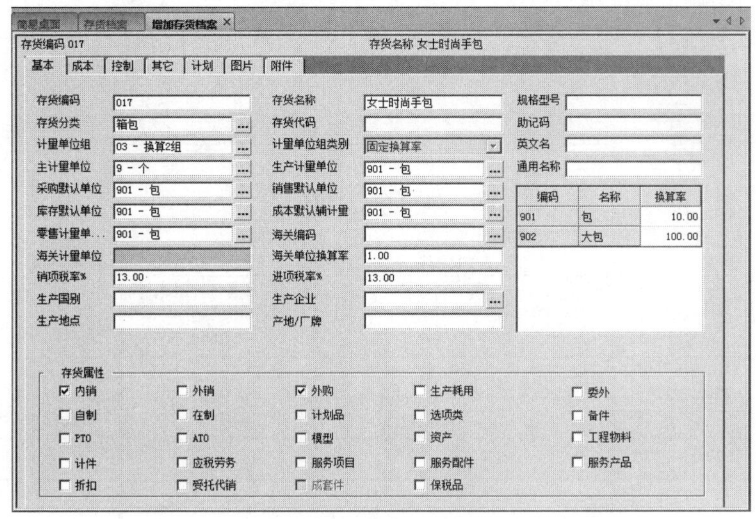

图 6-16　新增存货

③ 单击“保存”按钮。

(2) 在库存管理系统中填制其他入库单并审核

操作步骤　(微课视频：sy06020202)

① 在库存管理系统中，执行“入库业务”|“其他入库单”命令，进入“其他入库单”窗口。

② 单击“增加”按钮，填制其他入库单，如图 6-17 所示。单击“保存”按钮。

③ 单击“审核”按钮。

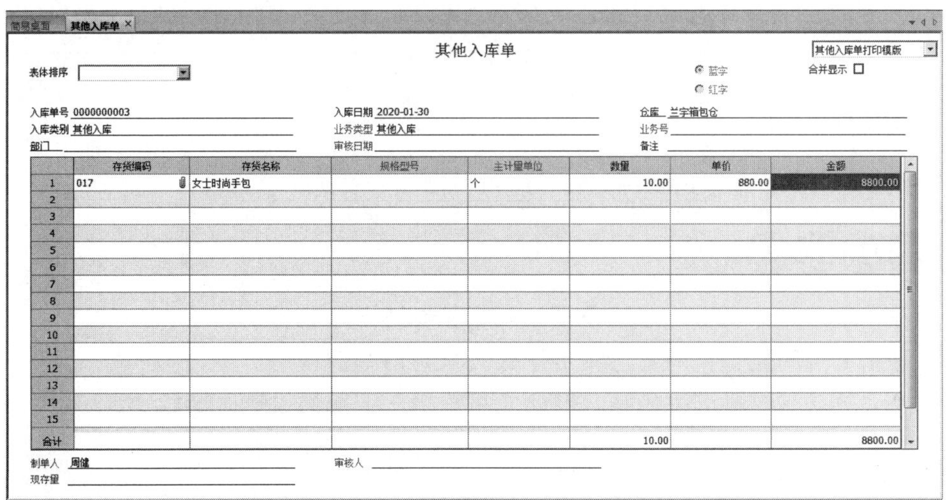

图 6-17　其他入库单

(3) 在存货核算系统中对其他入库单记账并生成凭证

操作步骤 (微课视频：sy06020203)

① 在存货核算系统中，执行“业务核算”|“正常单据记账”命令，对其他入库单进行记账。

② 执行“财务核算”|“生成凭证”命令，补充赠品入库对方科目“6301 营业外收入”，生成凭证如图 6-18 所示。

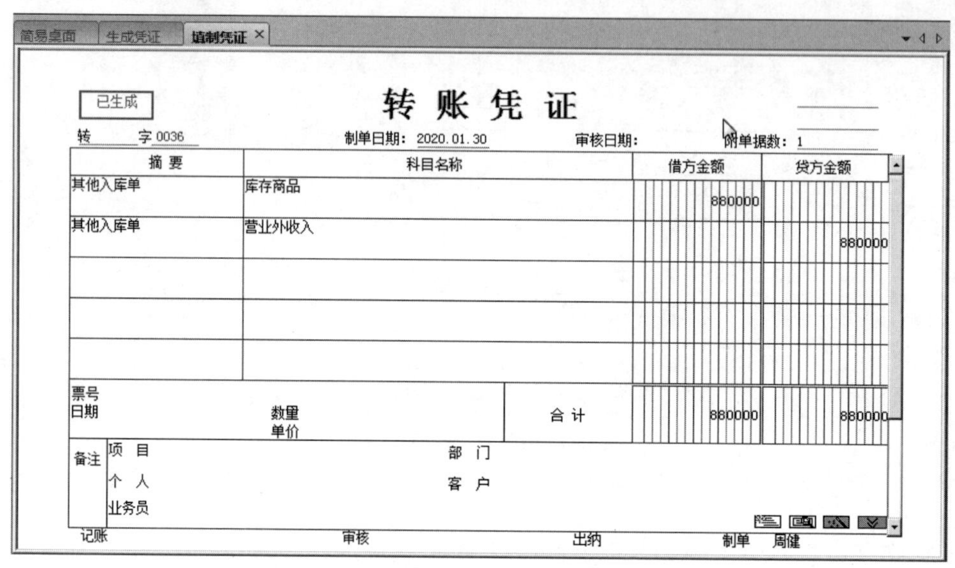

图 6-18 赠品入库生成凭证

提示：

如果赠品入库为经常性业务，可在收发类别中单独设置“赠品入库”类别，然后设置赠品入库的存货对方科目为“营业外收入”。在填制其他入库单时选择入库类别为“赠品入库”，则该凭证科目可自动带出，无须手工输入。

3. 账套输出

全部完成后，将账套输出至“6-2 其他出入库”文件夹中。

探究与挑战

1. 库存管理中为什么不能办理产成品入库和材料出库业务？
2. 现存量是可用量吗？两者之间是什么关系？请举例说明。
3. 如果要对某种物料进行最高、最低库存控制，应如何设置？请验证。

第7章

存货核算

功能概述

存货是指企业在生产经营过程中为销售或生产耗用而储存的各种资产，包括商品、产成品、半成品、在产品和各种材料、燃料、包装物、低值易耗品等。

用友 U8 存货核算用于核算和分析所有业务中的存货耗用情况，正确计算存货出入成本，为企业提供成本核算的基础数据；动态掌握存货资金的变动，减少库存资金积压，加速资金周转；支持工商业多种核算方法；与采购管理或销售管理一起使用，可暂估采购入库或销售出库的成本核算。

存货核算的功能包括添加或修正存货暂估价格；对存货价格、价值进行调整；对业务单据进行记账处理；对记账单据按照存货计价方法进行计算，为成本计算提供数据等。

实验目的与要求

本章包括存货核算暂估成本的录入、单据记账和特殊单据记账、存货期末处理等，以此了解存货核算与其他模块之间的关系，以及存货核算的作用。通过本章的学习，可加深对存货核算的认识，了解企业中存货核算的基本方法和步骤，以便为成本计算提供精确的数据。

教学建议

建议本章讲授 6 课时，上机操作练习 4 课时。

实验一 存货价格及结算成本处理

实验准备

已完成第 1～6 章的所有实验内容，或引入“6-2 其他出入库”账套备份数据，以 111 操作员(密码为 1)的身份进行存货核算业务处理。

实验内容

- 了解暂估入库单价格的检查方法和暂估价的几种录入方法
- 了解仓库中存货价格调整方法或者单据中存货价格调整方法
- 了解暂估处理流程和方法

实验资料

1. 暂估入库业务办理

1 月 30 日，收到北京宏丰电子科技公司 30 部宏丰商务机，办理入库，发票未到。

2. 暂估入库存货单价录入

1 月 31 日，检查是否有入库单上存货无价格，并给这些单据录入价格。

1 月 30 日入库的 30 部宏丰智能手机，单价为 3 700 元。

3. 调整存货成本

1 月 31 日，经核查明辉鞋仓中明辉女凉鞋存货价格偏低，现单价为 200 元，经过调研和批准，调整为 220 元。查看明辉女凉鞋的现存量，并调整存货成本。

实验指导

1. 第 1 笔业务的处理

本笔业务属于本期货到票未到的业务。货到时，先办理入库手续。

操作步骤　(微课视频：sy070101)

① 在库存管理系统中，执行“入库业务”|“采购入库单”命令，进入“采购入库单”窗口。

② 单击“增加”按钮，按实验资料输入各项信息，单击“保存”按钮，如图7-1所示。

③ 单击“审核”按钮。

提示：

发票未到，采购入库单不录入单价。

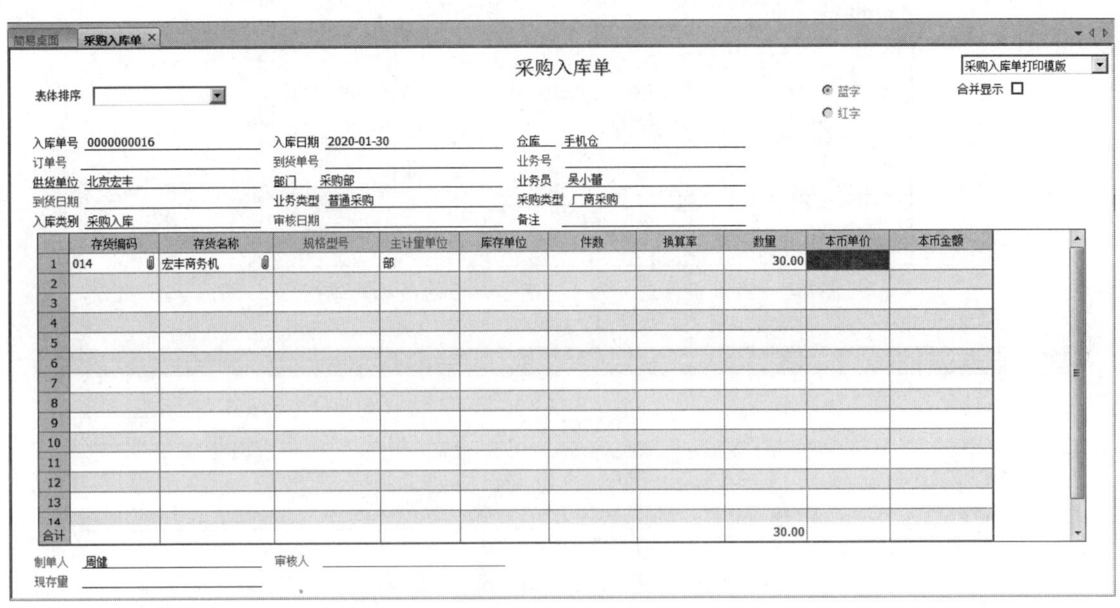

图 7-1 采购入库单(无须录入单价)

2. 第 2 笔业务的处理

检查所有采购入库单和其他入库单上存货是否有价格，对于录入的暂估价格，可以在存货核算模块的暂估成本录入窗口中完成，并且系统还提供上次出入库成本、售价成本、参考成本、结存成本作为暂估成本的录入参照。

操作步骤　(微课视频：sy070102)

① 在存货核算系统中，执行“业务核算”|“暂估成本录入”命令，打开“查询条件选择”对话框。

② 选择仓库，其他查询条件如果不输入，默认为所有单据。如果是有暂估价的单据，要查询所有单据，必须选择“包括已有暂估金额的单据”，如图 7-2 所示。

③ 单击“确定”按钮，进入“暂估成本录入”窗口，如图 7-3 所示。

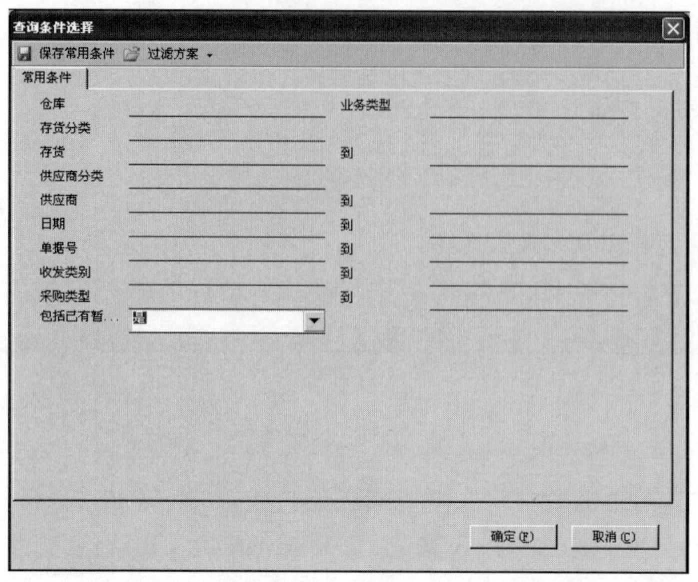

图 7-2　查询条件选择——包括已有暂估金额的单据

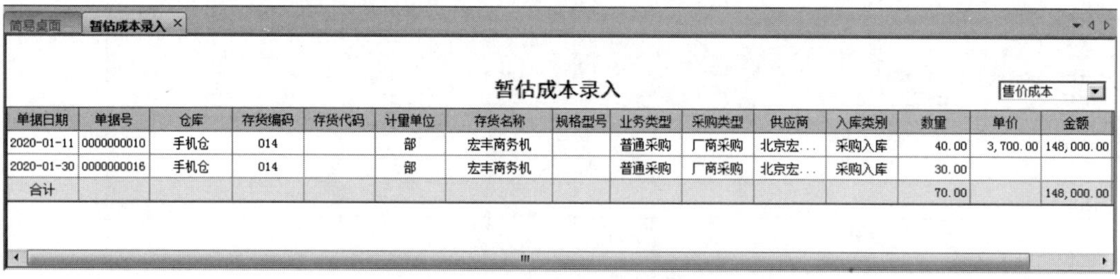

简易桌面　暂估成本录入

暂估成本录入　售价成本

单据日期	单据号	仓库	存货编码	存货代码	计量单位	存货名称	规格型号	业务类型	采购类型	供应商	入库类别	数量	单价	金额
2020-01-11	0000000010	手机仓	014		部	宏丰商务机		普通采购	厂商采购	北京宏...	采购入库	40.00	3,700.00	148,000.00
2020-01-30	0000000016	手机仓	014		部	宏丰商务机		普通采购	厂商采购	北京宏...	采购入库	30.00		
合计												70.00		148,000.00

图 7-3　“暂估成本录入”窗口

④ 如果需要修改单价或金额，可以直接在表体中进行修改，也可以通过图 7-3 右上角的下拉列表框选择售价成本、参考成本、上次入库成本、上次出库成本或结存成本，再单击“录入”按钮进行系统自动录入。本例录入第 2 行宏丰商务机单价“3 700”。

⑤ 单击“保存”按钮，系统弹出“保存成功”信息提示框，单击“确定”按钮返回。

提示：

- 在进行暂估成本录入单据查询时，如果企业这类单据数量特别大，建议设置查询条件，分批进行录入，以免造成错误，从而提高效率。
- 对于有暂估价的单据也可以在此处修改。
- 可以通过执行“日常业务”|“采购入库单”命令修改金额。

3. 第 3 笔业务的处理

对于账面上存货的成本，如果价格、价值错误或远远偏离市值，则系统可使用出入库调整单进行调整。

(1) 查看明辉女凉鞋的现存量

操作步骤　(微课视频：sy07010301)

① 在库存管理系统中，执行“报表”|“库存账”|“现存量查询”命令，打开“查询条件选择”对话框。

② 选择存货编码“003”，单击“确定”按钮，进入“现存量查询”窗口。查看到明辉女凉鞋的现存量为595双。因此需要调整入库成本为11 900(595×20)元。

(2) 调整存货成本

操作步骤　(微课视频：sy07010302)

① 在存货核算系统中，执行“日常业务”|“入库调整单”命令。

② 单击“增加”按钮，选择仓库“01 明辉鞋仓”，收发类别为“其他入库”，存货为“003 明辉女凉鞋”，调整金额为11 900元，单击“保存”按钮，如图7-4所示。

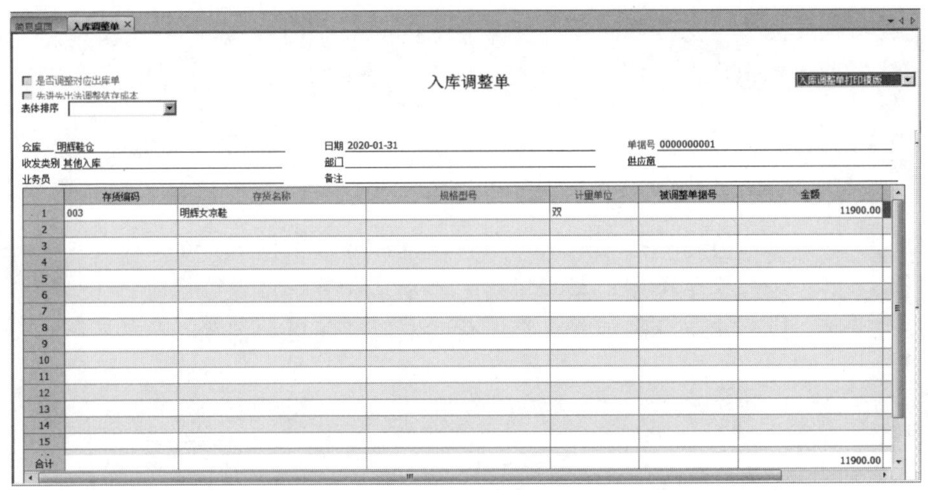

图7-4　入库调整单

③ 单击“记账”按钮，使增加的金额入账。

提示：

- 在入库调整单中，如果不输入被调整单据号，则视作调整该仓库下的所有存货，金额计入仓库下存货的总金额。
- 如果是要调整某一张采购入库单，应先记下该采购入库单的单据号，并填列到入库调整单中的“被调整单据号”中，此时“金额”栏的金额对应入库单上该存货的金额。
- 要调整采购入库单，该采购入库单必须是在采购管理系统中做了采购结算的采购入库单。

4. 账套备份

全部完成后，将账套输出至“7-1 存货价格及结算成本处理”文件夹中。

实验二　单据记账

实验准备

已完成第 1～6 章和第 7 章实验一实验内容的操作，或引入“7-1 存货价格及结算成本处理”账套备份数据，以 111 操作员(密码为 1)的身份进行单据记账操作。

实验内容

- 了解特殊单据、直运业务单据和正常单据的记账作用
- 了解各种单据记账的流程

实验资料

1. 1 月 31 日，进行特殊单据记账，将所有的特殊业务单据进行记账。
2. 1 月 31 日，进行正常单据记账，将所有的正常业务单据进行记账。
3. 1 月 31 日，进行发出商品记账，将所有的发出商品进行记账。

实验指导

单据记账用于将用户所输入的单据登记存货明细账、差异明细账/差价明细账、受托代销商品明细账和受托代销商品差价账。先进先出、后进先出、移动平均、个别计价 4 种计价方式的存货在单据记账时进行出库成本核算；全月平均、计划价/售价法计价的存货在期末处理处进行出库成本核算。

特殊单据记账是针对调拨单、形态转换、组装单据的，它的特殊性在于这类单据都是与出入库单据对应的，并且其入库的成本数据来源于该存货原仓库按照存货计价方法计算出的出库成本。

1. 第 1 笔业务的处理

操作步骤　(微课视频：sy070201)

① 在存货核算系统中，执行“业务核算”|“特殊单据记账”命令，打开“特殊单据记账条件”对话框。

② 单据类型选择“调拨单”，选中“出库单上系统已填写的金额记账时重新计算”

复选框，如图 7-5 所示。

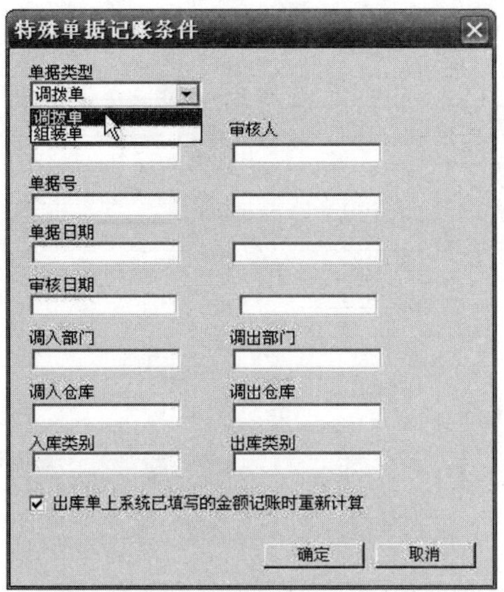

图 7-5 “特殊单据记账条件”对话框

③ 单击“确定”按钮，进入“特殊单据记账”窗口，如图 7-6 所示。

④ 单击“全选”按钮，或者单击表体中需要记账的单据，再单击“记账”按钮。

简易桌面 | 未记账单据一览表

特殊单据记账

记录总数：1

选择	单据号	单据日期	转入仓库	转出仓库	转入部门	转出部门	经手人	审核人	制单人
	0000000001	2020-01-28	兰宇箱包仓	明辉鞋仓				周健	周健
小计									

图 7-6 “特殊单据记账”窗口

2. 第 2 笔业务的处理

操作步骤 (微课视频：sy070202)

① 执行“业务核算”|“正常单据记账”命令，打开“查询条件选择”对话框。

② 选择所有的仓库和所有的单据类型，以及“包含未审核单据”和“出库单上所有已填写的金额记账时重新计算”选项，如图 7-7 所示。

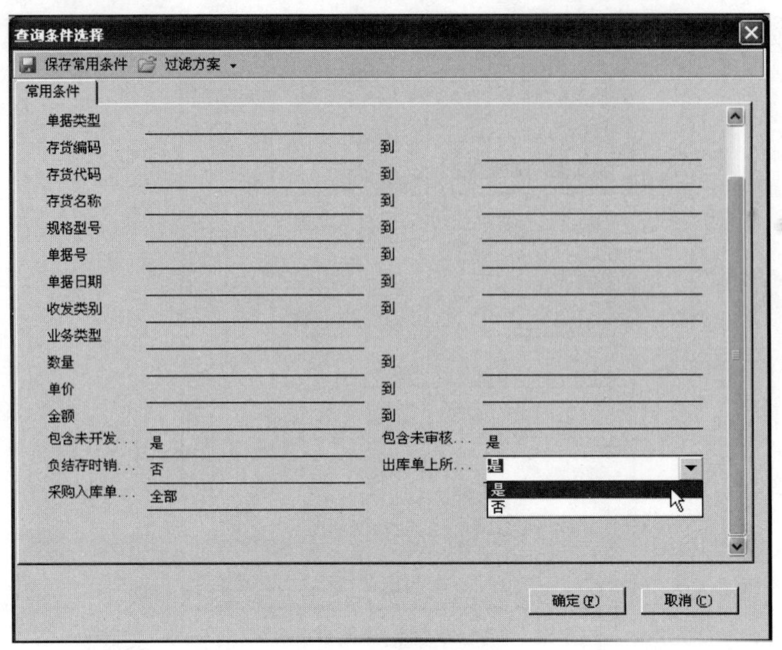

图 7-7　查询条件选择

③ 单击“确定”按钮，进入“正常单据记账列表”窗口，如图 7-8 所示。

简易桌面　未记账单据一览表

正常单据记账列表

记录总数：16

选择	日期	单据号	存货编码	存货名称	规格型号	存货代码	单据类型	仓库名称	收发类别	数量	单价
	2020-01-11	0000000010	014	宏丰商务机			采购入库单	手机仓	采购入库	40.00	3,700.00
	2020-01-11	0000000011	003	明辉女凉鞋			采购入库单	明辉鞋仓	采购入库	200.00	200.00
	2020-01-12	0000000012	003	明辉女凉鞋			采购入库单	明辉鞋仓	采购退货	-200.00	200.00
	2020-01-13	0000000013	007	兰宇女士钱包			采购入库单	兰宇箱包仓	采购入库	500.00	120.00
	2020-01-15	0000000014	007	兰宇女士钱包			采购入库单	兰宇箱包仓	采购退货	-20.00	120.00
	2020-01-15	0000000015	013	宏丰学生机			采购入库单	手机仓	采购退货	-2.00	1,800.00
	2020-01-15	0000000015	014	宏丰商务机			采购入库单	手机仓	采购退货	-5.00	3,700.00
	2020-01-16	ZY185102	009	兰宇男士钱包			专用发票	兰宇箱包仓	销售出库	300.00	
	2020-01-18	ZY185103	014	宏丰商务机			专用发票	手机仓	销售出库	45.00	
	2020-01-20	ZY185201	003	明辉女凉鞋			专用发票	明辉鞋仓	销售出库	100.00	
	2020-01-20	ZY185202	009	兰宇男士钱包			专用发票	兰宇箱包仓	销售出库	300.00	
	2020-01-22	ZY185204	005	明辉男休闲鞋			专用发票	明辉鞋仓	销售出库	100.00	
	2020-01-22	ZY185204	006	明辉男凉鞋			专用发票	明辉鞋仓	销售出库	100.00	
	2020-01-24	ZY185301	006	明辉男凉鞋			专用发票	明辉鞋仓	销售退货	-100.00	
	2020-01-25	ZY185303	003	明辉女凉鞋			专用发票	明辉鞋仓	销售退货	-10.00	
	2020-01-30	0000000016	014	宏丰商务机			采购入库单	手机仓	采购入库	30.00	3,700.00
小计										1,378.00	

图 7-8　“正常单据记账列表”窗口

④ 单击“全选”按钮，再单击“记账”按钮。系统弹出“记账成功。”信息提示框，单击“确定”按钮返回。

提示：

- 记账时如果单据量特别大，可以分仓库、分收发类别分开进行记账。
- 记账前先检查所有入库单——采购入库单和其他入库单是否有单价。
- 在进行单据记账时，注意各单据的颜色，以分辨该单据是否能进行记账操作。

3. 第3笔业务的处理

操作步骤 (微课视频：sy070203)

① 执行"业务核算"|"发出商品记账"命令，打开"查询条件选择"对话框。

② 单击"确定"按钮，进入"发出商品记账"窗口。

③ 单击"全选"按钮，选择所有记录。单击"记账"按钮，系统弹出"记账成功。"信息提示框，单击"确定"按钮返回。

4. 账套备份

全部完成后，将账套输出至"7-2 单据记账"文件夹中。

探究与挑战

1. 什么情况下需要使用存货核算的结算成本处理？
2. 如果选择"月初回冲"暂估方式，那么本教材涉及的暂估业务处理有何不同？
3. 进行出入库成本调整时需要注意什么问题？

第 8 章

期末处理

功能概述

企业的经理、投资者、债权人等决策者都需要关于企业经营状况的定期信息，我们通过月末结账，据以结算账目编制财务报告、核算财务状况和资金变动情况，以及企业的供应链管理所需要的各种相关数据报表等。在用友 U8 管理系统中，月末业务处理是自动完成的，企业完成当月所有工作后，系统将相关各个系统的单据封存，将各种数据记入有关的账表中，完成会计期间的月末处理工作。

实验目的与要求

掌握供应链系统的月末处理的方法、月末凭证的生成与查询的方法，以及账表查询的方法。

教学建议

建议本章讲授 2 课时，上机操作练习 2 课时。

实验一　供应链系统期末处理

实验准备

已经完成第 1～7 章所有实验内容的操作，即完成所有的业务，或引入“7-2 单据记账”账套备份数据，以 111 操作员(密码为 1)的身份进行期末处理。

实验内容

- 采购管理、销售管理、库存管理月末结账
- 存货核算系统期末处理

实验资料

1. 1月31日，采购管理月末结账
2. 1月31日，销售管理月末结账
3. 1月31日，库存管理月末结账
4. 1月31日，存货核算期末处理

对明辉鞋仓、兰宇箱包仓、手机仓和代销仓分别进行期末处理。

实验指导

存货核算期末处理应当在日常业务全部完成，采购和销售系统做结账处理后进行。它是计算按全月平均方式核算的存货的全月平均单价及其本会计月的出库成本，计算按计划价/售价方式核算的存货的差异率/差价率及其本会计月的分摊差异/差价，并对已完成日常业务的仓库、部门、存货做处理标志。

业务顺序如下。

1. 在采购管理系统中，进行采购管理系统月末结账。
2. 在销售管理系统中，进行销售管理系统月末结账。
3. 在库存管理系统中，进行库存管理系统月末结账。
4. 在存货核算系统中，对仓库进行期末处理。

1. 采购系统月末结账

操作步骤　(微课视频：sy080101)

① 在采购管理系统中，执行“月末结账”命令，打开“结账”对话框。

② 选择会计月份为1月份，单击“结账”按钮，弹出“月末结账”信息提示框，如图8-1所示。

③ 单击“否”按钮，1月份“是否结账”处显示“是”。单击“退出”按钮退出结账界面。

2. 销售系统月末结账

操作步骤　(微课视频：sy080102)

① 在销售管理系统中，执行“月末结账”命令，打开“结账”对话框。

② 单击“结账”按钮，弹出信息提示框。单击“否”按钮，完成销售系统结账。
③ 单击“退出”按钮退出结账界面。

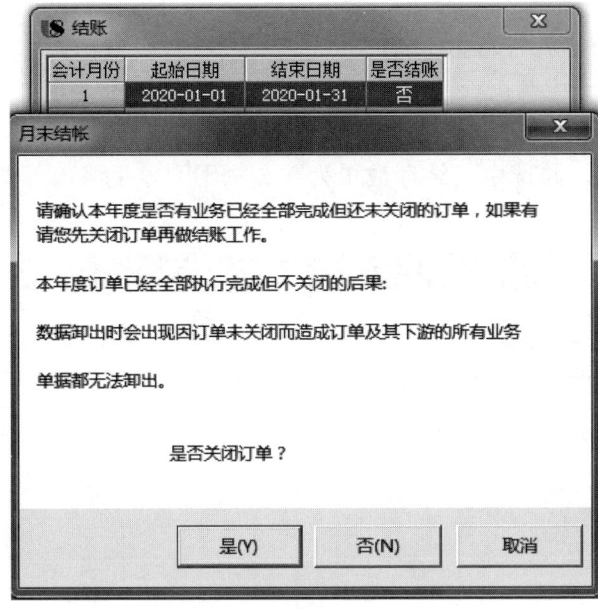

图 8-1　采购系统月末结账

3. 库存系统月末结账

操作步骤　(微课视频：sy080103)

① 在库存管理系统中，执行“月末结账”命令，打开“结账”对话框。
② 单击“结账”按钮，弹出信息提示框如图 8-2 所示。

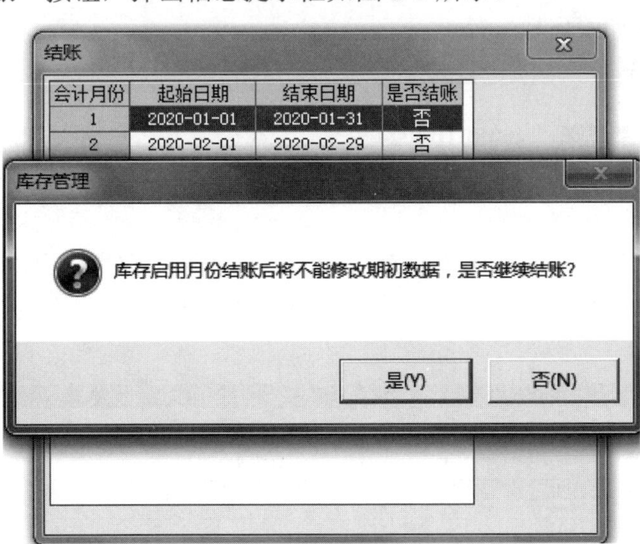

图 8-2　库存系统月末结账

③ 单击“是”按钮，结账完成。单击“退出”按钮退出结账界面。

4. 存货核算期末处理

(1) 明辉鞋仓期末处理

操作步骤 (微课视频：sy08010401)

① 在存货核算系统中，执行“业务核算”|“期末处理”命令，打开“期末处理”对话框。

② 选择明辉鞋仓，并选中“结存数量为零金额不为零生成出库调整单”复选框，如图 8-3 所示。

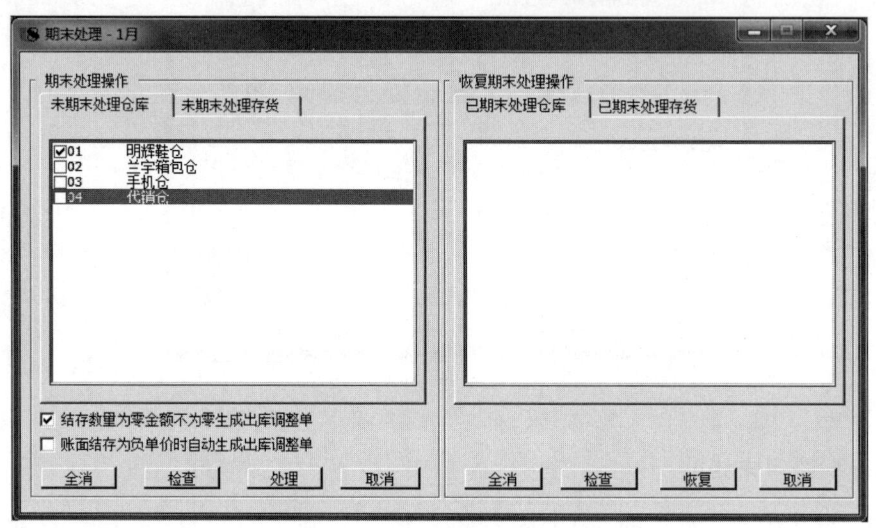

图 8-3 “期末处理”对话框

③ 单击“处理”按钮，系统提示“期末处理完毕！”，单击“确定”按钮返回。

(2) 兰宇箱包仓期末处理

兰宇箱包仓按全月平均法进行核算。

操作步骤 (微课视频：sy08010402)

① 在存货核算系统中，执行“业务核算”|“期末处理”命令，打开“期末处理”对话框。

② 选择兰宇箱包仓，并选中“结存数量为零金额不为零生成出库调整单”复选框，单击“处理”按钮。系统根据成本核算方法计算并生成“仓库平均单价计算表”，如图 8-4 所示。

月平均单价计算表

输出 显示 确定 栏目

仓库平均单价计算表

记录总数：2

部门编码	部门名称	仓库编码	仓库名称	存货编码	存货名称	存货代码	存货规格	存货单位	期初数量	期初金额	入库数量	入库金额
		02	兰宇箱包仓	007	兰宇女士钱包			个	300.00	36,000.00	480.00	57,600.00
		02	兰宇箱包仓	009	兰宇男士钱包			个	500.00	75,000.00	2.00	300.00
小计												

图 8-4 仓库平均单价计算表

③ 单击“确定”按钮，兰宇箱包仓期末处理完成。

(3) 手机仓期末处理

手机仓采用售价法核算时需要进行差异率的计算。

操作步骤 (微课视频：sy08010403)

① 在存货核算系统中，执行“业务核算”|“期末处理”命令，打开“期末处理”对话框。

② 选择手机仓，单击“处理”按钮，进入“差异率计算表”窗口，如图 8-5 所示。

差异率计算表

按 明细 级计算　　公式 差价率= (B+D-F)/(A+C-E)

记录总数：2

仓库编码	仓库名称	存货编码	存货名称	存货代码	存货规格	存货单位	期初金额	期初差异	本期入库金额	本期入库差异	本期有金额出库金额	本期有金额
03	手机仓	013	宏丰学生机			部	22,000.00	4,000.00000000	39,600.00	7,200.00000000	0.00	0.00000
03	手机仓	014	宏丰商务机			部	25,200.00	3,000.00000000	483,000.00	57,500.00000000	0.00	0.00000
小计												

图 8-5　差异率计算表

③ 单击“确定”按钮，系统自动计算，进入“差异结转单列表”窗口，如图 8-6 所示。

差异结转单列表

记录总数：3

仓库编码	存货编码	存货名称	收发类别	部门编码	客户	业务员	类型	发出金额	差异	差异率
03	013	宏丰学生机	201	0301	005	004	销售	22,000.00	-4,000.00	0.18181818
03	014	宏丰商务机	201	0301	004	004	销售	42,000.00	-5,000.00	0.11904762
03	014	宏丰商务机	201	0302	003	005	销售	189,000.00	-22,500.00	0.11904762
小计										

图 8-6　“差异结转单列表”窗口

④ 单击“确定”按钮，系统弹出“期末处理完毕！”信息提示框。单击“确定”按钮。

(4) 代销仓期末处理

请学员自行完成代销仓期末处理。

5. 账套备份

全部完成后，将账套输出至“8-1 期末处理”文件夹中。

实验二　账表查询与生成凭证

实验准备

已完成第 8 章实验一的操作，或引入“8-1 期末处理”账套备份数据，以 111 操作员(密码为 1)的身份登录 888 账套进行账表查询。

实验内容

- 查询收发存汇总表
- 查询本月销售流水账
- 将除其他出入库单之外的所有单据生成凭证
- 存货核算月末结账

实验资料

账簿查询用于检验本期经营状况，了解本期成本和经营业绩等；同时可以了解存货在库存中的存储状况，以及该存货的资金占用情况，以便分析公司的库存状况和资金的利用情况，并为后期库存提出规划和生产建议等。

生成凭证是将所有经济业务最终以会计凭证的形式呈现，以保障所有的业务都在会计账簿上有所体现，便于财务做报表，分析本期盈亏和经营状况等。

实验指导

1. 查询收发存汇总表

操作步骤　(微课视频：sy080201)

① 在存货核算系统中，执行“账表”|“汇总表”|“收发存汇总表”命令，打开“收发存汇总表”对话框。

② 如果是查询具体存货，可以在“存货分类”或“存货”中选择；如果选择查询具体仓库的信息，则在“汇总方式选择”选项卡中设置好查询条件，单击“确定”按钮，进入“收发存汇总表”窗口，如图 8-7 所示。

简易桌面　收发存汇总表

收发存汇总表

记账日期：全部
仓库：全部

存货						期初					收入		
编码	代码	名称	规格	单位	重量	数量	金额	差异	单价	成本	数量	金额	差异
001		明辉女正装鞋		双		150.00	52,500.00		350.00	52,500.00	450.00	157,500.00	
002		明辉女休闲鞋		双		600.00	240,000.00		400.00	240,000.00	400.00	160,000.00	
003		明辉女凉鞋		双		100.00	20,000.00		200.00	20,000.00	600.00	131,900.00	
004		明辉男正装鞋		双		280.00	140,000.00		500.00	140,000.00		-4,800.00	
005		明辉男休闲鞋		双		200.00	90,000.00		450.00	90,000.00			
006		明辉男凉鞋		双		200.00	60,000.00		300.00	60,000.00			
007		兰宇女士钱包		个		300.00	36,000.00		120.00	36,000.00	480.00	57,600.00	
008		兰宇女士单肩包		个							2,000.00	1,102,000.00	
009		兰宇男士钱包		个		500.00	75,000.00		150.00	75,000.00	2.00	300.00	
010		兰宇男士手提包		个							900.00	850,000.00	
011		伊梦普通机		部		10.00	20,000.00		2,000.00	20,000.00	20.00	40,000.00	
012		伊梦商务机		部		10.00	35,000.00		3,500.00	35,000.00	15.00	52,500.00	
013		宏丰学生机		部		10.00	22,000.00	4,000.00	1,800.00	18,000.00	18.00	39,600.00	
014		宏丰商务机		部		6.00	25,200.00	3,000.00	3,700.00	22,200.00	115.00	483,000.00	
017		女士时尚手包		个							10.00	8,800.00	
合计						2,366.00	815,700.00	7,000.00		808,700.00	5,010.00	3,078,400.00	

图 8-7　“收发存汇总表”窗口

提示：

在查询时要注意结存数量和结存金额查询条件，并注意检查两个选项卡的查询条件，以免查询出的数字有偏差。

2. 查询流水账

操作步骤　(微课视频：sy080202)

① 在存货核算系统中，执行“账簿”|“流水账”命令，打开“查询条件选择”对话框。

② 选中包含单据“已记账单据”和“未记账单据”复选框，单击“确定”按钮，进入“流水账”窗口，如图 8-8 所示。

流水账

输出　小计　合计　格式　查询　分组　折行　联查单据　联查凭证　退出

流水账

单据日期	单据号	记账日期	记账人	凭证号	凭证摘要	业务类型	仓库编码	仓库	客户	供应商	经手人	存货编码	存货名称	存货代码	规格型号	主计量单位	收入数量	收入单价	收入金额	发
2020-01-03	0000000005	2020-01-03	周健	1	采购入库单	普通采购	01	明辉鞋仓		上海明...	周健	001	明辉女...			双	200.00	350.00	70,000.00	
2020-01-03	0000000005	2020-01-03	周健	1	采购入库单	普通采购	01	明辉鞋仓		上海明...	周健	002	明辉女...			双	400.00	400.00	160,000.00	
2020-01-03	0000000005	2020-01-03	周健	1	采购入库单	普通采购	01	明辉鞋仓		上海明...	周健	003	明辉女凉鞋			双	600.00	200.00	120,000.00	
2020-01-03	0000000006	2020-01-03	周健	5	采购入库单	普通采购	03	手机仓		北京宏...	周健	013	宏丰学生机			部	20.00	2,200.00	44,000.00	
2020-01-03	0000000006	2020-01-03	周健	5	采购入库单	普通采购	03	手机仓		北京宏...	周健	014	宏丰商务机			部	50.00	4,200.00	210,000.00	
2020-01-05	0000000007	2020-01-05	周健	7	采购入库单	普通采购	02	兰宇箱包仓		北京兰...	周健	008	兰宇女...			个	2,000.00	551.00	1,102,0...	
2020-01-08	0000000008	2020-01-08	周健	10	采购入库单	普通采购	02	兰宇箱包仓		北京兰...	周健	010	兰宇男...			个	900.00	944.44	850,000.00	
2020-01-10	0000000009	2020-01-10	周健	14	采购入库单	受托代销	04	代销仓		上海伊...	周健	011	伊梦普通机			部	20.00	2,000.00	40,000.00	
2020-01-10	0000000009	2020-01-10	周健	14	采购入库单	受托代销	04	代销仓		上海伊...	周健	012	伊梦商务机			部	15.00	3,500.00	52,500.00	
2020-01-15	ZY185101	2020-01-15	周健	15	专用发票	普通销售	01	明辉鞋仓	北京燕...			006	明辉男凉鞋			双				
2020-01-18	ZY185104	2020-01-18	周健	19	专用发票	普通销售	01	明辉鞋仓	北京燕...			002	明辉女...			双				
2020-01-18	ZY185105	2020-01-18	周健	19	专用发票	普通销售	01	明辉鞋仓	北京燕...			001	明辉女...			双				
2020-01-22	ZY185203	2020-01-22	周健	21	专用发票	普通销售	01	明辉鞋仓	郑州丹...			002	明辉女...			双				
2020-01-25	ZY185304	2020-01-25	周健	24	专用发票	普通销售	01	明辉鞋仓	郑州丹...			002	明辉女...			双				
2020-01-28	0000000016	2020-01-28	周健	29	发货单	分期收款	03	手机仓	上海明...			014	宏丰商务机			部				
2020-01-28	0000000001	2020-01-28	周健	30	销售日报	普通销售	01	明辉鞋仓	零散客户			002	明辉女...			双				
2020-01-28	0000000001	2020-01-28	周健	30	销售日报	普通销售	01	明辉鞋仓	零散客户			005	明辉男...			双				
2020-01-28	0000000001	2020-01-28	周健	30	销售日报	普通销售	01	明辉鞋仓	零散客户			006	明辉男凉鞋			双				
2020-01-28	0000000001	2020-01-28	周健	30	销售日报	普通销售	01	明辉鞋仓	零散客户			006	明辉男凉鞋			双				
2020-01-28	0000000002	2020-01-28	周健			普通销售	02	兰宇箱包仓	零散客户			007	兰宇女...			个				
2020-01-28	0000000002	2020-01-28	周健			普通销售	02	兰宇箱包仓	零散客户			009	兰宇男...			个				
2020-01-28	0000000003	2020-01-28	周健			普通销售	03	手机仓	零散客户			013	宏丰学生机			部				
2020-01-30	0000000002	2020-01-30	周健	33	其他出库单	盘亏出库	01	明辉鞋仓			周健	003	明辉女凉鞋			双				
2020-01-30	0000000002	2020-01-30	周健	34	其他入库单	盘盈入库	02	兰宇箱包仓			周健	009	兰宇男...			个	2.00	150.00	300.00	
2020-01-30	0000000003	2020-01-30	周健	35	其他出库单	其他出库	01	明辉鞋仓			周健	003	明辉女凉鞋			双				
2020-01-30	0000000003	2020-01-30	周健	36	其他入库单	其他入库	02	兰宇箱包仓			周健	017	女士时...			个	10.00	880.00	8,800.00	

【用友软件】

图 8-8　“流水账”窗口

3. 生成记账凭证

操作步骤　(微课视频：sy080203)

① 在存货核算系统中，执行“财务核算”|“生成凭证”命令，进入“生成凭证”窗口。

② 单击“选择”按钮，打开“查询条件”对话框。

③ 选择除“其他入库单”和“其他出库单”之外的所有单据，单击“确定”按钮，进入“未生成凭证单据一览表”窗口，如图 8-9 所示。

④ 单击“全选”按钮，再单击“确定”按钮，进入“生成凭证”窗口，如图 8-10 所示。

选择单据

输出　单据　全选　全消　确定　取消

☐ 已结算采购入库单自动选择全部结算单上单据(包括入库单、发票、付款单),非本月采购入库单按蓝字报销单制单

未生成凭证单据一览表

选择	记账日期	单据日期	单据类型	单据号	仓库	收发类别	记账人	部门	部门编码	业务单号	业务类型	计价方式	备注	摘要	供应商	客户
	2020-01-28	2020-01-28	销售日报	0000000002	兰宇箱包仓	销售出库	周健	销售一部	0301		普通销售	全月平均法		销售日报		零散客户
	2020-01-28	2020-01-28	销售日报	0000000003	手机仓	销售出库	周健	销售一部	0301		普通销售	售价法		销售日报		零散客户
	2020-01-31	2020-01-11	采购入库单	0000000010	手机仓	采购入库	周健	采购部	04		普通采购	售价法		采购入库单	北京宏丰电	
	2020-01-31	2020-01-11	采购入库单	0000000011	明辉鞋仓	采购入库	周健	采购部	04		普通采购	先进先出法		采购入库单	上海明辉鞋	
	2020-01-31	2020-01-12	采购入库单	0000000012	明辉鞋仓	采购退货	周健	采购部	04		普通采购	先进先出法		采购入库单	上海明辉鞋	
	2020-01-31	2020-01-13	采购入库单	0000000013	兰宇箱包仓	采购入库	周健	采购部	04		普通采购	全月平均法		采购入库单	北京兰宇箱	
	2020-01-31	2020-01-15	采购入库单	0000000014	兰宇箱包仓	采购退货	周健	采购部	04		普通采购	全月平均法		采购入库单	北京兰宇箱	
	2020-01-31	2020-01-15	采购入库单	0000000015	手机仓	采购退货	周健	采购部	04		普通采购	售价法		采购入库单	北京宏丰电	
	2020-01-31	2020-01-16	专用发票	ZY185102	兰宇箱包仓	销售出库	周健	销售二部	0302		普通销售	全月平均法		专用发票		郑州丹尼斯
	2020-01-31	2020-01-18	专用发票	ZY185103	手机仓	销售出库	周健	销售二部	0302		普通销售	售价法		专用发票		青岛市华光
	2020-01-31	2020-01-20	专用发票	ZY185201	明辉鞋仓	销售出库	周健	销售一部	0301		普通销售	先进先出法		专用发票		北京燕莎百
	2020-01-31	2020-01-20	专用发票	ZY185202	兰宇箱包仓	销售出库	周健	销售一部	0301		普通销售	全月平均法		专用发票		上海明兴贸
	2020-01-31	2020-01-22	专用发票	ZY185204	明辉鞋仓	销售出库	周健	销售二部	0302		普通销售	先进先出法		专用发票		青岛市华光
	2020-01-31	2020-01-24	专用发票	ZY185301	明辉鞋仓	销售退货	周健	销售二部	0302		普通销售	先进先出法		专用发票		青岛市华光
	2020-01-31	2020-01-25	专用发票	ZY185303	明辉鞋仓	销售退货	周健	销售一部	0301		普通销售	先进先出法		专用发票		北京燕莎百
	2020-01-31	2020-01-26	发货单	0000000015	兰宇箱包仓	销售出库	周健	销售一部	0301		分期收款	全月平均法		发货单		上海明兴贸
	2020-01-31	2020-01-26	专用发票	ZY185501	兰宇箱包仓	销售出库	周健	销售一部	0301		分期收款	全月平均法		专用发票		上海明兴贸
	2020-01-31	2020-01-28	专用发票	ZY185502	手机仓	销售出库	周健	销售一部	0301		分期收款	售价法		专用发票		上海明兴贸
	2020-01-31	2020-01-30	采购入库单	0000000016	手机仓	采购入库	周健	采购部	04		普通采购	售价法		采购入库单	北京宏丰电	
	2020-01-31	2020-01-31	差价结转单	1	手机仓		周健					售价法		差价结转单		青岛市华光
	2020-01-31	2020-01-31	差价结转单	1	手机仓		周健				分期收款	售价法		差价结转单		上海明兴贸
	2020-01-31	2020-01-31	入库调整单	0000000001	明辉鞋仓	其他入库	周健					先进先出法		入库调整单		

共22条单据

图 8-9 “未生成凭证单据一览表”窗口

简易桌面　生成凭证

凭证类别　收 收款凭证

选择	单据类型	单据号	摘要	科目类型	科目编码	科目名称	借方金额	贷方金额	借方数量	贷方数量	科目方向	存货编码	存货名称	存货代码	规格型号	
1	入库调整单	0000000001	入库调...	存货	1405	库存商品	11,900.00				1	003	明辉女凉鞋			
				对方				11,900.00			2	003	明辉女凉鞋			
	销售日报	0000000002	销售日报	对方	6401	主营业务成本	24,000.00		200.00		1	007	兰宇女士钱包			0
				存货	1405	库存商品		24,000.00		200.00	2	007	兰宇女士钱包			0
				对方	6401	主营业务成本	4,500.00		30.00		1	009	兰宇男士钱包			0
				存货	1405	库存商品		4,500.00		30.00	2	009	兰宇男士钱包			0
		0000000003		对方	6401	主营业务成本	22,000.00		10.00		1	013	宏丰学生机			0
				存货	1405	库存商品		22,000.00		10.00	2	013	宏丰学生机			0
	采购入库单	0000000010	采购入...	差价	1407	商品进销差价		20,000.00			1	014	宏丰商务机			0
				存货	1405	库存商品	168,00...		40.00		1	014	宏丰商务机			0
				应付暂估	220202	暂估应付款		148,00...		40.00	2	014	宏丰商务机			0
		0000000011		存货	1405	库存商品	40,000.00		200.00		1	003	明辉女凉鞋			0
				对方	1402	在途物资		40,000.00		200.00	2	003	明辉女凉鞋			0
		0000000012		存货	1405	库存商品	-40,00...		-200.00		1	003	明辉女凉鞋			0
				对方	1402	在途物资		-40,00...		-200.00	2	003	明辉女凉鞋			0
		0000000013		存货	1405	库存商品	60,000.00		500.00		1	007	兰宇女士钱包			0
				对方	1402	在途物资		60,000.00		500.00	2	007	兰宇女士钱包			0
		0000000014		存货	1405	库存商品	-2,400.00		-20.00		1	007	兰宇女士钱包			0
				对方	1402	在途物资		-2,400.00		-20.00	2	007	兰宇女士钱包			0
		0000000015		差价	1407	商品进销差价		-800.00			1	013	宏丰学生机			0
				存货	1405	库存商品	-4,400.00		-2.00		1	013	宏丰学生机			0

图 8-10 “生成凭证”窗口

⑤ 设置凭证会计科目，对于系统调整单或出入库调整单，先计入待处理流动资产损溢，待确认处理后转出。设置完科目后即可单击“生成”或“合成”按钮生成凭证，其中，生成是指在生成凭证时，一笔业务对应一张凭证；合成是将所有选择号一样的单据生成一张凭证。单击“合成”按钮，生成一张转账凭证。

提示：

- 在选择单据生成凭证时，对于不同的选择号可以生成在不同的凭证上。
- 生成凭证时可以按照不同的收发类别分开合并生成，以方便查阅。
- 如果有业务单据没有设置收发类别，此处部分单据可能不能自动带出预设的会计科目。

4. 存货核算系统月末结账

对于其他出入库单，可能涉及很多特殊单据，一般建议设置收发类别时尽量详细，以便于包含所有经济业务，使得在预设会计科目时能包含这些科目。对于一些非常特殊的业务，建议设置时通过待处理流动资产损溢科目，待经济业务确定，在总账中进行统一的调整。

将存货核算系统进行月末结账。

操作步骤 (微课视频：sy080204)

在存货核算系统中，执行“业务核算”|“月末结账”命令，即可完成存货核算系统的结账工作。

5. 账套备份

全部完成后，将账套输出至“8-2 账表查询与生成凭证”文件夹中。

探究与挑战

1. 存货核算子系统在企业中应部署在哪个部门？对应哪个岗位？
2. 单据记账之后还可以取消吗？
3. 存货期末处理的作用是什么？

附录

综 合 实 验

案例背景

北京中诚通讯商贸有限公司(以下简称中诚通讯)是一家从事手机及相关通讯产品销售的商贸企业，主营商品有智能手机、对讲机及配件。企业目前的内部岗位分工情况如表 1 所示。

表 1　企业目前的内部岗位分工情况

姓名	岗位	分管工作	所属部门
马国华	企业法人/总经理	全面	总经理办公室
方　思	副总经理	企业购销业务主管	总经理办公室
王　莉	财务部经理	财务部全面工作	财务部
范文芳	采购部经理	商品及日常用品采购	采购部
高文庆	销售一部经理	销售一部负责人，管理一部销售工作	销售一部
沈宝平	销售二部经理	销售二部负责人，管理二部销售工作	销售二部
杜海涛	仓储部经理	存货出入库管理	仓储部

中诚通讯于 2019 年 12 月购买了用友 U8 V10.1(以下简称用友 U8)总账、采购管理、销售管理、库存管理、存货核算、应收款管理、应付款管理几个子系统，并准备于 2020 年 1 月 1 日启用 U8 系统进行业务核算，实现企业购销存业务管理的信息化。

目前用友服务人员已经在中诚通讯的服务器和客户端中安装了用友 U8 系统，并做好了客户端和服务器之间的配置连接。

实验一　企业建账

根据 U8 系统要求，整理中诚通讯企业建账的相关资料如下。

1. 用户及其权限

根据目前的岗位分工，整理与 U8 供应链管理应用相关的用户及其权限如表 2 所示。

表 2　与 U8 供应链管理应用相关的用户及其权限

操作员编号	操作员姓名	所属角色	需要给用户设置的权限
701	方　思	账套主管	
702	范文芳	普通员工	采购管理
703	高文庆	普通员工	销售管理
704	沈宝平	普通员工	销售管理
705	杜海涛	普通员工	库存管理

注：为实训方便起见，所有用户口令均为空；认证方式均为“用户+口令”。

2. 账套信息

账套号：123
账套名称：中诚通讯
启用会计期：2020 年 1 月 1 日
单位名称：北京中诚通讯商贸有限公司
单位简称：中诚通讯
单位地址：北京市海淀区中关村南大街 18 号
法人代表：马国华
邮政编码：100081
税号：110108473287215
企业类型：商业
行业性质：2007 年新会计制度科目
账套主管：方思
基础信息：对存货、客户进行分类
分类编码方案：
　　科目编码级次：422
　　存货、客户分类编码级次：22
　　部门、收发类别、结算方式编码级次：12
　　其他采取系统默认。
数据精度：对存货数量、存货单价、开票单价、件数、换算率等小数位数约定为 2 位。

3. 启用系统

由系统管理员启用采购管理、销售管理、库存管理和存货核算系统，启用日期为 2020

年1月1日。

实验二 企业建账

1. 启用系统

由账套主管在企业应用平台中启用总账系统、应收款管理系统和应付款管理系统，启用日期为2020年1月1日。

2. 基础档案—机构人员

(1) 部门档案(见表3)

表3 部门档案

部门编码	部门名称
1	总经理办公室
2	财务部
3	采购部
4	销售部
401	销售一部
402	销售二部
5	仓储部

(2) 人员档案(见表4)

表4 人员档案

人员编码	人员姓名	性别	雇佣状态	人员类别	行政部门	是否业务员	是否操作员
001	马国华	男	在职	正式工	总经理办公室	是	否
002	方 思	女	在职	正式工	总经理办公室	是	否
003	王 莉	女	在职	正式工	财务部	是	否
004	范文芳	女	在职	正式工	采购部	是	否
005	高文庆	男	在职	正式工	销售一部	是	否
006	沈宝平	男	在职	正式工	销售二部	是	否
007	杜海涛	男	在职	正式工	仓储部	是	否

3. 基础档案—收付结算

(1) 结算方式(见表5)

表5　结算方式

客户分类编码	客户分类名称
1	现金结算
2	转账支票
3	商业承兑汇票
4	银行承兑汇票
5	电汇
6	其他

(2) 付款条件(见表6)

表6　付款条件

付款条件编码	信用天数	优惠天数1	优惠率1	优惠天数2	优惠率2	优惠天数3	优惠率3
01	30	10	4	20	2	30	0
02	60	20	2	40	1	60	0
03	60	30	2	45	1	60	0

(3) 开户银行

编码：01；银行账号：110110115678；币种：人民币；开户银行：中国工商银行北京分行。

4. 基础档案—客商信息

(1) 客户分类(见表7)

表7　客户分类

客户分类编码	客户分类名称
01	经销商
02	批发商
03	零散客户

(2) 客户档案(见表8)

表8　客户档案

客户编码	客户名称	客户简称	所属分类码	税号	分管部门	专管业务员	付款条件	默认开户银行	银行账号
001	北京万通商贸城	万通	01	0101111777884838	销售一部	高文庆	01	工行北京分行	11015892690
002	苏华电商股份有限公司	苏华	01	5987320101018909	销售一部	高文庆	02	工行湖南分行	22100032789

(续表)

客户编码	客户名称	客户简称	所属分类码	税号	分管部门	专管业务员	付款条件	默认开户银行	银行账号
003	蓝光通讯有限责任公司	蓝光	02	1203243242342203	销售二部	沈宝平		工行北京分行	11010498394
004	上海华夏贸易公司	华夏	02	3453785349587345	销售二部	沈宝平		工行上海分行	66547433678
005	零散客户	零散客户	03						

(3) 供应商档案(见表 9)

表 9 供应商档案

供应商编号	供应商名称	供应商简称	所属分类码	税号	默认开户银行	银行账号	税率	分管部门	分管业务员
001	北京新锐科技有限公司	新锐	00	110108534878374	工行北京分行	10543982039	13%	采购部	范文芳
002	广东广联商贸集团	广联	00	023430000824344	工行广州分行	98548854367	13%	采购部	范文芳
003	北京美安电子有限公司	美安	00	110843543723435	工行北京分行	43828942454	13%	采购部	范文芳

5. 基础档案—存货

(1) 计量单位组及计量单位(见表 10)

表 10 计量单位组及计量单位

计量单位组	计量单位
01 自然单位 无换算率	01 千米
02 换算 1 组 固定换算率	02 部 主计量单位 03 箱 1 箱=20 部
03 换算 2 组 固定换算率	04 个 主计量单位 05 盒 1 盒=10 个

(2) 存货分类及存货档案(见表 11)

表 11　存货分类及存货档案

存货分类		存货编码及名称	计量单位组	计量单位	采购、库存默认单位	进项税率、销项税率	存 货 属 性	参考成本（元）	参考售价（元）
一级	二级								
01 商品	0101 配件	001 车载蓝牙耳机	换算 2 组	个	盒	13%	外购、内销	200	400
		002 畅听蓝牙耳机	换算 2 组	个	盒	13%	外购、内销	500	800
		003 途安充电宝	换算 2 组	个	盒	13%	外购、内销	450	650
		004 途乐充电宝	换算 2 组	个	盒	13%	外购、内销	300	450
	0102 对讲机	005 乐士民用对讲机	换算 1 组	部	箱	13%	外购、内销	120	200
		006 乐士商用对讲机	换算 1 组	部	箱	13%	外购、内销	550	850
		007 乐众民用对讲机	换算 1 组	部	箱	13%	外购、内销	150	200
		008 乐众商用对讲机	换算 1 组	部	箱	13%	外购、内销	850	1 300
	0103 手机	009 云米手机	换算 1 组	部	箱	13%	外购、内销	2 000	2 500
		010 云尚手机	换算 1 组	部	箱	13%	外购、内销	3 200	4 000
		011 云易手机	换算 1 组	部	箱	13%	外购、内销	1 800	2 200
		012 云梦手机	换算 1 组	部	箱	13%	外购、内销	3 500	4 200
02 劳务	0201 劳务费用	013 运输费	自然单位	千米		9%	外购、内销、应税劳务		

注：参考成本、参考售价和售价均为不含税价。

6. 基础档案—财务

(1) 设置凭证类别

中诚通讯凭证类别采用单一“记账凭证”。

(2) 设置会计科目(见表 12)

表 12 会计科目

会计科目编码	会计科目名称	辅助核算	操作
190101	待处理流动资产损溢		增加
190102	待处理固定资产损溢		增加
220201	应付货款	供应商往来	增加
220202	暂估应付款	供应商往来	增加
222101	应交增值税		增加
22210101	进项税额		增加
22210105	销项税额		增加
410415	未分配利润		增加
1121	应收票据	客户往来	修改辅助核算
1122	应收账款	客户往来	修改辅助核算
1123	预付账款	供应商往来	修改辅助核算
1321	受托代销商品		修改科目名称
2201	应付票据	供应商往来	修改辅助核算
2203	预收账款	客户往来	修改辅助核算
2314	受托代销商品款	供应商往来	修改科目名称、辅助核算

7. 基础档案—业务

(1) 仓库档案(见表 13)

表 13 仓库档案

仓库编码	仓库名称	核算方法
01	配件仓	先进先出法
02	成品仓	先进先出法
03	手机仓	先进先出法
04	代销仓	先进先出法

(2) 收发类别(见表 14)

表 14 收发类别

收发类别编码	收发类别名称	收发标志	收发类别编码	收发类别名称	收发标志
1	入库	收	2	出库	发
101	采购入库		201	销售出库	
102	受托代销入库		202	委托代销出库	
103	盘盈入库		203	盘亏出库	
104	其他入库		204	其他出库	

(3) 采购类型(见表 15)

表 15 采购类型

采购类型编码	采购类型名称	入库类别	是否默认值
01	普通采购	采购入库	是
02	受托代销	受托代销入库	否

(4) 销售类型(见表 16)

表 16 销售类型

销售类型编码	销售类型名称	出库类别	是否默认值
01	普通销售	销售出库	是
02	委托代销	委托代销出库	否

(5) 费用项目分类及费用项目(见表 17)

表 17 费用项目分类及费用项目

费用项目分类编码	费用项目分类名称	费用项目编码	费用项目名称
1	劳务	01	运输费
		02	装卸费
2	手续费	03	委托代销手续费

(6) 非合理损耗类型(见表 18)

表 18 非合理损耗类型

非合理损耗类型编码	非合理损耗类型名称	是否默认值
01	运输部门责任	是

8. 单据设置

(1) 单据格式设置

① 为采购管理系统中的“采购订单”“到货单”和“采购专用发票”增加表体项目“换算率”“采购单位”和“件数”。

② 为库存管理系统中的“采购入库单”增加表体项目“换算率”“库存单位”和“件数”。

(2) 单据编号设置

设置采购专用发票、销售专用发票的发票编号方式为“允许手工修改，重号时自动重取”。

实验三　供应链管理初始化

1. 采购管理初始化

(1) 选项

采购系统选项设置如表 19 所示。

表 19　采购系统选项设置

选项卡	选项
业务及权限控制	• 启用受托代销 • 允许超订单到货及入库
公共及参照控制	单据默认税率：13%

(2) 期初数据(采购系统价格均为不含税价)

● 期初暂估入库

2019 年 12 月 12 日，从北京新锐科技有限公司购入畅听蓝牙耳机 240 个，单价 500 元，入配件仓。

● 期初受托代销入库

2019 年 12 月 18 日，“小天才”儿童手机 100 部，单价 150 元，入代销仓，广东广联商贸集团委托代销。

2. 销售管理初始化

(1) 选项

销售系统选项设置如表 20 所示。

表 20　销售系统选项设置

选项卡	选项
业务控制	• 有零售日报业务 • 有委托代销业务 • 有分期收款业务 • 有直运销售业务 • 销售生成出库单 • 报价不含税
其他控制	• 新增发货单参照订单生成 • 新增退货单、新增发票参照发货单生成

其他保持系统默认。

(2) 期初数据(销售系统价格均为不含税价)

● 期初发货单

2019 年 12 月 10 日，苏华电商购买乐众民用对讲机 300 部，单价 200 元，从对讲机仓发货。

● 分期收款发出商品期初数

2019 年 12 月 15 日，给上海华夏贸易公司发出途安充电宝 200 个，单价 650 元，从配件仓发货。双方协商，客户分两期付款，付款日 2020 年 1 月 28 日和 2020 年 3 月 28 日。

3. 库存管理初始化

(1) 选项

库存管理选项设置如表 21 所示。

表 21　库存管理选项设置

选项卡	选项
通用设置	• 有组装拆卸业务 • 有委托代销业务 • 有受托代销业务 • 采购入库审核时改现存量 • 销售出库审核时改现存量 • 其他出入库审核时改现存量
专用设置	自动带出单价的单据： • 销售出库单 • 其他出库单 • 调拨单
预计可用量控制	不允许超可用量出库
预计可用量设置	出入库检查预计可用量

(2) 期初数据

库存系统和存货系统期初数据如表 22 所示。

表 22　库存系统和存货系统期初数据

仓库名称	存货编码和名称	数量	单价(元)	金额(元)
配件仓 合计 400 000	001 车载蓝牙耳机	100	200	20 000
	002 畅听蓝牙耳机	280	500	140 000
	003 途安充电宝	200	450	90 000
	004 途乐充电宝	500	300	150 000
对讲机仓 合计 111 000	005 乐士民用对讲机	300	120	36 000
	007 乐众民用对讲机	500	150	75 000
手机仓 合计：3 152 000	009 云米手机	80	2 000	160 000
	010 云尚手机	110	3 200	352 000
	011 云易手机	300	1 800	540 000
	012 云梦手机	600	3 500	2 100 000
代销仓 合计 15 000	013 小天才儿童机	100	150	15 000

4. 存货核算初始化

(1) 选项

存货核算选项如表 23 所示。

表 23　存货核算选项

选项卡	选项
核算方式	核算方式：按仓库核算 暂估方式：单到回冲 销售成本核算方式：按销售发票 委托代销成本核算方式：按发出商品
控制方式	结算单价与暂估单价不一致需要调整出库成本

(2) 科目设置

- 存货科目

存货科目设置如表 24 所示。

表 24　存货科目设置

仓库编码及名称	存货编码及名称	分期收款发出商品科目编码及名称	委托代销发出商品科目编码及名称	直运科目编码及名称
01 配件仓	1405 库存商品	1406 发出商品	1406 发出商品	1402 在途物资
02 对讲机仓	1405 库存商品	1406 发出商品	1406 发出商品	1402 在途物资
03 手机仓	1405 库存商品	1406 发出商品	1406 发出商品	
04 代销仓	1321 受托代销商品			

- 对方科目

对方科目设置如表 25 所示。

表 25　对方科目设置

收发类别编码及名称	对方科目编码及名称	暂估科目编码及名称
101 采购入库	1402 在途物资	220202 暂估应付款
102 受托代销入库	2314 受托代销商品款	2314 受托代销商品款
103 盘盈入库	190101 待处理流动资产损溢	
201 销售出库	6401 主营业务成本	
202 委托代销出库	6401 主营业务成本	
203 盘亏出库	190101 待处理流动资产损溢	

- 税金科目

商品存货大类税金科目为“22210101 进项税额”。

- 非合理损耗类型科目

非合理损耗类型“01 运输部门责任”对应的会计科目为“190101 待处理流动资产损溢”。

(3) 期初数据

存货核算系统期初数据与库存管理期初数据一致，见表 22。

5. 总账初始化

(1) 选项

不允许修改、作废他人填制的凭证。

(2) 期初余额

总账系统科目期初余额如表 26 所示。

表 26 总账系统科目期初余额

科目	辅助核算	方向	金额	说明
1001 库存现金		借	8 000	
1002 银行存款		借	3 580 000	
1123 预付账款	供应商往来	借	20000	2019 年 12 月 20 日，采购部范文芳向北京新锐科技有限公司预付充电宝新品订金 20 000 元
1321 受托代销商品		借	15 000	
1405 库存商品		借	3 663 000	
1406 发出商品		借	130 000	
1601 固定资产		借	880 000	
1602 累计折旧		贷	121 000	
2001 短期借款		贷	200 000	
220202 暂估应付款		贷	120 000	
2314 受托代销商品款		贷	15 000	
2401 长期借款		贷	500 000	
4001 实收资本		贷	6 000 000	
4101 盈余公积		贷	800 000	
410415 未分配利润		贷	540 000	

6. 应付款管理初始化

(1) 选项

应付款管理系统选项设置。

- 单据审核日期依据：单据日期。
- 自动计算现金折扣。

(2) 初始设置

基本科目设置：应付科目 220201，预付科目 1123，采购科目 1402；税金科目 22210101，银行承兑科目 2201，商业承兑科目 2201，票据利息科目 6603，票据费用科目 6603，现金折扣科目 6603。

结算方式科目设置：现金结算科目 1001，转账支票、电汇结算方式科目为 1002。

(3) 期初数据

2019 年 12 月 20 日，以电汇方式向北京新锐科技有限公司预付充电宝新品订金 20 000 元。

7. 应收款管理初始化

(1) 选项

应收款管理系统选项设置。

- 单据审核日期依据：单据日期。
- 坏账处理方式：应收余额百分比法。

(2) 初始设置

- 基本科目设置：应收科目 1122，预收科目 2203，销售收入科目 6001，销售退回科目 6001，税金科目 22210105。商业承兑科目和银行承兑科目均为 1121，现金折扣科目为 6603。
- 结算方式科目设置：现金结算科目 1001，转账支票、电汇对应科目为 1002。
- 坏账准备设置：提取比率为 1%，坏账准备期初余额为 0，坏账准备科目 1231，对方科目 6701。

实验四 采购管理

1. 单货同行的普通采购业务

2020 年 1 月 2 日，采购部向北京新锐科技有限公司提出采购请求，请求采购云米手机、云尚手机、云易手机各 200 部。需求日期为 2020 年 1 月 4 日。对方报价云米手机 2 000 元/部、云尚手机 3 200 元/部、云易手机 1 800 元/部。

2020 年 1 月 2 日，本公司认为报价合理，与北京新锐科技有限公司正式签订订货合同，要求本月 4 日到货。

2020 年 1 月 4 日，收到北京新锐科技有限公司发来的货和专用发票，发票号码 ZY16088。发票：云米手机 200 部，单价 2 000 元；云尚手机 200 部，单价 3 200 元；云易手机 200 部，单价 1 800 元，增值税税率为 13%。经检验质量全部合格，办理入库(手机仓)手续，登记相关账簿。财务部门确认该笔存货成本和应付款项。

2020 年 1 月 6 日，财务部以电汇方式付清该笔采购的货税款，共计 1 582 000 元。

2. 暂估入库报销业务

2020 年 1 月 6 日，收到北京新锐科技有限公司的专用发票，发票号码 ZY16090。发票上注明畅听蓝牙耳机 240 个，单价 480 元，增值税税率为 13%。本公司验收入库后立即支付货税款(转账支票 1901)。

3. 采购运费及采购折扣业务

2020 年 1 月 6 日，向广东广联商贸集团订购乐士商用对讲机 1000 个，单价 550 元。

要求本月 9 日到货。合同约定，10 天之内付清余款优惠 4%，20 天之内付款优惠 2%。

2020 年 1 月 9 日，收到广东广联商贸集团根据 1 月 6 日订购单发来的乐士商用对讲机和专用发票，发票号码 ZY19112。发票上写明乐士商用对讲机 1000 个，单价 550 元，增值税税率为 13%。同时附有一张已代垫的运费发票，发票号为 Y0901，发票载明运费 200 元，增值税税率为 9%。订货合同约定运杂费由本公司承担。经检验，质量合格(入对讲机仓)，财务部门确认采购成本和该笔应付款项。

2020 年 1 月 10 日，根据合同中约定的付款条件，在收货后 10 日之内付款可以享有 4%的折扣(621 500×4%=24 860)，财务部门只需支付 596 640(621 500－24 860)元。财务部门开具转账支票，票号 1953，向广联集团支付 596 640 元货款。运费未付。

4. 采购过程中发生非合理损耗

2020 年 1 月 10 日，向广东广联商贸集团订购乐众商用对讲机 600 部，单价 850 元。要求本月 13 日到货。

2020 年 1 月 13 日，收到广东广联商贸集团发来的乐众商用对讲机和专用发票，发票号码 ZY19188。专用发票上载明乐众商用对讲机 600 部，单价 850 元，增值税税率为 13%。在验收入对讲机仓时发现只有 598 部，短缺的 2 部已查明属于运输部门责任，属于非合理损耗。

5. 办理入库前退货

2020 年 1 月 13 日，向北京新锐科技有限公司订购云易手机 20 部，单价 1 800 元；订购云梦手机 50 部，单价 3 500 元，要求本月 14 日到货。

2020 年 1 月 14 日，收到本月 13 日采购的云易手机 20 部，单价 1 800 元；云梦手机 50 部，单价 3 500 元。验收入库时发现 10 部云梦手机存在质量问题，与对方协商，退货 10 部，验收合格的手机办理入库手续。对方按合格数量开出发票，进行采购结算。

6. 采购结算后退货

2020 年 1 月 16 日，发现本月 14 日入库的 2 部云易手机、5 部云梦手机存在质量问题，要求退货。经与北京新锐科技有限公司协商，对方同意退货并开具红字专用发票一张。

7. 暂估入库业务

2020 年 1 月 16 日，收到美安公司发来的途乐充电宝 50 个，发票未到，入配件仓。

实验五　销售管理

1. 先发货后开票的普通销售业务—代垫运费

2020 年 1 月 10 日，蓝光通讯有限责任公司预订购乐士商用对讲机 100 部，本公司报价为 850 元/部。同日，对方同意并确认订货，要求本月 16 日发货。

1 月 16 日从对讲机仓发货，本公司以现金代垫运费 100 元。开具销售专用发票，发票号为 ZX1916，确认应收账款，结转销售成本。

1 月 17 日，收到对方电汇全部货款及代垫运费 96 150 元。

2. 现结销售

2020 年 1 月 18 日，收到苏华电商上年 12 月购买乐众民用对讲机的价税款 67 800 元(电汇)，立即为对方开具销售专用发票(ZX9502)，并确认出库成本。

3. 销售退货—已发货未开票

2020 年 1 月 18 日，向上海华夏贸易公司发出乐士民用对讲机 10 部，无税单价为 200 元。

1 月 20 日，对方因为质量问题全部退货(收到，入对讲机仓)。该批手机于 1 月 18 日发货，尚未开具发票。

4. 销售退货—已收款并结转销售成本

2020 年 1 月 22 日，蓝光通讯有限责任公司因质量问题要求退回乐士商用对讲机 5 部，无税单价 850 元。该存货已开具销售专用发票、已收款并结转销售成本(单位成本 550 元)。本公司同意退货，开具红字销售专用发票，票号 ZY5303，同时办理电汇退款，当日收到退回的乐士商用对讲机 5 部。

5. 直运业务

(1) 直运销售订货

2020 年 1 月 22 日，北京万通商贸城向本公司订购可视智能对讲系统 200 套，无税报价为 1 800 元/套。

(2) 直运采购订货

2020 年 1 月 22 日，本公司向北京新锐科技有限公司订购可视智能对讲系统 200 套，无税单价为 1 500 元。要求本月 24 日将货物直接发给北京万通商贸城。

(3) 直运采购发票

2020 年 1 月 24 日，本公司收到北京新锐科技有限公司开具的专用发票。发票载明可视智能对讲系统 200 套，无税单价为 1 500 元，增值税税率为 13%。货物已经发给北京万通商贸城，本公司确认应付账款。

(4) 直运销售发票

2020 年 1 月 24 日，本公司给北京万通商贸城开具销售专用发票，发票载明可视智能对讲系统 200 套，无税报价为 1 800 元/套，增值税税率为 13%，款项尚未收到。确认应收账款。

6. 零售日报

2020 年 1 月 24 日，公司门市部累计向零散客户销售云米手机 30 部，无税单价 2 500 元；云易手机 25 部，无税单价 2 200 元；云梦手机 8 部，无税单价 4 200 元。已全部现金结算。

7. 委托代销业务

(1) 委托代销发货—买断方式

1 月 24 日，销售部与上海华夏贸易公司签订委托代销合同，以视同买断方式委托对方代销车载蓝牙耳机，每月 28 日结算。同日，发出车载蓝牙耳机 100 个，无税单价 250 元。

(2) 委托代销发货—收取手续费方式

1 月 24 日，销售部与北京万通商贸城签订委托代销合同，以支付代销手续费方式委托对方代销畅听蓝牙耳机，代销手续费为销货款的 10%，每月 28 日结算。同日，发出畅听蓝牙耳机 50 个，无税单价 800 元。

(3) 委托代销结算—视同买断

1 月 28 日，收到上海华夏贸易公司委托代销清单，结算车载蓝牙耳机 68 个，结算单价 250 元。开具销售专用发票，确认应收。

(4) 收取手续费委托代销结算

1 月 28 日，收到北京万通商贸城委托代销清单及转账支票 24 408 元(已扣除手续费 2 712 元)，结算畅听蓝牙耳机 30 个。开具销售专用发票，确认收入。

实验六　库存管理

1. 2020 年 1 月 28 日，由于手机仓进行养护维修，将该仓库中的所有手机转移到对讲机仓。

2. 2020 年 1 月 28 日，仓储部对配件仓中的所有存货进行盘点。仓库中的实际数量如表 27 所示。

表 27　仓库中的实际数量

存货编码	存货名称	主计量单位	盘点数量
002	畅听蓝牙耳机	个	230
003	途安充电宝	个	201
004	途乐充电宝	个	548

经确认，途安充电宝成本为 450 元/个，途乐充电宝成本为 300 元/个。

3. 2020 年 1 月 28 日，根据企业最新内部控制要求，云梦手机每周五盘点。请在系统中设置盘点预警。

4. 2020 年 1 月 28 日，由于仓库管理不善，造成配件仓中 5 个途安充电宝无法正常销售。

实验七　存货核算

1. 2020 年 1 月 30 日，检查本月是否存在货到票未到的入库业务，如果存在，录入暂估单价(途乐充电宝的暂估单价为 300)，进行暂估处理。

2. 2020 年 1 月 30 日，经核查，配件仓中的途安充电宝存货价格偏高，经过调研和批准将其由 450 元调整为 420 元，请查询该存货现存量，计算需调整的金额并做出调整。

3. 2020 年 1 月 30 日，将本月 13 日发生的采购乐众商用对讲机的入库成本增加 200 元。

4. 2020 年 1 月 30 日，将本月所有未记账单据进行记账。

实验八　供应链管理期末处理

1. 2020 年 1 月 31 日，采购管理月末结账。
2. 2020 年 1 月 31 日，销售管理月末结账。
3. 2020 年 1 月 31 日，库存管理月末结账。
4. 2020 年 1 月 31 日，存货核算期末处理。
5. 将除其他出入库单之外的所有单据生成凭证。
6. 存货核算月末结账。